Loin de la mer

DU MÊME AUTEUR

Allemagne, un voyage, L'Esprit des péninsules, 2006.
Berlin-Moscou, un voyage à pied, L'Esprit des péninsules, 2005.
Allemagne, trois années zéro, L'Esprit des péninsules, 2001.

Wolfgang Büscher

Loin de la mer

À pied à travers les Grandes Plaines

Traduit de l'allemand par
Cécile Wajsbrot

La Librairie
VUIBERT

ISBN : 978-2-311-10026-6

Titre original :
Hartland – Zu Fuss durch Amerika
Éditeur original :
Rowohlt, Berlin, 2011.
© 2011, Rowohlt Berlin Verlag

Et pour la traduction française :
© 2014, Vuibert
La Libraire Vuibert
5, allée de la 2ᵉ D.-B. – 75015 Paris
www.vuibert.fr
www.la-librairie-vuibert.com

Pour Susanne, Anna et Fedor

CANADA

Saskatchewan

Estevan North Portal

Winnipeg

Hartland
Minot
Sheyenne
Dakota
du Nord
Bismarck
Fort Yates
Réserve de
Standing Rock
Mobridge
Réserve des
Cheyennes
Eagle Butte
Dakota du Sud
Rapid City
Midland
Interior
Badlands
Missouri

Nebraska
Sioux City
Bancroft
Fremont
Omaha
Plattsmouth
Lincoln
Beatrice
Waterville

Salt Lake City

ÉTATS-UNIS
Denver

San Francisco

Manhattan
Kansas
Lyons
Cottonwood F
El Dorado
Wichita

Oklahoma
Oklahoma Ci

Las Vegas

Santa Fé
Purcell

Los Angeles
Ardmore

Muenster
Dallas
Waxahatch
Hillsboro
Texas
Waco
Rosebud
Austin
La Grange
Schulenburg

Victoria
Refugio
Kingsville
Sarita

MEXIQUE

Rio Grande

OCÉAN
PACIFIQUE
Brownsville
Matamoros

GRANDES PLAINES

Red River

Cheyenne

Colorado

© Peter Palm, Berlin/Germany

ac Supérieur

Montréal

Ottawa

Lac Huron

Lac Ontario

Toronto

Boston

Lac Michigan

Lac Érié

New York

ago

Washington

aint-Louis

Ohio

Memphis

Atlanta

OCÉAN
ATLANTIQUE

La Nouvelle-Orléans

Miami

DU MEXIQUE

La Havane

I

Au bord du Missouri, où tout a commencé

L'IDIOT D'AMÉRIQUE

Cette année où l'hiver refusait de finir, je suis descendu vers l'Amérique, tel un point sombre dans la blancheur infinie des Grandes Plaines du Nord, une fourmi dans la neige. C'est ainsi que je me voyais parfois lorsque mon esprit se détachait, s'envolait, battant un moment des ailes au-dessus de moi tandis que mes pieds continuaient d'avancer machinalement. La seule sensation m'assurant que j'avançais, que j'étais réellement en train de traverser la Prairie hivernale était le crissement de mes pas sur la glace.

N'y avait-il pas quelque chose, là – un mouvement léger en bordure de mon champ de vision ? Ce matin, le dernier homme que j'avais aperçu dans la dernière localité avant la frontière m'avait averti de faire attention non seulement aux loups mais aussi aux coyotes. Ceux-ci s'étaient mélangés aux premiers pour devenir eux-mêmes des demi-loups. Non, rien ne bougeait. Je ne voyais ni loup ni coyote, juste une étendue blanche et déserte.

Je trouvai l'animal blotti contre une congère. Comme s'il voulait se reposer – car il paraissait en pleine forme –, c'était une bête puante, un sconse. Ce fut son dernier geste, masquer une blessure mortelle, comme s'il lui était désagréable

11

d'être vu sous l'aspect de la mort. Il lui était désagréable sans doute d'être vu sous l'aspect de la mort, pensai-je, mais moi, ça ne me répugne pas. Le vent jouait dans son pelage épais, sombre et luisant, soufflant de petits tourbillons, insufflant des trouées. J'étais seul avec le sconse, avec lui et la prairie, et l'étendue bleu pâle, au-dessus, qu'on appelle le ciel.

Un soleil hivernal brillait, la route était un ruban noir qui se déroulait au-delà de la frontière. Je venais du nord, du Canada, de la Saskatchewan, je voulais aller vers le sud, le Dakota, et plus loin, toujours plus loin jusqu'au Texas, et traverser le Rio Grande. Je marchais vite, la rédemption était proche, j'arriverais en Amérique aujourd'hui.

Je n'étais pas seul. À mes côtés il y avait, comme des chiens fidèles, ces avertissements. Marcher en Amérique était impossible, m'avait-on dit. Ils connaissaient tous l'Amérique, j'étais le seul à mal la connaître. Paysages d'autoroutes insurmontables, carrefours labyrinthiques, shérifs sans pitié ! Personne, vraiment personne ne marche en Amérique, même pas dans les villes. Si je m'y risquais, je deviendrais aussitôt un *freak*, un hors-la-loi, les shérifs me plaqueraient contre leur voiture, jambes écartées, les bras en croix, comme dans les films, avant de me jeter en prison. On me conseillait vivement une voiture, une moto, voire même un cheval. Je ne sais pas, disais-je, je préfère marcher. J'étais l'idiot d'Amérique.

Le duel

J'atteignis la frontière avant la nuit. North Portal était un lieu de transit endormi pour camions – avec le mobilier habituel des frontières, barrages, sas, bâtiment bas. Sur une hampe, la bannière étoilée, énorme, comme pour se donner du courage dans ce poste isolé.

Je scrutai l'autre côté. Là-bas, c'était l'Amérique. Je distinguais quelques maisons, celle avec une simple balustrade en bois, ce pouvait être un saloon – y avait-il de la vie à l'intérieur ou était-il fermé depuis longtemps ? Et ce long bâtiment, sorte de baraque avec une série de portes, ce devait être le motel. Si tout allait bien, je dormirais cette nuit derrière l'une de ces portes. Les maisons étaient regroupées autour du poste-frontière comme les cabanes des marchands de fourrure et d'eau-de-vie, quelques générations auparavant, autour du fort protecteur.

Je n'avais pas le temps de regarder Portal de plus près. Le premier douanier qui m'aperçut se réveilla aussitôt de sa routine, me fixa et m'ordonna : « Halte ! Ne bougez pas... Non, pas comme ça... Oui, comme ça. » Il était jeune. Il voulait faire bien les choses, dans cette situation extraordinaire. Il prit mon passeport et entama l'interrogatoire. « Vous venez d'où ?... Vous allez où ?... Itinéraire précis ? » Il se hâta de durcir le ton, ses camarades plus âgés venaient de sortir et nous entouraient, à présent, impatients de voir quel genre d'oiseau était tombé dans leurs filets.

Un gradé prit la relève. Lui aussi commença par des ordres. « Entrez ! Assis, là ! Videz vos poches, le sac à dos. Donnez tout, mais une chose après l'autre ! Ne vous levez pas ! » Tout était posé sur le comptoir qui partageait la pièce à la disposition des douaniers en deux parties. Reprise de l'interrogatoire depuis le début, cette fois pour de bon. Ils voulaient tout savoir sur moi, sur mes intentions, le voyage, depuis l'Europe jusqu'à la frontière nord-américaine, l'ensemble des lieux et des dates.

« Des armes ?

– Non, pas d'armes. »

Plutôt qu'une fouille de mes affaires, c'était une fouille de mon cerveau. Le nouvel interrogateur cherchait mes contradictions, je veillais à ce qu'aucune de mes affirmations ne diverge du premier interrogatoire. Il pouvait s'emparer du détail le plus anodin pour confondre un type affirmant être venu de la Prairie hivernale à pied, prétendant traverser l'Amérique à pied.

On m'emmena dans une autre pièce. Incroyable, le nombre de techniques d'interrogatoire, de portes et de pièces que ce bâtiment bas à l'aspect extérieur anodin dissimulait. J'appris à en connaître certaines, durant les heures qui suivirent. Prirent-ils mes empreintes digitales deux fois ou trois ? Me photographièrent-ils trois fois ou quatre, dans toutes les positions : portrait, en pied, à l'américaine ? Je n'ai pas compté, ils le savent mieux que moi. Ils le savent très précisément.

Je ne perdais pas contenance. Certes, j'étais entre leurs mains, mais je savais des choses qu'ils ne savaient pas. Mes papiers étaient en ordre, mes intentions aussi. Pour eux j'étais une énigme, ils ne me comprenaient pas alors que moi, je les comprenais. Leur devoir, dans ce poste délaissé, consistait à protéger les frontières de leur pays et la manière dont j'étais apparu avait éveillé leurs soupçons, je l'admettais. Sans doute ne s'était-il jamais rien produit de comparable ici.

« Venez ! »

Nouveau douanier, nouvelle pièce, nouvelle table pour la prise d'empreintes. Le nouveau se tenait les jambes écartées, prêt à l'attaque en cas de besoin, géant grimaçant un sourire, comme amusé par toute cette histoire. Il se passait enfin quelque chose en ce bout du monde. C'était le tour du jeune qui m'avait interrogé le premier. Il prenait la chose très à cœur. Alors que je voulais en finir et tremper la pointe du doigt dans la coupelle prévue à cet effet, il m'attrapa la main. « C'est mon job. » Et le géant grimaçant dit : « Détendez-vous, ça ira mieux. » Ils s'attendaient à des doigts en sueur. Quand ils remarquèrent que les bouts étaient secs, trop secs pour la procédure, le géant conseilla au jeune de prendre un spray d'alcool sur une étagère pour les humidifier. Il saisit ensuite ces dix morceaux de chair un à un pour les tremper l'un après l'autre. Il était si concentré sur son affaire qu'il ne se rendit pas compte qu'il se tenait tout près de moi – que son arme de service, à sa ceinture, était à portée de ma main restée libre. Si le géant avait surpris mon regard sur le pistolet de son collègue étourdi, il aurait certainement sorti son arme. Quelle difficulté pour détourner le regard – je m'obligeai à me détacher du pistolet. Et l'épreuve se termina enfin.

Tout ce que je portais était à présent passé entre leurs mains. Avec intérêt puis bientôt ennui, ils avaient tourné et retourné mes chaussettes, mes cahiers et mes cartes, avant de les déposer sur le tas de mes effets personnels. Me trompais-je ou mes interrogateurs perdaient-ils leur attention ? Les questions se faisaient moins abruptes, les pauses, moins longues. Leur curiosité était à court. Me faisaient-ils confiance ? Je glissai une plaisanterie et j'aperçus l'ombre d'un sourire. À cet instant de quasi-détente, quelqu'un à qui j'avais à peine prêté attention se jeta sur moi. Je l'avais pourtant remarqué parmi les uniformes car il portait un simple pull vert, comme s'il était le jardinier du poste-frontière, et pour cette raison précise je l'avais oublié. Mais pas lui. Il s'attaqua à moi avec hostilité, rigueur, comme s'il allait exploser et qu'il en avait assez de cet interrogatoire mou, comme un chien qu'on lâchait enfin. Un chien ? Non, il me faisait penser à autre chose, sans que je sache à quoi, tant la colère pure qu'il déversait sur moi me prenait au dépourvu.

Il ne portait ni signe de pouvoir ni insigne de grade, juste ce costume de jardinier ridicule et une moustache rousse. Pas d'uniforme, pas de galons, pas même un matricule qui trahirait ce qu'il était et au nom de quoi il se permettait d'utiliser un ton qu'aucun garde-frontières n'avait pris. Ils se tenaient à distance. Il ne faisait pas partie de leur troupe, il ne faisait partie d'aucune troupe régulière. Mais il était en service commandé. Il prenait apparemment au hasard telle ou telle de mes affaires, étalées sur le comptoir comme des pièces à conviction. Comme ça ne donnait pas de résultat, il prit mon passeport, tournant les pages, curieux et dégoûté à la fois, visiblement irrité d'avoir en face quelqu'un qui était allé

dans tous ces pays étrangers suspects et qui désirait maintenant qu'on le laisse entrer en Amérique. Que voulait-il, que
cherchait-il ici ? Il s'ingénia à trouver la faille jusqu'à ce qu'il
tombe sur un visa particulièrement voyant. Qu'il brandit, fit
circuler, comme s'il avait trouvé l'arme du crime.

« La Chine ! Pourquoi la Chine ? Qu'est-ce que vous fai-
siez là-bas ?

– J'étais là-bas pour écrire un livre.

– Ah oui ? Et pourquoi vous n'êtes pas allé à Taïwan ?
Ça vous plaît tant que ça, le régime politique chinois ? »

La réponse que j'avais sur le bout de la langue ne franchit
pas mes lèvres. Ce que je pensais de la Chine, en quoi ça le
regardait ? Mais on n'était pas là pour bavarder, c'était un
interrogatoire, il ne voulait pas discuter, il voulait éliminer un
ennemi indubitable de l'Amérique. Il s'était remis à feuilleter.

« Vous êtes allé en Israël. Combien de fois ?

– Une fois, je crois, ces derniers temps.

– Ah ! Il y a deux tampons dans votre passeport. Vous
mentez !

– Je croyais que le premier voyage était plus ancien, que le
tampon figurait sur mon ancien passeport. »

C'était la vérité. Mais je sentais bien que cela sonnait
comme un mensonge. Je commençais à m'entendre par ses
oreilles, à me voir à travers ses yeux. Mon assurance me quitta.
Et lui, dressé à détecter ce genre de choses, le sentit et poursuivit.

« Vous voulez dire que vous ne savez plus quand vous
y étiez ? Je sais exactement ce que j'ai pris pour mon petit
déjeuner il y a un an et demi et vous me racontez que vous ne
savez plus quand vous étiez en Israël ?

– Et en Jordanie. »

C'était un peu léger, cette invitation à danser sur un champ de mines. Mais je lui avais lancé ce qui me venait à l'esprit. Peut-être que ça le déstabiliserait et que je pourrais reprendre mon souffle. Il mordit à l'hameçon et répéta, furieux : « En Jordanie ! » Et tourné une nouvelle fois vers les gardes-frontières, certain de sa victoire, comme s'il m'avait plaqué au sol : « Il est allé en Jordanie ! »

Cela parut fonctionner. C'était lui maintenant qui se montrait léger. Combien de mois était-il resté dans son bureau à ne rien faire tandis que les gardes-frontières accomplissaient leur tâche ? Ces gardes dont le regard demandait : à quoi sert ce type qui est là toute la sainte journée. Il attendait le moment de le leur démontrer. Son entrée en lice. Avec quelqu'un comme moi. À présent il voulait montrer comment on s'y prenait. Réfuter la légende du *hobo*, du vagabond inoffensif. La Chine rouge, la Jordanie – des contacts avec les communistes, des voyages dans les pays arabes. Bingo ! Quelle série de preuves ! Encore un ou deux coups bien choisis et je serais à terre.

« Pas de tampon jordanien sur votre passeport ! Encore un mensonge.

– Il doit y avoir un tampon, regardez, le point de passage du Jourdain s'appelait le pont Allenby avant, et maintenant pont du Roi-Hussein. »

Il trouva le tampon. « Ah, celui-là. » Cela ne le troubla guère – ce qui n'était pas bon pour moi. Il se tourna vers les gardes-frontières, laissant pendiller le passeport et ses gribouillis arabes avec mépris : « Je ne peux pas lire. »

Je vis le visage impassible des gardes-frontières. Difficile de savoir ce qu'ils pensaient de lui et de moi, si ses moqueries trouvaient un écho en eux ou pas. Il ne me laissait pas souffler.

« Mes questions vous déplaisent, hein ? »

Prétextant mon mauvais anglais, je fis un vague murmure. Nouveau mensonge à ses yeux car jusqu'à présent, notre conversation s'était déroulée avec fluidité. Aucun d'entre nous n'avait besoin d'exprimer ce qu'il pensait de l'autre. On pouvait le lire sur son visage comme sur le mien. Nous nous détestions cordialement.

Qu'avait-il de particulier, ce visage ? Un air blessé et irrité flottait autour de sa bouche pincée, comme pour goûter une sauce. Voilà ce qu'il était, un gourmet, un chef cuisinier du soupçon. Et comme s'il fallait constamment souligner le trait autour de sa bouche, le triangle de sa moustache rousse dégarnie le surplombait comme un accent circonflexe.

Nous étions face à face, à deux pas l'un de l'autre – ou plutôt lui était debout et moi, assis. Je n'avais pas le droit de me lever. Me dresser face à lui était à cet instant mon vœu le plus cher. Qui étais-je ? Pas un homme libre mais un prisonnier du poste-frontière. Et lui, pas un simple garde mais la CIA, le FBI, la Sécurité intérieure, que sais-je, il le dissimulait, je savais seulement qu'il était un zélateur, un moraliste de la frontière nord, le défenseur d'une morale noire, un Saint-Just américain. Les gardes-frontières faisaient leur travail mais en lui brillait la haine des mauvaises habitudes. Il était en guerre contre un ennemi, le mensonge. Voilà ce qui était à vif chez lui, ce qui le tourmentait et l'irritait – le monde n'était pas comme il l'aurait voulu, le monde mentait, trompait, il fallait dévoiler le pot aux roses, l'obliger à reconnaître ses mauvaises habitudes.

Comment en sommes-nous arrivés au pape, je ne sais plus. Tout à coup il se lança. En ce qui concerne le pape, alléguat-il. Ce n'est pas ton problème, me dis-je tout en commençant maladroitement et à contrecœur : « C'est un Allemand et... »

Il se mit à crier, triomphant, comme s'il portait l'estocade mortelle au scélérat à terre et à ses mensonges. « Le pape est autrichien ! »

Il était clair qu'il confondait Hitler et le pape. Il s'était risqué sur un territoire qui le dépassait. À peine avait-il hurlé qu'il se recroquevilla. Peut-être fus-je le seul à le remarquer dans la pièce, mais je le vis clairement. Il rapetissait sous mes yeux.

Durant ces heures de rétention, j'avais tiré mes conclusions sur ma traversée de l'Amérique. Si vous ne voulez pas de moi, je ne veux pas de vous. Si vous me repoussez de vos frontières, je reprendrai mon sac à dos et je marcherai sur la route du nord d'où je viens, je saluerai le cadavre du sconse et ne demanderai plus jamais à ce pays l'autorisation d'y entrer. J'avais paré aux attaques de mon contradicteur mais observé l'interrogatoire en spectateur, comme si tout ça ne me concernait plus. Mon impassibilité s'était évanouie. Je sentais l'arme dans sa main, lui-même en avait joué au cours de son dernier délire d'agression. Les gardes-frontières se taisaient. D'un ton aussi froid et définitif que possible, je rompis le silence : « Le pape est bavarois. »

C'était puéril, je sais bien. Mais non, c'était très sérieux. Cela tournait au duel entre l'ignorance américaine et l'arrogance européenne ? Peut-être. Ou peut-être l'inverse. Les gardes-frontières formaient un demi-cercle autour de nous, ils avaient suivi l'interrogatoire jusqu'au bout. La plupart détournaient le regard, aucun ne laissait transparaître ce qu'il pensait. Le duel était terminé. Le pape était bavarois et mon contradicteur, vaincu. Il disparut en grognant. La porte se referma sur lui, celle de l'Amérique s'ouvrait devant moi. Dans quelques minutes je serais libre.

Pour détendre l'atmosphère, je posai quelques questions sur le Dakota, le géant et le jeune avaient la même opinion. Le Dakota était sûr, disaient-ils, mais plus on descendait vers le sud, moins c'était le cas. Le pire, c'était le Texas, mais le Mexique était encore pire. Qu'est-ce que ça donne, là-haut, les animaux sauvages ? demandai-je. Il y a des loups et des coyotes, m'expliqua le géant, puis après une pause augmentant le suspense :

« Et des *couguars*, des lions des montagnes.

– Ils s'attaquent à l'homme ?

– Les coyotes ont plus peur de l'homme que l'inverse, dit le jeune. Mais les lions des montagnes, c'est autre chose.

– On en a aperçu un, dernièrement, à 3 kilomètres de la ville, fit le géant, dont le sourire s'élargit. Alors si vous voulez marcher à pied… Si vous êtes seul et que le lion a faim… »

Ils m'avaient libéré. Réenfiler veste et bottes, ranger mes affaires, mon empaquetage minutieux commençait à énerver les gardes, ils me dirent que je n'avais qu'à fourrer le tout dans mon sac, ils attendaient dehors. Un peu plus tard ils me rendaient mon passeport, avec le visa. Je pouvais aller en Amérique, maintenant, dirent-ils. Je pénétrai dans le saloon.

LE DAKOTA DU NORD À LA LUEUR MATINALE

Je m'éveillai, j'allumai la lumière. Je me trouvais dans une chambre à 30 dollars. Je regardai plus attentivement. J'allais les reconnaître souvent, dans les mois à venir, presque chaque nuit – la moquette d'une couleur sombre indéfinissable avec les traces des clients précédents qu'on ne pouvait manquer de voir ; le siège élimé sur lequel mon sac à dos avait passé la nuit ; le lit king-size et moi à l'intérieur : et mon camarade de chambrée, le téléviseur, qui allait devenir familier et même plus, un compagnon de voyage sur lequel on pouvait compter.

C'était lui qui me souhaitait bonne nuit en dernier, lui qui me disait bonjour en premier lorsque, à peine réveillé, j'attrapais la télécommande pour savoir le temps qu'il ferait aujourd'hui. Il m'avertissait des blizzards, des orages de grêle, des tornades, du gouvernement, il me rapportait exactement tout ce que je devais savoir. Même quand je n'arrivais pas à dormir, que minuit était passé depuis longtemps, il savait y faire ; extirpant un vieux film d'aventures de l'une de ses chaînes.

Il y avait autre chose dans la chambre. Des relents du spray Bonne Humeur qui avaient survécu à la nuit, vaporisé la veille pour couvrir d'autres odeurs, comme dans tous les motels. Une odeur de fruit, un zeste de vanille. Essayant de ne pas respirer par le nez, j'ouvris la porte et la fenêtre.

Un regard sur ma montre, six heures du matin. Dehors il faisait encore nuit, l'air hivernal pénétrait à l'intérieur. Je renversai sur le lit les affaires que j'avais dû fourrer la veille dans mon sac à dos à la hâte, rangeai de nouveau le tout et partis. La lumière ne brillait dans aucune des chambres, à droite comme à gauche. La ville de Portal dormait aussi, çà et là une maison éclairée par un phare de voiture, par une unique lampe.

Passant devant le saloon, je me remémorai la soirée de la veille. Après ce combat j'avais eu faim et le saloon était le seul endroit où on pouvait manger, à Portal. Il y avait une musique de plouc, des roues poussiéreuses étaient accrochées aux murs, des chapeaux de cow-boys, des revolvers et des fusils, ça sentait la friture et la bière mais il faisait chaud et une certaine animation régnait, c'était bien. Je n'avais pas envie de m'attabler, j'avais eu ma dose de tables et de chaises. Je m'installai au bar, à chaque inspiration la frontière s'éloignait un peu plus. Il ne m'avait pas vaincu. J'étais là. Dans ce saloon minable. Je traverserais l'Amérique, j'irais vers le sud, toujours plus au sud.

À la grande table, derrière, était assis un type maigre comme un clou, qui buvait et jouait aux fléchettes avec d'autres. Chaque fois qu'il se levait pour lancer ses fléchettes, je voyais à quel point il était long et maigre. Même les tuyaux étroits de son jean flottaient autour de ses jambes, ses cheveux pendaient par mèches et il aurait apparemment suffi de deux fortes mains pour entourer ses hanches. Il avait un visage gris désagréable et maîtrisait difficilement son irascibilité lorsqu'il ratait son coup. Et il le ratait souvent.

À un moment il alla dans une autre pièce que je voyais bien, depuis mon siège au bar, pour tourmenter un garçon qui regardait des vidéos. Il l'attrapa, le prit par le cou, le petit se débattait comme un chaton sous la dureté de son emprise. Dès que le maigre le relâcha et revint à la table à laquelle se trouvait aussi la mère du garçon, qui n'était pas troublée plus que ça, le petit s'empara de la télécommande pour retourner dans son univers, avec ses héros et leurs hauts faits.

Que faisait-il de si bonne heure, dormait-il encore ? Le saloon était silencieux et sombre. Serait-il réveillé par une bonne parole, par la dure main du type maigre comme un clou ou par la lumière blafarde qui s'engouffrait dans les rares rues de Portal ? Tiens bon, fais le gros dos, encore quelques années et tu partiras en cachette, à l'aube, par un matin comme celui-là, en attendant tiens bon.

Moi aussi je voulais partir d'ici, de cette contrée de jardiniers fanatiques et de lions des montagnes affamés. Au moment où je me retournai, on ne voyait de Portal que le château d'eau, qui se perdit à son tour dans la blancheur et le vide du Dakota. Une rare voiture venait à ma rencontre. À part quelques pick-ups je ne voyais personne et cela devait continuer ainsi. Les fermes isolées devant lesquelles je passais pouvaient se compter sur les doigts d'une main. Rien à voir, sans parler de rencontre, personne en vue. Cela tenait-il à l'hiver qui refusait de finir ou en était-il toujours ainsi ? Je n'en savais rien.

Il y a quelques jours encore, je savais tant de choses. Jamais je n'avais mis le pied dans un pays sur lequel j'étais aussi informé, aussi saturé d'images que celui-ci. Sur l'Amérique j'avais lu davantage que sur tout autre pays, sur l'Amérique j'avais plus de films, plus de chansons, plus de noms et de moments en tête que sur tout autre endroit, pour ne mentionner que des supports démodés. Car les nouveaux m'avaient offert des voyages virtuels, j'avais abondamment parcouru sur écran les zones frontalières : les Grandes Plaines de tout près, de visu, zoom avant, les routes, les fleuves et les fermes aux toits d'argile. Arrêté aux carrefours, j'avais regardé les petites villes de la Prairie par une rotation de 360 degrés, entendant presque le grincement des feux suspendus au-dessus de moi. Je connaissais le nom de chaque localité, de chaque étang, chaque colline, le lotissement le plus minuscule m'était familier, jusqu'à certains qui n'existaient plus, les villes fantômes du Dakota. Maintenant j'étais là, je voyais tout en vrai et mon savoir se réduisait à néant. Où étaient passées les images, les informations ? Comme les fouilles extraites des tombeaux anciens, elles se désintégraient dès qu'on les exposait à l'air libre. Des moments momifiés. Un présent de troisième main. Des ombres d'images réelles.

Le soleil était fixe, comme si on avait retenu l'axe de la Terre, le sol gisait, fixe, sous la glace. Seuls des squelettes de l'été dernier surgissaient. Épaves automobiles, outils de la moisson, et contorsionnées comme sous l'effet de crampes, les guirlandes de fil barbelé des clôtures de fermes à demi englouties sous la neige. Un aigle décrivait des cercles. Je vis des trains de marchandises pris dans le sommeil de l'hiver, et de temps en temps un chevalet d'extraction osciller et piquer d'un bruit rauque. Les fils noirs des lignes électriques couraient au-dessus de moi comme des portées musicales dont il manquerait les notes, pas d'oiseaux sur le fil – une chanson non écrite suspendue au ciel d'hiver.

Ce matin d'hiver du Dakota du Nord qui crissait maintenant, le froid mordant dans lequel j'avançais, la faible douleur provoquée par la moindre respiration, ce monde figé par l'hiver – tout cela recelait l'attente palpitante des choses à venir, ce que je découvrirais au tournant de la route. Je ne cessais de chercher du regard une ferme, une maison, un troupeau de bœufs, un cheval, une voiture, un cerf écrasé ou un coyote. S'il y en avait bien un tous les quelques kilomètres, ils ne faisaient qu'accentuer l'impression d'anéantissement grandiose que procurait le vide, la Prairie infinie sans arbres, d'une platitude absolue. Comme l'Amérique était vide ! Si vide était l'Amérique, si américain le vide – je ne savais pas que c'était *à ce point*. Si j'avais transporté mon riche savoir, plus que riche, dans un sac, il aurait sur-le-champ atterri dans la neige. Non, heureusement, je ne connaissais pas ce pays. Je voyais l'Amérique pour la première fois.

HARTLAND

D ans la nuit le temps avait tourné, une muraille noire
approchait, en provenance du Saskatchewan. Il était
absurde de vouloir lui échapper, la tempête de neige venait
vite et allait bientôt m'envelopper. Elle me laissait cependant
une avance. La veille au crépuscule, j'étais arrivé dans une
localité minuscule où j'avais trouvé où loger, à mon grand
étonnement, une pension ouverte en hiver, et je marchais de
nouveau depuis le matin en direction de la ville de Minot.

Le paysage se modifiait progressivement. Devenait kars-
tique, vallonné. Je consultai ma carte. Je n'atteindrais pas
Minot aujourd'hui. Ce matin, à la pension, on m'avait dit
qu'il y avait un motel, à mi-parcours, dans un village appelé
Berthold, mais Berthold se trouvait à l'écart de la grande
route, une route secondaire y menait. Que je suivais depuis
des heures.

Au début, je ne trouvais pas anormal de ne croiser personne, mais cette solitude se prolongeait. Pas une voiture qui
me dépassait ou venait dans l'autre sens, personne d'autre
n'empruntait ce chemin qui serpentait à travers les collines
puis un paysage désertique imprévu. J'aurais dû retrouver au
bout d'un certain temps des terres cultivées, un haut plateau,

si mon sens de l'orientation ne me jouait pas des tours, mais je commençais à en douter. J'avais perdu les quatre points cardinaux. Ce n'est que lorsque je découvris que les sentiers que je croisais portaient des noms que je retrouvai de quoi nourrir ma confiance dans le monde. *Avenue* ou *Street*, ainsi s'appelaient les chemins numérotés. Bizarrement ma carte ne les indiquait pas, ni la route que je suivais. Je remballai cette carte qui ne m'était plus d'aucune utilité.

Je jetai un regard circulaire. Ni localité, ni maison, aucun signe de vie. La muraille noire du Canada semblait avoir disparu, s'être dissoute et pourtant ce n'était pas le cas. Elle s'était répartie sur toute l'étendue du ciel. La neige se mit à tomber. Au bord de ce genre de routes asphaltées se trouvaient occasionnellement des fermes, c'était ma seule consolation. J'espérais en voir bientôt une, mais à supposer que ce fût le cas, rien ne me disait que ce pourrait m'être utile. Beaucoup de fermes étaient abandonnées ou, n'étant que la résidence d'été de leurs propriétaires, anciens ou nouveaux, demeuraient inhabitées en hiver.

Je marchais sans inquiétude, sans hâte. Rien de tel que la paix versée par une chute de neige dans l'âme d'un randonneur. Une pluie battante m'aurait indisposé et fait accélérer le pas, une chaleur accablante aurait mobilisé mes réserves. Là mon état intérieur était aussi léger que la douceur avec laquelle la neige tombait. Avancer dans un tourbillon de flocons silencieux, une boule de verre enneigée qu'on secoue, tout autour le vertige – l'uniformité en haut, en bas, loin, près, ne plus distinguer où finissait la terre et où commençait le ciel. Le ciel, et comment continuer – vers où ? Non seulement ma carte était absurde mais mon sens de l'orientation vacillait.

Je ne voyais plus, n'entendais plus le monde sous tant de flocons, j'étais assourdi, aveuglé par la neige. Si une ferme avait surgi tout près du chemin, je serais passé devant sans la remarquer tant la neige qui tombait, qui planait, était épaisse.

Un vertige me saisit. Lorsque je découvris dans une bourrasque la plaque de l'avenue suivante, horizontale inespérée dans ce monde de tourbillons, je me laissai tomber au pied, j'ouvris mon sac, en sortis la couverture de survie, argentée au-dehors, rouge à l'intérieur, et m'en enveloppai. Pour ne pas sombrer, je fredonnai une chanson, la chanson russe de la mort. La forêt, la lande déserte, aucune maison à l'horizon. Sors du bistrot, paysan. Bois donc un coup. Viens, repose-toi, allonge-toi, tempête de neige, renverse-le sur le lit ! Prépare avec soin son repos éternel.

Ma conscience allait et venait à chaque respiration, à présent je voyais le paysan ivre avancer dans la neige, je me voyais, moi, cligner des yeux sous ma couverture argentée, à présent je voyais ce qui se préparait, pour lui le lit de mort de la taïga, pour moi le lit de mort de la Prairie. Il ne faudrait guère longtemps avant que je ne m'étende sous ma bâche, dans ce lit préparé avec soin. Mais celle qui préparait les lits ne voulait pas de moi – et les rafales cessèrent. Tout finit par s'apaiser, la vue se libéra, se posant sur ce qui ressemblait à une maison – c'en était une en vérité, une petite ferme.

Ne trouvant pas de sonnette, je frappai. Personne n'ouvrit mais une trace fraîche se dessinait dans la neige, la maison n'était pas inhabitée. Je frappai de nouveau. J'entendis enfin des pas à l'intérieur, on venait. À la porte apparut un homme de haute stature, enveloppé, depuis les hanches jusqu'en bas, d'une serviette à rayures qui laissait apparaître ses genoux décharnés. Malgré son aspect have et gris, il avait dû faire belle figure autrefois. Deux chiens jaillirent devant lui, lourds et petits, tout le contraire de leur maître.

« Je peux vous aider ? demanda-t-il. Votre voiture s'est enlisée ?

– Pas de voiture, je suis à pied.

– À pied ? »

Malgré sa serviette bariolée il avait un côté militaire. Il me considéra comme un éducateur qui en avait beaucoup vu et à qui on ne la faisait pas car il était capable de redresser le nouveau venu le plus abruti.

« Excusez-moi, dit-il en désignant la serviette, j'ai un cancer, je n'attendais pas de visite et je n'ai pas pu venir vous ouvrir vite. Alors vous n'avez pas de voiture ?

– Je crois que je me suis perdu.

– Vous vous êtes perdu ? Vous voulez dire que vous marchez à pied dans la Prairie sous une tempête de neige ? »

J'aurais volontiers disparu sans tambour ni trompette tant il m'était désagréable de l'avoir tiré de sa paix hivernale. Mais c'était impossible. Il m'avait ouvert, m'avait posé une question, je lui devais une réponse. Il me fallut de nouveau extraire ma carte et lui montrer l'endroit où je croyais être, à l'écart de la grande route.

Voyant mon embarras, il l'interpréta à sa manière.

« Pourquoi ne pas dire tout de suite que vous venez *pour ça* ? fit-il en désignant le paysage d'un geste brusque.

– Pour ça ? Que voulez-vous dire ?

– Ne me prenez pas pour un imbécile. Vous n'êtes pas le seul à vous trouver devant ma porte et à me poser des questions. Bien que personne ne soit encore apparu en plein hiver, je le reconnais.

– J'ai peur de ne pas comprendre.

– Écoutez ! Vous frappez à ma porte en pleine tempête de neige. Vous marchez à une époque de l'année où on ne mettrait pas un chien dehors. Vous n'êtes pas un chasseur, vous n'avez pas d'arme. Est-ce que vous voulez un café chaud, oui ou non ? »

Nous entrâmes. Il se laissa lourdement tomber dans un fauteuil qui avait été poussé près de la fenêtre de façon à avoir une vue dégagée sur les terres. En fait on ne voyait pas grand-chose, la neige s'était remise à tomber plus dru. À portée de main, tout ce dont l'homme avait besoin. Un pack ouvert de dix bouteilles d'eau en plastique couvertes de buée, un thermos blanc bon marché. Des jumelles de l'armée abîmées, posées sur le bras du fauteuil, et le fusil de chasse tout contre. Au sol des couvertures de laine s'amoncelaient, sur une table, des magazines de l'armée et des médicaments. Ses chiens étaient gelés, eux aussi, et se dirigeaient en se dandinant vers leurs couvertures, de part et d'autre du fauteuil.

« Je ne suis pas d'ici, commença-t-il en versant le café dans ma tasse. J'ai acheté cette maison il y a quelques années, quand j'ai appris le diagnostic. Je suis là, je prends mes pilules et je regarde dehors, voilà comment passe le temps. On s'occupe de moi, quelqu'un m'apporte ce dont j'ai besoin. Quelquefois il y a du gibier à portée de tir, je chasse depuis mon fauteuil, eux – les deux chiens se dressèrent, prêts à obéir à son commandement – ils m'apportent ce que j'abats. Et nous faisons une orgie de dinde. » Il s'interrompit. « Ça ne vous intéresse pas, je suppose. Vous êtes venu pour cette horrible histoire ancienne. Autant vous le dire tout de suite, je ne sais rien. On en raconte beaucoup, mais le plus souvent, c'est de l'imagination pure, je crois. À 2 miles d'ici à peine, il y a quelques vieilles maisons qui pourrissent. Vous voulez toujours me faire croire que vous vous êtes perdu et que vous ne savez pas de quoi je parle ?

– D'accord, d'accord. » Je cédai sans savoir où j'allais. À 2 miles d'ici – dans la région, ma carte ne connaissait qu'une localité. Un lieu perdu, une ville fantôme, me semblait-il. « Vous voulez dire Hartland ?

– Et quoi d'autre ?

– Vous savez quelque chose ?

– Je vous connais, fit-il avec un rire rauque. Les autres aussi se sont plantés devant ma porte. Ils viennent avec une vieille photo, une coupure de presse ancienne, il y en a même un de New York qui voulait tourner un film. Je me demande sur quoi. Je ne sais pas ce qui leur prend, à tous, ils sont fous de ces vieilles histoires d'Indiens, des villes fantômes et du reste. Quand j'étais jeune, ça n'intéressait personne, on voulait connaître la vie et non fouiller au grenier, dans des affaires à moitié pourries. »

Il prit le fusil de chasse, arma, visa à travers la fenêtre fermée un point dans la Prairie hivernale, reposa le fusil.

« Quel est votre nom ? »

Je le lui donnai.

« Appelez-moi Big. C'est comme ça qu'on me connaît à l'armée. Oui, drôle de surnom, pensez-vous. Mais c'est mon nom et, croyez-moi, je l'ai mérité. Quand j'ai appris le diagnostic, je me suis dit : pars dans la Prairie, achète-toi une maison et disparais. » Il sourit. « Aujourd'hui, c'est facile de

disparaître tout en étant là. » Il alla pêcher un ordinateur portable sous son fauteuil, l'ouvrit et désactiva l'œil de la caméra.
« Clic – le vieux Big en tenue de camouflage, un fusil dans
une main et, dans l'autre, la dinde achevée. Clic – salut aux
camarades, le bon vieux Big sur tous les écrans. » Il se recula.
« Je ne le fais pas pour moi, je le fais pour les gars. Je veux
que pour eux tout reste comme avant. Il ne faut pas qu'ils
me voient – pas comme je suis. » Il rattrapa la serviette qui
menaçait de glisser et lança un regard désespéré, dégoûté, sur
les analgésiques. « Vous savez, Big et moi, on se la joue pas.
Si l'un de nous a une chance de garder la tête haute plus longtemps, ce n'est pas le vieil homme qui se tient devant vous,
c'est le camarade Big. Je le fais pour lui.

– Pour un nom ? dis-je.

– Oui, pour un nom, dit-il en me lançant un regard acéré.
Vous êtes dans le pays depuis combien de temps ?

– Depuis avant-hier.

– Ne le prenez pas mal mais vous avez beaucoup à
apprendre. Les noms sont – non, ils ne sont pas importants,
ils sont parfois tout. Tout ce qui nous reste », ajouta-t-il en
regardant le désordre typique des vieillards qui l'entourait. Il
sourit d'un air de défi. « Il me semble que les Allemands en
ont fait l'expérience, autrefois. Vous êtes allemand, non ? Je
reconnais l'accent, je l'ai bien connu. »

Nous vidâmes nos tasses de café en silence. Il reprit : « Vous
devez apprendre à lire les traces, chaque nom est une trace.
Hartland aussi, qui s'appelait à l'origine Heartland. Quand
furent fondées les premières villes de la Prairie, d'énormes
rêves étaient en jeu. Ceux qui déchargèrent un tas de poutres
et de planches au milieu de nulle part, qui assemblèrent les

premières maisons, créèrent une ville autour et l'appelèrent Heartland, le cœur, espéraient qu'elle deviendrait un jour le cœur d'une contrée florissante qui les rendrait prospères. Si le rêve s'effondrait, ils laissaient tout et ils allaient plus loin. Nous avons beaucoup de villes fantômes parce que nous avons beaucoup de rêves, qui se sont effondrés. Nous allons toujours plus loin et c'est pareil aujourd'hui. » Il se leva, l'air fatigué. « Excusez-moi de ne pas vous raccompagner jusqu'à la porte, c'est trop d'effort pour moi. »

Je le priai de rester assis. « Merci pour le café et pour la conversation.

– C'est là-bas. » Il se laissa retomber dans le fauteuil et m'indiqua une direction par la fenêtre.

J'allai dans la direction qu'il avait désignée avec le net sentiment d'être observé ; c'était plus qu'un sentiment, une légère pression dans les reins, j'étais sûr qu'il me visait, soit avec ses jumelles soit avec son fusil.

Au bout d'une petite heure, une masse haute se détachait de la tourmente neigeuse. Un *grain elevator*. Chaque localité de la Prairie possédait un tel emblème, c'est à cela qu'on les reconnaissait, leurs églises en bois étaient modestes à côté. Les greniers à grain étaient les hauteurs les plus remarquables de la Prairie et, quand il ne neigeait pas, on les voyait de loin – mais le grenier de Hartland était théâtral : un bâtiment gothique à l'écart des maisons, en plein champ, une cathédrale de céréales avec ses chapelles et ses nefs défiant la tempête et le délabrement. Quelque part, un bout de ferraille détachée s'écorchait, criait comme un mulet abandonné. Hartland, une demi-douzaine de maisons faites de planches qui avaient perdu leurs couleurs, pâles comme du bois flottant dans la mer, Hartland se dressait dans la Prairie et venait se décomposer dans la terre. Une grange en bois penchait déjà sur le côté, la pluie et le vent avaient creusé des trous dans le toit. La neige tombait sur mon visage, me faisait cligner des yeux, je ne voyais plus grand-chose. Atteindre Berthold le jour même était impossible.

Je ne m'attendais pas à trouver de porte non fermée. Je n'étais pas là depuis un temps suffisant pour savoir que même les portes des maisons habitées étaient rarement verrouillées. La première porte céda aussitôt. J'inspectai la maison abandonnée qui serait mienne pour une nuit, je déposai mes provisions sur la table de la cuisine, pleine de poussière, un reste de chocolat et deux cigarillos. J'allais devoir partager avec moi-même, la soirée ne faisait que commencer.

Avoir échappé à la tempête, à une nuit glaciale et à ses dangers était un cadeau, mais même à l'intérieur, le froid était piquant. Enfilant tout ce que j'avais, je renonçai au divan, la poussière qui s'en échappait me faisait tousser, je fis basculer deux chaises que je collai contre la porte, me glissai dans la couverture de survie et cherchai où m'installer sur le sol. Toujours éveillé, j'écoutais la tempête – si elle ne rugissait pas à vous glacer les os, elle soufflait et tournoyait autour de la maison de façon inquiétante. Quand elle trouvait une fissure, elle poussait la poudre neigeuse à l'intérieur. Voir des congères inoffensives s'accumuler près des portes et des fenêtres me procurait un certain bien-être, je me sentis peu à peu à mon aise. J'étais à l'abri de la tempête, la maison avait survécu à nombre de nuits semblables depuis que ses habitants l'avaient laissée, elle survivrait bien à celle-ci. Cette pensée, ajoutée à l'épuisement, m'assura un sommeil sans cesse entrecoupé de bruits étranges et de rêves éveillés.

Dans l'un de mes rêves, le vieux était assis dans son fauteuil, à la fenêtre de la cuisine sur le sol de laquelle j'étais couché. Il ouvrait la fenêtre, la neige s'engouffrait par paquets à l'intérieur, il armait son fusil, visait et tirait dans la nuit. Je tressaillis, la détonation se répercuta, il y avait eu une détonation, très nettement, mais quelle en était l'origine, la maison ou mon rêve? Renonçant à chercher, je me glissai de nouveau dans ma couverture de survie et restai éveillé. Où étais-je, je n'en avais toujours pas idée. Big avait beaucoup parlé mais il ne m'avait rien dit de Hartland. Bien sûr, il n'était pas obligé. Il m'avait conseillé de suivre la piste des mots, et elle était assez claire. La trace dans la neige qui menait de Heartland à Hartland était le rêve américain brisé. Peut-être étaient-ce des immigrants allemands qui avaient échoué là, comme pouvait l'indiquer le mot allemand *hart*, mais cela ne changeait rien à l'histoire, beaucoup avaient échoué. Affamés, assoiffés, abattus, disparus. À un moment le fils, le père, le fiancé, le mari ne donnait plus de nouvelles, dans sa dernière lettre il avouait avoir rejoint une bande de chercheurs d'or. Des convois entiers n'étaient jamais arrivés ni jamais revenus. Heartland, le cœur. Hartland, la douleur. Les deux extrémités de la parabole américaine.

Le matin était une sorte d'action de grâces mais triste. Je me levai, mangeai le dernier morceau de chocolat, remerciai la maison et jetai un dernier regard sur le grenier à grain. Puis je me dirigeai vers Berthold, vers le sud.

LA VOITURE TOUTE ROUGE

E n arrivant dans la première ville, Minot, les avertissements reçus avant mon départ en Amérique me
revinrent en mémoire. Sur terrain découvert, la route avait
des bords stabilisés qui ne m'étaient pas spécialement destinés mais sur lesquels on pouvait marcher, parfois avec faci-
lité, d'autres fois avec difficulté. Si je jouais de malchance, le
bord consistait en un ballast grossier, si j'avais de la chance,
je marchais sur un tapis de gravillons lisse. Là où la ville
commençait, ce genre de luxe finissait.

Entrer dans Minot signifiait sauter çà et là, à gauche, à
droite, à droite, à gauche, un pied dans la circulation automobile, l'autre dans des petits jardins, des talus, dans une allée
menant à une maison. Les carrefours et les rampes étaient
encore plus compliqués à franchir. Pour passer à pied, il valait
mieux prendre exemple sur les lièvres. J'avançais par bonds,
entrant progressivement dans la ville. Qui m'accueillit par une
série de regards consternés à travers les pare-brise et par un
nouvel avertissement : le blizzard approchait, était-il inscrit
sur des panneaux, dans la rue, on l'attendait pour aujourd'hui.

Habitué à chercher, dans une localité étrangère, le centre
où je pourrais tout trouver, je poursuivis ma route à travers

une haie de garages automobiles, de boutiques et de stations-
service ; erreur européenne à laquelle je m'accrochai jusqu'à
ce que je remarque que la grande rue qui traversait la ville
s'amenuisait, redevenait une route de campagne. Je jetai un
regard sur la carte. J'étais sur le point de sortir de Minot et
de me diriger vers la base aérienne. Minot avait été l'une des
bases de lancement de fusées les plus importantes pendant la
guerre froide, la base militaire se trouvait à quelques miles de
la ville, ses rues s'appelaient Missile Avenue, Bomber Boule-
vard, Rocket Road. Ici, près de la frontière nord, l'Amérique
attendait l'attaque nucléaire des Soviétiques et avait voulu
se protéger avec des fusées intercontinentales dirigées vers
Moscou par le trajet le plus court, le pôle Nord.

Je ne voulais pas retourner vers le nord, je voulais aller vers
le sud, aussi fis-je demi-tour. De fortes bourrasques venaient à
ma rencontre, la neige tombait, plus dense qu'à Hartland, un
sacré blizzard. Quelques minutes plus tard, Minot n'était plus
une ville mais un liquide gris laiteux défilant devant moi et me
collant aux yeux. La haie de garages et de stations-service était
tout ce à quoi je pouvais me raccrocher. Aller vers la campagne
relevait du suicide, je n'avais pas vu de motel, je marchais,
marchais, le doute se tenait prêt à prendre les commandes.

Un éclat rouge apparut dans ce tourbillon désertique. Très
clair, très net, très rouge, il se trouvait là – pick-up ou camion,
Dodge Dakota Bighorn, tel était son nom complet. Et derrière
la vitre, cet avis : recherche conducteur jusqu'à Rapid City.
Quelques minutes plus tard, j'avais la clé dans la main, je jetais
mon sac à dos sur la banquette arrière, j'allumais le moteur
et je démarrais. J'avais trois jours pour livrer la voiture dans
la ville de Rapid City, de l'autre côté du Missouri, en bordure

des Black Mountains. Je laissai Minot derrière moi. La tempête se faisait plus violente, je sentais contre le véhicule la pression du vent qui s'acharnait sur les bords du plateau de chargement et essayait de me chasser de la route, dans la neige et dans la boue. Mais je roulai de plus belle.

J'atteignis Bismarck à la nuit. Je pris un motel en bordure de l'autoroute. C'est seulement le lendemain matin que j'aperçus le gratte-ciel en pierre, à l'ancienne. Visible de toutes parts, le Capitole de Bismarck se dressait au-dessus de la surface plane de la ville. Pénétrant à l'intérieur, je visitai ses corridors Art déco sombres et majestueux et me trouvai soudain devant les appartements du gouverneur. La porte de l'antichambre était ouverte. À l'intérieur je vis trois adorables chiens sur une peinture à l'huile et une impressionnante parure de chef en plumes d'aigle. Je pris l'ascenseur jusqu'en haut pour admirer le paysage depuis le dix-neuvième étage. Je m'arrêtai devant une vue aérienne encadrée montrant un paysage qui n'existait plus : le Capitole en 1925. Des chemins sablonneux menaient au bâtiment, je crus reconnaître le Missouri, derrière, ruban clair. Cinq ans plus tard, le premier Capitole brûlait et était remplacé par l'édifice actuel.

Une audace digne de Fitzcarraldo, le gratte-ciel autant que le nom de la ville ! Otto von Bismarck n'était naturellement jamais venu jusqu'ici, n'avait aucun rapport avec cette colonie dans la Prairie qui avait d'abord porté le nom d'un pionnier du rail, comme tant d'autres villes de l'époque. Elle prit son nom peu après la victoire contre la France, alors que le chancelier de l'Empire allemand était au zénith de sa popularité. Pourquoi ? Parce qu'elle en prévoyait l'effet publicitaire et voulait attirer des investisseurs allemands.

On pouvait sourire de la ruse provinciale des colons du Dakota du Nord ou l'admirer. C'était avec cet esprit qu'ils avaient édifié leur premier Capitole, l'affirmation d'un État en plein milieu de la Prairie, c'est-à-dire à l'époque, dans les années 1880, un pays d'herbages, un pays de bisons et de Sioux – un océan d'herbe. Tous ceux qui écrivaient ne cessaient de succomber à la blancheur du tableau quand ils regardaient la Prairie, son uniformité démesurée désorientait hommes et bêtes.

« Vert doré, infinie comme l'océan, la Prairie s'étendait. Pas une maison en vue en dehors de nos écuries et de nos remises. Pas d'arbre, pas de bosquet, l'herbe et le blé seulement, aussi loin que porte le regard. Il n'y avait pas de fleurs non plus, de temps en temps on rencontrait, parmi les blés, des houppes jaunes de moutarde sauvage, les uniques fleurs de la Prairie. »

Il s'agit de l'été 1887, et celui qui le brosse en peu de traits est un jeune émigré. Un colporteur qui souffrait de la faim, chez lui, en Norvège, un travailleur saisonnier dans une ferme du Dakota du Nord, le futur écrivain Knut Hamsun. Il avait essayé de s'en sortir dans les villes américaines comme cantonnier, contrôleur de train à Chicago, prédicateur dans l'une des nombreuses sectes du Nouveau Monde, comme vendeur chez un commerçant du nom de Hart. Il écrivait la nuit, plein de fièvre et d'espoir, la langue viendrait à lui, il savait qu'elle viendrait. Durant l'été 1887, il se défonçait au travail seize heures par jour dans les champs de blé des Grandes Plaines du Nord que j'avais aperçues depuis le sommet du Capitole, à 20, 30 miles à la ronde. Dans ses œuvres à venir, Hamsun ferait errer dans ces Prairies certains de ses héros agités, affamés, avides, de ferme en ferme, de fuite en fuite. Ce qu'il avait connu.

« Puis nous avions labouré et semé, fauché et rentré le foin. Fauché et battu le blé – nous avions terminé et attendions notre compte. Le cœur joyeux, l'argent en poche, nous marchions, vingt hommes forts, jusqu'à la ville suivante de la Prairie, pour trouver un train qui nous conduirait vers l'est. Le surveillant nous accompagnait, il voulait prendre un verre d'adieu avec nous. Qui n'a pas connu ce genre d'adieu au sein d'une équipe de travailleurs de la Prairie ne peut s'imaginer avec quel cœur on buvait. Chacun payait sa tournée – cela faisait vingt verres par homme. Et si vous croyez qu'on en avait fini, vous vous trompez car Dieu sait si parmi nous il y avait des gentlemen désireux de prendre encore cinq tournées à leur compte. Et que Dieu protège l'aubergiste qui aurait voulu élever une protestation contre une telle déraison. Il était aussitôt chassé de son bar. Les bandes de travailleurs saisonniers démolissent tout ce qui se met en travers de leur route. Au cinquième verre elles prennent le pouvoir en ville et règnent dès lors sans partage. La police locale, impuissante, s'allie avec la bande, boit avec elle. On boit au moins pendant deux jours et on joue, on se bat, on fait la fête pendant deux nuits. »

Que serait devenu Hamsun s'il avait été américain – un travailleur saisonnier, un vagabond ? Il aurait épousé une fille de fermier et passé sa longue vie à cultiver le maïs dans le Dakota ? Il aurait habité en ville en étant commerçant ou prédicateur ? Mais il ne resta pas en Amérique. Il rentra chez lui et devint écrivain, et écrivit un livre dans lequel il réglait durement ses comptes avec l'Amérique.

Pour moi, c'était le contraire, je voulais y pénétrer plus profondément. Plus j'avançais vers le sud, plus la couche de neige se trouait. La terre n'était plus blanche, se parait çà et là d'une peinture de camouflage. J'étais pratiquement seul sur la route, ma Dodge toute rouge, l'unique tache de couleur alentour. La force de cette terre vide me frappa de nouveau, le sentiment de grande solitude qu'elle procurait. L'étendue dans laquelle je m'enfonçais suscitait une atmosphère que je ne connaissais que trop, le désir mélancolique de se laisser porter que les films évoquaient mais dont je me méfiais car chaque film est une œuvre de propagande, surtout sur ce qu'il n'évoque pas expressément. Maintenant, ce n'était pas un film mais une chanson. Un homme et son camion sur les routes du Dakota. « *Where you headin'? – South, man, south of the border, down Mexico way.* » Je désirais plonger tout entier dans la chanson, je désirais ce voyage solitaire jusqu'à ce lieu mystique nommé Rapid City, la ville de la soudaineté, du dénouement rapide. Je la voulais, ma foutue mystique américaine. Et je l'eus. La tempête s'apaisa, le *mist*, le brouillard, se leva. Désormais j'étais vraiment et réellement sur la *misty road*.

LE PRINCE SHATTERHAND

Je traversai le Missouri, il n'y avait là rien d'extraordinaire, un pont comme des centaines d'autres, un fleuve franchi en une minute, mais l'impression d'avoir passé une frontière persistait. Sur la rive occidentale du Missouri s'étendaient les réserves pénétrant au plus profond du Dakota du Sud, celle des Sioux, et celle à peine moins grande des Cheyennes. Ce qui semblait être une frontière naturelle était en réalité tout autre chose. C'était le rideau tombant à la fin d'un drame sanglant en plusieurs actes qui s'était joué durant tout le XIXᵉ siècle.

D'abord le Mississippi avait stoppé un moment l'avancée des colons vers l'ouest. Le cortège des chariots bâchés et des charrettes, des bœufs et des vaches laitières, des cavaliers et des pauvres hères à pied était resté bloqué sur sa rive. À l'ouest du Mississipi commençait un pays hostile – la Prairie monotone et infinie, régie par des tribus belliqueuses en quête de butin. Mais le flot des chercheurs de bonheur venus d'Europe persistait et les légendes de la terre et de l'or du Far West faisaient taire la crainte des attaques des Indiens, des animaux sauvages, la faim et la soif – légendes authentifiées par les récits de ceux qui avaient osé. La grande marche reprit, la *frontier* recula. Les uns disparurent en chemin, les autres purent passer – en direction de l'Oregon, de la Californie. Avec le temps, les vagues pistes devinrent des sentiers sûrs qui traversaient la Prairie, et la frontière mouvante de l'Ouest se fixa un temps au bord du Missouri. C'était désormais la barrière au-delà de laquelle les tribus indiennes des Grandes Plaines avaient été repoussées comme les tribus de l'Est, quelques décennies auparavant, l'avaient été au-delà du Mississippi.

Mais le Missouri était aussi une route. Ceux pour qui les régions sauvages n'étaient pas une terrible épreuve placée par le Seigneur sur leur chemin vers la terre où coulaient le lait et le miel, ceux qui voulaient aller sur ces terres sauvages, ceux-là remontaient le Missouri. Aventuriers, trappeurs, chasseurs, poseurs de pièges, hommes qui disparaissaient à longueur d'année chez les Indiens – et chercheurs précoces. Parmi eux il y avait un aristocrate allemand, le prince Maximilian zu Wied und Neuwied. Au printemps 1833, avec son dessinateur Carl Bodmer et son chasseur de cour David Dreidoppel, il embarqua sur un bateau à vapeur, l'*Assiniboin*, dont le nom provenait d'une tribu du Nord-Ouest, pour remonter le Missouri, afin d'explorer l'« intérieur de l'Amérique du Nord ». Son récit se trouvait dans mon sac à dos.

La Heart River, qui y joue un rôle important, je l'aurais à peine remarquée tant cet affluent venant des montagnes de l'Ouest passe furtivement sous la route avant d'aller se jeter dans le Missouri proche. Le 16 juin 1833 à six heures du matin, Wied et ses compagnons avaient débarqué à l'embouchure de la Heart River. Des intempéries tumultueuses avaient rejeté l'*Assiniboin* en lisière de forêt et obligé les voyageurs à rester là une journée entière. C'était une terre indienne, une terre de loups et de bisons. Le monde où pénétrait le prince allemand se présentait à lui tel qu'il était depuis des siècles, des millénaires peut-être, à la différence près que ses habitants possédaient à présent des chevaux et des armes à feu.

Le bateau de Wied traversait une zone riche en faune. Antilopes, cerfs, élans et autre gibier sauvage apparaissaient sur la rive en grand nombre, des meutes de loups aussi, souvent sans peur. « Partout dans la forêt il y avait des sentiers de bisons et d'élans, notait-il, et sur les troncs des arbres restait accrochée la laine des premiers, qui s'étaient frottés au bois. » Un serpent à motifs orangés ainsi qu'un oiseau bariolé d'une beauté remarquable provoquèrent son admiration, tout comme les roses dont étaient couverts les bords de la forêt.

Mais avant tout, ce fut le bison qui étonna les Allemands. Des millions d'individus de cette espèce primitive traversaient le pays d'herbe, on pouvait les croiser jusque sur la rive occidentale du Missouri. Non loin de l'endroit où je me trouvais, Wied observa un « bison extrêmement fier » sur le rivage, « qu'on visa en vain depuis le navire, bientôt nous vîmes dans la Prairie quelques autres spécimens de ces gros animaux dont la longue barbe descendait très bas tandis que le pelage de leur front ondulait sous le vent ».

Peu de temps après, le bison allait être effacé de la surface de la terre. Les grands troupeaux des Plaines du Nord, estimés à quatre millions de têtes à l'époque du voyage de Wied, en 1833, disparurent en l'espace de quelques années. Les derniers furent abattus en 1883. On ne chassait plus le bison mais on le massacrait pour le plaisir et pour la gloire des tueurs et des tireurs du dimanche venus des villes de l'Est – en aucun cas pour couvrir des besoins en viande, en os ou en peaux.

Car les Indiens ne se contentaient pas de prendre sa chair, ils vivaient du bison. Ils se vêtaient de sa peau, polissaient des outils à partir de ses os, utilisaient ses tendons comme cordages, le bison était le fondement de leur vie depuis les millénaires obscurs dont ils venaient. Le pur désir de tuer vint à bout de l'espèce, on laissa pourrir sa viande dans la Prairie. Un tel spectacle dut paraître aux Indiens une apocalypse, et c'en était bien une : le déclin de leur monde et, pour finir, leur propre déclin. Les farouches chasseurs se transformèrent en crève-la-faim mendiant leur viande auprès des agents indiens de l'homme blanc.

Tout cela était impensable à l'époque du voyage de Wied. Lui voyait le pays dans une beauté à peine effleurée, dans toute sa dureté. Et moi ? Je voyais une colonie de petites maisons d'été en tôle, des traces de chiens ou de coyotes, peut-être, sur la neige de la rive, j'entendais le cri des oies sauvages du Missouri et, tout près, un roquet excité. Trois petits chiens m'avaient découvert qui ressemblaient à ceux du tableau dans l'antichambre du gouverneur mais appartenaient à un couple qui venait de sortir de sa résidence d'été par cette journée d'hiver. On me lança des regards soupçonneux, c'est alors que je vis la pancarte : « *We immediately report all suspicious people or activities to the police department.* » Nous signalons immédiatement toute personne ou toute activité suspecte à la police. C'était ici que Dieu, selon les Indiens, avait créé l'homme. La Heart River tenait son nom de là.

Lorsque Wied reprit la remontée du fleuve, la terre des Mandan – tribu autrefois importante et depuis longtemps oubliée – commençait. Le cœur se disait *nátka* dans la langue des Mandan, et ils appelaient le fleuve *Nátka-pássahä*, notait

Wied. L'univers spirituel des Indiens l'intéressait, il apprit leurs langues, composa des dictionnaires et des grammaires, se fit expliquer leurs fêtes rituelles et leur religion lors des longues soirées d'hiver. L'histoire de la création des Mandan recelait nombre de péripéties étonnantes, étranges, parfois comiques, elle n'avait pas la logique de notre Genèse – ou seulement par son sens de l'espace. Leur Création se passait dans leur espace vital, dans des lieux qui leur étaient familiers, comme le fleuve Cœur, que chaque enfant de la tribu connaissait.

Après qu'une querelle entre le dieu créateur – le « Seigneur de la vie », comme l'appelaient les Indiens – et le premier homme sur la question de savoir qui était le père et qui était le fils se fut résolue en faveur du Seigneur, Dieu entama une nouvelle compétition avec sa créature : il voulait rendre fertile la terre qu'il avait créée mais qui était encore vide. Il fit plonger le vison dans l'eau et en retira du bois et de l'herbe dont il donna la moitié au premier homme. « Cela se passa à l'embouchure de la Heart River. Le Seigneur de la vie demanda au premier homme de faire la rive nord du Missouri ; lui-même façonnait la belle rive sud-ouest avec des collines, des petites vallées, du bois et des buissons. »

Quant au talent créateur de l'homme, le Seigneur ne put que secouer la tête – il avait fait une prairie plate et sans arbres. Là les hommes du futur ne pourront ni chasser d'animaux ni raisonnablement vivre, reprocha-t-il aux hommes tout en les invitant sur sa rive occidentale habitable. Après avoir également gagné cette compétition, Dieu s'installa avec le premier homme pour préparer une pipe médicinale et conclure une alliance à la façon indienne. Dont le signe

n'est pas l'arc-en-ciel mais la pipe médicinale. « Ils introdui-
sirent les pipes l'une dans l'autre, et le Seigneur parla : "Ceci
doit être le cœur, le centre du monde. Et ce fleuve s'appellera
le fleuve Cœur." »

C'était lui que je suivais à pied depuis un moment. La
neige fondait, le soleil devenait plus fort, je pataugeais moitié
dans la neige moitié dans la boue et n'avançais qu'avec lenteur. Il y avait des barrages et autres obstacles à franchir avant
d'atteindre l'embouchure de la Heart River. Lorsque je me
trouvai enfin devant le Missouri, une déception m'attendait,
celle qui attend ceux qui ne peuvent s'empêcher de transposer
dans la réalité les créatures nées des livres. Une eau jaunâtre,
une rive nue, ainsi coulait le mythe, un fleuve gris sur des
terres plates. Regrettant ma petite excursion, je fis demi-tour
pour me réfugier dans le récit de Wied.

Il avait passé l'hiver en amont, à Fort Clark. Il utilisait
cette opportunité pour étudier les langues, les spiritualités
et les coutumes des Indiens. Il savait bien qu'il n'était pas le
premier à voyager, à faire des recherches ici, il connaissait la
littérature des pionniers qui l'avaient précédé. Il était familier
aussi des premiers voyages les plus riches de conséquences,
ceux des officiers américains Meriwether Lewis et William
Clark. Wied consulta ce dernier à Saint-Louis, au début de
son voyage. Pour Clark, devenu entre-temps général et ins-
pecteur des affaires indiennes, c'est-à-dire chef de toutes les
agences indiennes, Wied dut faire une demande de passeport pour être autorisé à remonter le Missouri. Ce fut Clark
qui présenta au prince « avec une extrême prévenance » les
premiers Indiens nord-américains qu'il vit de ses yeux, dont
certains étaient des prisonniers du général.

Clark était un personnage célèbre. Le président Thomas Jefferson l'avait chargé, en 1804, d'explorer avec Meriwether Lewis le Nord-Ouest américain encore inconnu et surtout de rechercher une voie d'eau vers le Pacifique. À l'automne 1804, ils remontèrent avec une trentaine de soldats le Missouri dans leur bateau à quille, passèrent l'hiver, comme plus tard Wied et ses compagnons, dans la région de l'actuelle Bismarck. Lewis et Clark, j'allais les rencontrer souvent au cours de ma traversée du Dakota. Là où ils étaient passés, on avait érigé des stèles, des plaques commémoratives, des petits musées ; aujourd'hui encore ils étaient honorés comme les fondateurs d'une Amérique qui s'étend de l'Atlantique au Pacifique.

Les accomplissements de Wied comme chasseur et chercheur ne ressemblaient qu'à première vue à l'entreprise des deux Américains. Les voyages de 1804 et de 1833 se distinguaient fortement. D'un côté, deux officiers à la tête d'un corps expéditionnaire envoyé par le président d'un État en expansion avec la mission de trouver une voie d'eau vers le Pacifique, de revendiquer les territoires libres du Nord-Ouest et de gagner les tribus indiennes à la cause du jeune État. Lewis et Clark étaient en mission politique. Ils tenaient des réunions avec les chefs indiens, prononçaient des discours et distribuaient les médailles étincelantes du père blanc de Washington.

De l'autre côté, Wied, se mettant en route alors que personne ne le lui demandait, sans mission, chercheur à ses risques et périls. Les gains qu'il espérait étaient d'ordre spirituel. Esquisses, dessins, peaux et objets indiens. Et deux ours vivants. Malgré d'énormes difficultés, il parvint à leur faire traverser l'Amérique et l'océan pour les ramener – on serait tenté de dire à la Villa Shatterhand, aux côtés du Silberbüchse et du fusil Henry[1], car le prince zu Wied rapporta autre chose de son voyage en Amérique du Nord continentale – le capital spirituel fondateur de cet amour étrange et fidèle des Allemands à l'égard des Indiens, qui devait braver toutes les époques, toutes les idéologies.

On peut supposer que Karl May a lu Wied, dans le texte original ou dans les écrits d'autres auteurs qui l'auraient recopié, et que son homme de l'Ouest allemand, Old Shatterhand, s'inspirait du prince – le récit de Wied offre matière à une telle créature quand il décrit les nobles Indiens qu'il rencontre dans ses quartiers d'hiver et avec lesquels il se lie d'amitié. Un fils de chef lui plut particulièrement. Avec lui, le prince allemand instaura visiblement une amitié sur un pied d'égalité.

Wied n'était pas un voyageur sentimental, ce n'était pas un calculateur non plus. Idéaliser les Indiens de façon romantique ou les comparer aux Allemands comme Tacite avait comparé les Romains aux Germains lui était pareillement étranger. Son long hivernage à Fort Clark lui donna l'occasion de les connaître au cours de parties de chasse communes dans la Prairie enneigée, au cours de fêtes et de cérémonies indiennes nocturnes, au cours de visites au village des

---

1. Karl May (1842-1912) est un écrivain aussi réputé en Allemagne que Jules Verne en France. Il est l'auteur d'une série de romans indiens dont les héros sont l'Apache Winnetou et son ami blanc Old Shatterhand. La Villa Shatterhand, où habitait Karl May, est maintenant transformée en musée. Le Silberbüchse est le fusil de Winnetou et le fusil Henry celui d'Old Shatterhand – tous deux figurant parmi les objets exposés dans la villa. (N.d.T.)

Mandan Mih-Tutta-Hangkusch et dans les villages d'hiver d'autres tribus. Ou lorsque ses amis indiens lui rendaient visite dans la cabane en rondins qu'on lui avait provisoirement érigée dans le fort et où il logeait avec ses compagnons, tout le monde dans la même pièce. Le froid piquant qui soufflait par les fissures les poussait vers le feu, dont la proximité était presque brûlante tandis qu'un peu plus loin on était frigorifié. Les couleurs de son dessinateur avaient durci, l'encre du prince aussi, et un jour où son cuisinier alla puiser de l'eau au fleuve, il revint dans la cabane avec les oreilles gelées.

Wied ne nous épargnait rien. Il décrivait la cruauté avec laquelle les Indiens traitaient leurs femmes, ce qui en conduisait certaines au suicide, leur dureté insensible envers les animaux de charge, les chiens. Il décrivait le comportement intrusif des visiteurs indiens et leur tendance au vol, la paresse des hommes quand ils ne se livraient pas à leurs occupations préférées, la chasse ou la guerre. Mais tout ça ne l'empêchait pas de reconnaître la noblesse et la beauté lorsqu'elles se manifestaient.

D'autres écrivains voyageurs de l'époque proclamaient l'infériorité des Indiens par rapport aux Blancs. Cela n'inquiétait guère Wied : « Si l'homme, dans toute sa diversité, ne tient pas du Créateur des capacités entièrement égales, je suis cependant persuadé que les Indiens n'ont rien à envier aux Blancs à cet égard. » Parmi les Mandan il en trouva certains très désireux d'apprendre quelque chose sur de « hauts sujets », d'un autre côté ils étaient très attachés aux préjugés de leurs ancêtres. « Les mauvais exemples qu'ils observent chez les Blancs qui vivent dans leur pays et sont guidés par leur soif d'argent ne sont pas de nature à leur insuffler une grande considération envers notre race et à améliorer leur morale, et si on ne les trouvait pas enclins à la religion chrétienne, c'est certainement en partie la conséquence des mauvais exemples qu'ils voient chez les Blancs qui se disent chrétiens et sont fréquemment plus immoraux que les Indiens les plus grossiers. »

À propos du fils du chef avec qui le voyageur allemand conclut une amitié – ceux qui ont lu, cœur battant, les aventures de Winnetou et de son frère de sang Old Shatterhand peuvent-ils suivre le récit de Wied sans penser à cette lecture ancienne et à ses héros ? « Sih-chi-dä, un jeune homme grand et fort, fils du célèbre chef Tóhp-ka-sing-kä (les quatre hommes) aujourd'hui décédé, était un Indien de confiance, d'un naturel très bon, qui devint l'un de nos meilleurs amis et nous rendit presque tous les jours visite. Il avait des manières tout à fait convenables et plus de sensibilité que la plupart de ses compatriotes. Il n'était jamais lourd par ses demandes, sitôt le repas apporté il s'éloignait pour ne pas être indiscret, bien qu'il fût loin d'être prospère et qu'il ne possédât même pas un cheval. »

Que Karl May en ait fait usage ou non, à l'origine de la fascination pour les Indiens il y avait des choses réelles, des personnes vivantes, des événements, il y avait une véritable amitié. Et un esprit à l'affût du moindre phénomène. L'étonnement plein de vénération devant certains discours de chefs indiens que la jeunesse du monde blanc saisit seulement bien plus tard – discours dans lesquels ces chefs ne se contentaient pas de déplorer le sort de leur peuple mais essayaient de le comprendre, pour se heurter à l'inconcevable de son déclin de façon on ne peut plus poétique, avec des images somptueuses dans une langue prophétique –, Wied en avait déjà fait l'observation en 1833. « Dans tous les ouvrages qui traitent de ces peuples remarquables, écrit-il, on trouve parfois transcrits les discours puissants et réfléchis de leurs dirigeants. Ils parlent fréquemment par images appropriées et disent souvent à leurs oppresseurs blancs d'amères vérités. » Il attribuait ce trait à des qualités qu'il avait étudiées chez les Mandan et dans d'autres tribus. « On trouve souvent chez ces hommes une force de caractère à un degré élevé. » Wied remarqua chez les Indiens un sens de l'honneur exacerbé, admira leur puissante mémoire. « Nombre d'entre eux racontent toute l'histoire de leur peuple sans jamais s'interrompre. »

Les histoires s'éteignirent avec les peuples qui les avaient contées au cours des siècles, plus rapidement que les bisons. Certaines tribus disparurent peu de temps après la visite de Wied. Un an après son hivernage, un compagnon de voyage du Missouri venu le voir en Allemagne lui racontait les raids des Indiens du Dakota sur les villages indiens qu'il avait connus. La plupart des habitants furent tués. « Quatre ans après, j'appris que tous nos amis indiens de la tribu des Mandan étaient morts. Voilà ce qui s'était passé : l'été 1838, un bateau de trappeurs de Saint-Louis arriva à Moh-tutta-Hangkusch, le village des Mandan qui m'est si familier, où j'ai mené mes études sur l'art populaire. Bien que plusieurs passagers fussent atteints de la variole, on fit monter à bord les Indiens. Ils furent aussitôt contaminés. »

Une autre connaissance américaine, le peintre George Catlin, décrivit au prince la disparition des Mandan. « En quelques jours, la maladie devint terrifiante, les gens mouraient en peu de temps. Le désespoir était si grand que près de la moitié des malades se donnaient la mort avec un couteau, un fusil, ou se jetaient du haut d'une falaise. » Ce n'était pas la fin d'une tribu mais la fin d'un monde ; c'était exactement la façon dont les Indiens chassaient le bison – en le repoussant vers des falaises d'où il se précipitait vers la mort.

Catlin acheva le récit « avec le noble Mato-Tope ». Wied l'avait bien connu. « Ce chef exceptionnel », ainsi qu'il le désignait, lui avait souvent rendu visite avec son petit garçon. « Après avoir été guéri de la maladie, dit Catlin, Mato-Tope resta dans son wigwam et vit sa femme et ses enfants tomber malades et mourir les uns après les autres. Quand tous les siens eurent été la proie de la mort, il alla à travers le village et pleura sur le déclin de sa tribu. Les braves guerriers dont dépendait la survie de la tribu ne comptaient plus au nombre des vivants. Il retourna dans sa hutte, fit de sa femme et de ses enfants morts un tas, les recouvrit de peaux de bisons, s'enveloppa pareillement dans une peau et se rendit sur une colline à proximité où il resta couché plusieurs jours malgré les prières des trappeurs, ayant décidé de jeûner jusqu'à la mort. Au sixième jour il eut encore la force de revenir au village. Il entra dans son wigwam, s'allongea près du corps de sa femme et de ses enfants, tira sur lui la peau de bison et mourut le neuvième jour après son départ du village. Voilà quelles étaient les informations sur l'extinction des Indiens Mandan. Il est possible que quelques-uns d'entre eux soient encore en vie, bien que je le tienne pour peu vraisemblable. Mais même si c'était le cas, ils ont cessé d'exister en tant que nation. »

Plus tard, au cours de cette journée de méditation, bien des miles en aval du fleuve, j'aperçus un homme au bord du Missouri. Il observait le fleuve comme une vieille connaissance, les yeux mi-clos. Les rives sablonneuses sont-elles toujours meubles ? lui demandai-je. Wied et ses mariniers en avaient souffert. « Ce fleuve qui dort chaque nuit dans un autre lit », disaient les premiers colons au sujet du Missouri. Oui, dit l'homme, c'était toujours pareil, il fallait s'y connaître si on ne voulait pas se retrouver vite à sec. Lui allait souvent en bateau, pêcher.

De lui-même il se mit à parler des Indiens, sans raison apparente. « Certaines tribus ont leur fierté, dit-il, elles parviennent à la prospérité par leur action propre. D'autres se contentent de se faire nourrir par l'État. » Si longtemps après, ils sont toujours aussi réfractaires à se plier à la loi américaine : atteindre la fortune et le succès par un dur labeur. « Et s'ils prennent un jour un travail, poursuivit-il, ils le quittent après le premier salaire. Retournent dans la réserve pour tout boire. » Il cita un proverbe : « Tu peux mener un cheval à l'eau, mais c'est lui qui doit boire. »

Il poursuivait mais j'étais distrait par l'image qu'il avait utilisée. Des chevaux au bord du Missouri. Wied avait décrit la scène. Des Indiens surgissant brusquement sur la rive avec leurs chevaux et leurs armes, avec leur butin de chasse sur leurs bêtes de somme, ou décorés des couleurs de la guerre, noir et rouge, errant parfois, vêtus de leurs peaux de bisons blanches, comme des fantômes dans la nuit. On ne pouvait jamais être sûr de l'intention avec laquelle ce genre de troupe se mettait en chemin, mieux valait se tenir à distance respectueuse. « Je ne sais pas ce qu'ils ont, entendis-je l'homme dire avant de remonter dans sa voiture et de continuer. Peut-être qu'ils nous en veulent toujours de leur avoir pris leur terre. »

J'étais depuis longtemps dans la réserve des Sioux, je le vis à un détail étonnant, l'agitation concernant les ordures sur la voie publique. L'Amérique blanche menaçait d'une amende ceux qui jetaient leurs ordures dans la rue, la réserve se jurait de respecter « *Mother Earth* ». Mais cela n'avait pas l'air de faire de l'effet, j'eus l'impression que les monceaux d'ordures en territoire indien étaient encore plus importants qu'au pays des Blancs.

J'avais entendu parler des casinos dans les réserves mais je n'en avais encore jamais vu. Et voici que l'un d'eux surgissait du désert – comme s'il avait atterri là, monstre moderne dans l'herbe flétrie. Il venait à point, j'avais faim et j'avais besoin d'une pause. Je fus étonné en entrant. C'était la première fois, depuis que j'étais en Amérique, que je voyais une foule si nombreuse. Autant les abords étaient vides et déserts, autant c'était plein et bruyant à l'intérieur, comme si tout le pays s'était retiré dans ce bunker heureux, sur la montagne de la fortune. Son centre était un énorme hall très haut, supporté par quatre totems de pierre, sur les murs une fresque indienne était peinte. Il y avait d'autres salles. J'abandonnai ma vaine tentative de compter les joueurs et les machines à sous devant lesquelles ils s'asseyaient, des rangées entières, des salles entières. Il devait y avoir des centaines de machines et des milliers de personnes, qui ne trouvaient pas toujours place. D'où venaient-ils, et comment ? Non seulement la campagne était déserte depuis des heures mais les rues aussi étaient vides.

Presque tous les joueurs étaient vieux. Vieux et gros. Vieux et maigres. Vieux et fanés. Vieux et jeunes. Avec ou sans permanente. Avec ou sans boucles d'oreilles. Avec ou sans cigarette. Ils étaient assis devant leur machine, concentrés, silencieux, certains étaient en fauteuil roulant, et ils jouaient, jouaient. Certains faisaient une pause et allaient se chercher un hamburger et un Coca, la nourriture était gratuite ou ridiculement bon marché, le casino ne se souciait pas de faire des profits avec sa cantine, preuve que les affaires marchaient bien. Des croupiers indiens allaient et venaient, l'un d'eux souriait, grand et mince, sa natte noire lui descendant dans le dos, un autre laissait pendre la chaîne dorée de sa montre aussi bas que possible. Des yeux vifs balayaient les rangées de joueurs blancs âgés, qui, sous la surveillance indienne, ressemblaient à un troupeau de vieux enfants. Wied avait décrit l'habileté des petits Mandan à préparer des pièges, à attacher le crin de chevaux avec lequel ils attrapaient des oiseaux et autres animaux de la Prairie. Le casino semblait être l'amplification de ce phénomène – l'invention d'un vieux bricoleur sioux, un transformateur vengeur qui aspirait tous les Blancs du Dakota, les attachait aux jeux de hasard en murmurant : « *Pursuit of happiness, happi-, happi-, happiness.* » La poursuite du bonheur.

Il n'y avait qu'une chose terrible dans ce paradis du jeu, c'était le boucan infernal. Chaque machine à sous de la salle portait un nom différent, illustré par une sorte de figure de dessin animé : *John Wayne, Helen of Troy, Thai Treasurer, Wolf Run, Lucky Lemmings*. Et chaque machine faisait du bruit. Des centaines de signaux d'identification résonnaient en fanfare. Aucune note n'était en harmonie avec les autres. Ça crépitait, ça hurlait, ronflait, tapait, sonnait, trompetait, crissait, jacassait, sciait, un chaos sans fin.

Et de nouveau le croupier souriant, nos chemins se recroisaient.

« Vous aimez bien ici ? lui demandai-je.

– Comme boulot ou quoi ?

– Comme homme, comme être humain. »

Il me regarda, éclata de rire, se reprit et rit de nouveau.

« Ça va à peu près, je crois. »

J'avais envie de partir. À la porte je rencontrai un Indien d'un certain âge qui avait lui aussi envie de partir, un grand type sérieux. Je lui posai également la question.

« Vous aimez bien ici ?

– Je suppose que c'est bien, comme endroit. »

Il n'était pas bavard, il était ailleurs.

« C'est bien ?

– Yeah, je voyage beaucoup, vous savez. *So long.* »

LE GARÇON AU REVOLVER

On allait vers le soir, je roulais vers l'ouest, en direction du soleil couchant, vue dégagée de toutes parts, je devais voir 40, 60, 100 miles à la ronde, et où que portât mon regard, le paysage restait le même. Les mêmes vagues, toujours, les mêmes plis vert doré, çà et là une « butte », une colline solitaire pareille à un autel. À l'horizon de l'est comme à celui de l'ouest semblaient se découper des chaînes de montagnes, mais ma carte me prouva que c'était une illusion.

Le soleil donnait sa représentation du soir. Les nuages faisaient ressortir certaines hauteurs, des pentes et des déclivités, en laissait d'autres dans l'ombre. Une montagne-autel resplendissait dans la lumière, des trouées d'eau invisibles devenaient des lacs argentés et des versants vides, des pâturages dorés. Cela ne s'arrêtait pas là, cela continuait. Ce n'était pas une succession de paysages changeants, des tableaux avec, en arrière-fond, des montagnes ou le méandre d'un fleuve, comme en Europe, et d'autres tableaux qui suivaient comme si on pénétrait dans une autre salle de musée. Cette Amérique n'est pas un paysage, c'est une terre, une terre, une terre. Terre et lumière. Pas d'exposition, un tableau unique, démesuré, et qui se reproduit à l'infini. J'abordais une descente en pensant : ça finira bien un jour, mais à la remontée d'après, cela continuait encore et encore.

Dans le Dakota blanc, un faisan se tenait parfois au bord de la route, comme s'il attendait que quelqu'un l'emmène avec lui. Dans le Dakota rouge, la réserve, ils gisaient, morts, en bordure de la piste, l'un à la suite de l'autre. Je fis halte près de l'un. Il gisait sur le bas-côté, pattes grises étendues, le duvet du ventre hérissé sous le vent, les longues plumes de la queue se découpant avec audace, ses ailes légèrement dressées, comme si la mort n'était qu'un faux-semblant, qu'il allait bientôt prendre son envol. Ayant l'impression d'entendre un faible bruit, je me penchai, mais la tache sombre dans l'œil restait sombre. Le faisan était mort.

Lorsque la lumière diminua, que la terre prit son voile de nuit, seule la noirceur de la route, nette et coupante, brillait réellement. La route était le cadeau qu'avaient offert les Blancs à la terre et la terre l'avait accepté, comme si elle l'attendait. Cela lui allait bien, comme une terre qui roule et ressemble à la mer. Roule, roule, il n'y a pas de virages. Les virages sont pour les beaux esprits, pour les observateurs sensibles des paysages de l'Ancien Monde. Roule ! Encore et encore. La route n'en finit pas et, tant que tu roules, tu es immortel.

Je m'arrêtai dans un motel à Mobridge, et là je tombai de nouveau sur le Missouri. Il avait changé mais pas dans son essence. Dans sa course vers le sud il s'était renforcé, ce n'était plus le fleuve gris d'une terre grise mais un fleuve aux reflets argentés. Je passai la soirée dans un *diner* au bord de la route à écouter la musique qui provenait alternativement de la radio et du juke-box. Une musique qui parlait de la route.

Quelqu'un s'en va, quelqu'un s'en vient, quelqu'un accompagne, quelqu'un attend. « *No matter what you've done, I'll stand by you* », chantait une femme. Quoi que tu aies fait, je reste avec toi. Un jour une voiture était venue, un jour il était arrivé à cheval, un jour il était reparti sur la route et n'était plus revenu. Toutes les chansons étaient sur ce mode, ce soir-là.

La matinée était blanche du givre de la nuit et les chansons restaient les mêmes. À la table voisine, une dame d'un certain âge, pleine de délicatesse, énumérait à son amie, une robuste Latino, les noms des opérations militaires auxquelles son fils avait pris part. *Desert Storm. Desert Freedom.* Sa troisième mission dans le désert fut aspirée par le bruit d'un camion qui passait. La dame portait un pull d'un bleu lumineux, un pantalon bleu aussi, et des boucles d'oreilles dorées, et était parfaitement coiffée. « J'aimerais bien qu'il revienne mais il ne veut pas. Il est parti. » Elle venait de se confier à son amie, mais celle-ci ne répondait pas. Quelqu'un s'en va, quelqu'un s'en vient, quelqu'un accompagne, quelqu'un attend. Ce n'était qu'un couplet supplémentaire de la vieille chanson.

Ma dernière journée au bord du Missouri fut très froide, très bleue, très calme. De la rive occidentale je voyais l'Est s'étendre à perte de vue. Seul le cri clair des oies sauvages rompait le silence. Tout là-haut on avait érigé un monument à Sitting Bull, et comme la plupart des ouvrages qui témoignent de bonnes intentions, il n'était pas très beau. Un buste en grès massif sur un socle de granit rouge. À noter que le célèbre guerrier regardait vers l'est, au-delà du Missouri. Dans un pays où tout le monde depuis longtemps regarde vers l'ouest, vers l'avant, lui lance un regard dans la direction d'où vinrent les conquérants, sur ce qui a été perdu, sur sa propre origine.

Il était né de l'autre côté, sur la rive orientale du Missouri, en 1831, et il fut fusillé en captivité en 1890. Son cadavre disparut sans laisser de traces, seuls quelques initiés connaissaient l'emplacement de sa sépulture.

Au fin fond d'une réserve, je m'arrêtai dans un cimetière indien de la région de Wakpala. Tombes disséminées dans l'herbe haute de la Prairie, les unes ornées de croix, les autres de signes indiens, tiges étroites et hautes. Souvent, ébouriffée par le vent de la Prairie, la bannière américaine flottait au-dessus. La carrière militaire était la principale occupation de ces Sioux qui, même morts, restaient des guerriers. Sous la terre reposaient des marines, des fantassins, des porteurs de la médaille Purple Heart. Ils s'appelaient Iron Cloud, Little Chief, Two Bears – ils avaient pour prénoms Patrick, Philip, Eugene. Ils étaient tombés dans toutes les guerres de l'Amérique. La Première Guerre mondiale. La Seconde. La Corée. Le Vietnam. L'Irak.

Le garçon surgit brusquement. Il voulait me montrer quelque chose. Un vieux revolver enveloppé dans un tissu sale. Après l'en avoir extrait, il énonça un prix. Me voyant hésiter, il ajouta quelques munitions. Il venait de la réserve et il avait besoin d'argent – pour quoi, ça ne me regardait pas. Je pensai aux loups et aux lions des montagnes dont je traverserais bientôt de nouveau le territoire à pied, cela ne gâcherait rien d'avoir quelque chose sous la main pour se défendre contre eux. En une minute l'affaire fut conclue. Je posai le petit paquet sur le siège du passager et poursuivis ma route.

Les colonies d'Indiens, disséminées elles aussi dans la Prairie, ressemblaient à des cimetières. Maisons standards et *mobile homes* entourés de voitures, de carcasses d'autos, de jouets et de beaucoup d'autres choses. Je découvris un bar au nom pompeux, du genre « Great Sioux », mais ce n'était qu'un débit de boisson dans un misérable patelin poussiéreux de la réserve. Je commandai un café que je bus devant une vieille photo accrochée au mur, un portrait de groupe pris à New York le 15 octobre 1888.

Le gouvernement invitait de temps en temps des chefs de tribus rebelles pour qu'ils puissent se faire une idée de la supériorité de l'homme blanc et de ses œuvres, pour qu'ils soient convaincus de la vanité de leur résistance. C'était au cours d'un tel voyage dans le futur qu'avait été prise la photo dont la copie, maintes fois reproduite et plus grossièrement chaque fois, était accrochée au mur. Ils étaient là, les guerriers, les chefs, les hommes de médecine, en plein Wall Street, à Manhattan. Bera's Rib et Thunder Hawk, High Eagle et Mad Bear, Walking Eagle et Fire Heart, tous des Sioux de la réserve de Standing Rock ; d'où je contemplais leur image pâlie, un gobelet de café à la main. Près d'eux se tenaient White Ghost et Little No-Heart, tous deux de la réserve des Cheyennes. Ainsi qu'Ugly White Horse, Pretty Eagle et Sky Bull, Sioux Oglala de la réserve de Rosebud que j'atteindrais demain, peut-être même aujourd'hui. Un seul se permettait une extravagance. Le seul Indien de la photo à être habillé comme les Blancs. Il portait un veston, n'avait pas les jambes recouvertes de cuir mais dissimulées par un pantalon à pli, et Mister Sitting Bull tenait un grand chapeau clair à la main, tel un gentleman en voyage. Tous les autres semblaient avoir été posés là, et de fait ils l'avaient été, côte à côte, raides comme des clous, pétrifiés. Mais ce n'était pas tant le spectacle de ces hommes qu'on exhibait qui me touchait – ce tableau de chasse à Wall Street –, c'étaient les noms !

Cœur-de-Feu, Petit-Petit-Cœur, Bête-du-Ciel.

Le Haut, le Beau, l'Aigle en marche.

Affreux Cheval.

Fantôme Blanc.

Ces noms à eux seuls, on pouvait le comprendre, déclenchaient une tristesse sauvage que les troupes de la raison montant à l'assaut en de telles occasions ne pouvaient aussitôt anéantir. Oui, la nouveauté avait vaincu, une nouveauté bien plus légère et qui nous allégeait, moi aussi elle m'avait vaincu, installé dans mon pick-up rouge avec ma carte de crédit, je le savais, je connaissais ses objections : Oh non, disait Madame Raison, l'Ancien n'est pas ce qu'il y a de mieux, il n'y a que les machos et les sentimentaux imbéciles pour le croire. Mais c'est peut-être plus beau, disais-je. Ça sert à quoi ? demandait-elle avec douceur. À rien, dis-je, et elle : Se dresser contre la nouveauté est la preuve d'une stupide obstination. Ne sois pas bête, sois intelligent. D'accord, dis-je d'un ton las. Mais les pertes sont grandes, même si tu ne le comprends pas.

Des ténèbres du bar se détacha un Indien ivre dont le discours était le délire typique qu'il servait quand il flairait une proie de mon espèce. Avec toute la théâtralité dont il pouvait encore faire montre, il se présenta sous le nom de Lakota. « Tu sais ce que ça veut dire ? » Je ne le savais pas et ça m'était égal. Mais il voulait connaître mon nom, je le lui lançai, il l'attrapa au passage, le répéta en balbutiant, dit que c'était un bon nom, un nom indien en fait, et il me proposa de leur tenir compagnie, à lui et à ses compagnons qui buvaient de la bière. Ce n'était pas une proposition mais un ordre. La suite était claire. Il exigerait que ce nouveau venu blanc paie une tournée, puis une autre, et puis une autre. Tu vois, dit Madame la Raison, voulant poser sa main froide et blanche sur moi. Je la repoussai, je repoussai le Sioux pris de boisson et sortis dans la lumière crue du mois de mars.

Je roulais, roulais, absorbant les couleurs de la Prairie. Surtout jaune, brune et grise, telle la fourrure du vieil escroc plein de ruse, le coyote, elle était par endroits tachetée de neige comme la parure d'une chouette. Parfois tendre comme le pelage d'une antilope, puis de nouveau hirsute comme un loup mouillé et le soir, tandis que le soleil de fin d'hiver déclinait, brune comme le tabac.

Lors d'une pause à Timberlake, quatre fermiers décatis étaient assis dans le box étroit d'un *diner* devant une tasse de café énorme avec des lunettes énormes sous leur casquette. Quatre vieux Peaux-Rouges qui n'en étaient pourtant pas, mais ils étaient assis à leur façon et parlaient à voix basse des temps anciens, des temps nouveaux, et leur murmure circulait d'un bord à l'autre de la table élimée. Les colons blancs, avait-on coutume d'entendre, en soumettant le monde qu'ils avaient trouvé à leur charrue, à leur loi, l'avaient métamorphosé et rendu méconnaissable.

C'était vrai mais à moitié seulement. Le monde ancien n'avait rien de fragile. Lui aussi avait soumis les colons à sa loi, les avait transformés, rendant en peu de temps leur origine méconnaissable. Les colons avaient conquis la terre – mais la terre avait aussi conquis les colons. Les trains de marchandises qui traversaient la Prairie ne faisaient-ils pas penser aux cortèges de chasse des tribus à la saison du bison ? Lourdement chargés de leur butin, ils s'étiraient à l'horizon en file lente. Et ces cabanes sommaires que tout pauvre bougre, attiré hors de son village d'Europe vers le pays d'herbe par la réclame prometteuse d'une terre et d'un bonheur destinés aux immigrés, devait bâtir pour ne pas perdre ses droits sur la terre offerte – ces premières cabanes n'étaient-elles pas aussi légères, aussi exposées aux vents de la Prairie que les tipis des camps indiens d'été qui les avaient précédées peu de temps auparavant ? Aujourd'hui encore les maisons des Blancs sont ainsi.

J'engageai la conversation avec le patron de Timberlake qui, après m'avoir demandé d'où je venais et où j'allais, me servit son histoire de colon. Il était originaire de la région de Bismarck, ses deux parents étaient allemands. « Ils ont été abandonnés tous les deux. » C'est-à-dire qu'ils furent abandonnés enfants bien loin de chez eux, dès qu'ils furent en âge de travailler. Incapables de nourrir tout le monde, les colons les plus pauvres se résignaient à envoyer leurs bouches affamées là où le travail domestique permettait aux enfants de manger. « Ma mère vient de retrouver sa sœur, poursuivit-il. Elle a quatre-vingt-cinq ans aujourd'hui et elle a passé soixante-dix ans à 40 miles de distance sans le savoir. » Je me disais : si on n'a pas envie de parler de la dureté du purgatoire américain, il faudrait taire aussi les joies multicolores du *melting-pot*.

Lorsque la montagne d'Eagle Butte apparut dans le lointain, je sus que le pays des Sioux se trouvait derrière moi et que j'étais déjà au cœur de la réserve des Cheyennes. Sur le bord de la route, les cadavres n'étaient plus les mêmes, au lieu de faisans il y avait maintenant des cerfs à queue blanche et des cerfs mulets écrasés, les uns reconnaissables à leur queue blanche qui balançait quand ils surgissaient soudain, les autres à leurs grandes oreilles d'âne duveteuses. Je traversai la Bad River et vis les premiers cactus sauvages. Là se trouvait Midland. Son hôtel vantait ses bains salutaires, on attendait un comédien ce soir-là, mais je n'avais aucune envie de voir un comique dans la salle d'une petite ville au bord de la Bad River. Avant d'atteindre le fleuve des Cheyennes, je ne croisai pas âme qui vive. La réserve se terminait sur cette rive, la vallée était inondée, la forêt clairsemée se perdait dans l'eau. Sur l'autre rive il y avait un ranch.

Je roulais en direction du ranch quand le rancher arriva dans l'autre sens. Nous nous saluâmes, arrêtâmes nos pick-ups et échangeâmes quelques mots sans sortir de voiture. Le style du ranch indiquait qu'il datait d'avant la guerre, le toit de terre de la grange, la teinte rouge du bâtiment principal et de son porche. Le rancher était un homme vigoureux d'une cinquantaine d'années, ses paroles coulaient avec lenteur, comme ses gestes. Avant il allait souvent dans les grandes villes, disait-il, mais il en avait assez maintenant. Je lui demandai comment vivait un rancher. « Rancher. » Il grimaça un sourire. « Vous savez ce qu'on dit : beaucoup de terre et peu d'argent. »

Son regard tomba sur le paquet posé sur le siège à côté de moi, le tissu était à moitié défait et le canon pointait. Il ne dit rien. J'expliquai : « C'est à cause des gros chats que vous avez ici. Je marche beaucoup à pied. » Il ne fit aucune remarque, mais je vis qu'il trouvait cela étonnant.

« En ce qui concerne les chats... » Il désigna le fleuve. « Ils viennent des montagnes du Montana en suivant le fleuve jusqu'ici. Ils aiment les cerfs mulets, les chevaux, et aussi les petits enfants, quand ils peuvent en attraper un.

– Les hommes aussi ?

– Oui. Ce n'est pas une bonne idée d'en croiser un sans avoir d'arme. Faites attention à vous. » Et, hochant de nouveau la tête en regardant mon paquet : « Ce machin ne date pas d'hier, n'est-ce pas ? Excusez-moi mais il faut que j'y aille. »

Il tapota son chapeau blanc et démarra.

Je fis de même, non sans avoir décidé d'essayer bientôt l'engin et de reprendre les exercices de tir que j'avais délaissés.

QUELQUES BIÈRES AVEC L'ESPRIT DE CRAZY HORSE

Mitch était assis au comptoir lorsque je pénétrai dans le Wagon Wheel Bar pour demander un lit à la patronne pour la nuit. Elle n'en avait pas. Et il n'y avait aucune autre auberge dans cette localité minuscule. J'aurais pu reprendre la route, le soleil n'était pas encore couché, mais la localité suivante était un lotissement dans la réserve des Sioux Oglala et les chances d'y trouver où dormir étaient encore plus restreintes.

Et puis l'endroit me plaisait. La lumière espagnole du soir me plaisait, le bar sombre, sa généreuse tenancière – ainsi que le nom : Interior, dans les Badlands. Mais ce que j'aimais par-dessus tout, c'était qu'Interior, sa cinquantaine d'habitants, son Wagon Wheel Bar et ses rares clients silencieux se trouvaient sur les fonds d'une mer précolombienne. Après des journées de trajet dans la Prairie et rien que la Prairie, j'étais parvenu à sa limite abrupte. La terre s'ouvrait, le pays d'herbe plat craquait d'une façon brusque, inattendue. Je restais sur la zone de fracture et sous moi s'étendaient les Badlands. Rocs, rochers, brisants aigus venaient encadrer des terres basses de sable blanc – le fond d'une mer, mais la mer avait disparu.

71

Y descendre était comme une plongée. J'étais parvenu au fond de l'Amérique et j'avais trouvé son intimité, son Interior.

Un jeune homme dégingandé fit son entrée au Wagon Wheel Bar. Dans ses bottes de cow-boy, avec son chapeau de cow-boy blanc, il se tenait, indécis, tandis que je me demandais sur quelle pochette de disque j'avais vu cette silhouette légèrement voûtée. Il pria l'aubergiste de couper le son du téléviseur. « Je veux de la musique, pas du base-ball. De la musique de cow-boy. » Elle lui tendit la télécommande. Il n'y arrivait pas bien. Elle l'aida. Puis le cow-boy se planta devant le juke-box, resta un moment sans presser de touche et finit par se tourner vers Mitch. « Aide-moi, tu veux ? J'aimerais entendre cette foutue musique mais je ne sais pas de quelle humeur je suis. »

Mich dit « *Oh boy* » et prit une gorgée de son verre. Il buvait toujours la même chose, que la patronne préparait spécialement à son intention en lui donnant un petit verre à eau dès que le précédent était vide. La boisson de Mitch avait la couleur des Badlands, un jaune pâle sablonneux. Lui aussi était habillé en cow-boy mais tout en noir. Bottes, pantalon, veste, tout était noir, même le chapeau et sa plume d'aigle plantée dans le ruban. Mitch n'était pas blanc. Il avait les yeux et la peau foncés et les épaules deux fois plus larges que celles du jeune Blanc devant le juke-box, qui n'avait toujours pas décidé de quelle humeur il était ni quelle chanson lui conviendrait.

Mitch m'ignorait alors que j'étais resté tout ce temps au bar à côté de lui. Les clients allaient et venaient, il buvait avec les uns et les autres en racontant des histoires graveleuses. La soirée avançait par oscillations, lente comme une ballade. Un nouveau client entra, un homme émacié que la tenancière appela Pat en le saluant et qui portait la salopette tachée d'huile typique des mécaniciens. Il semblait être un ami de Mitch car celui-ci, en guise de salut, entreprit de lui raconter aussitôt une de ses histoires. « Arrête, s'écria Pat, je ne suis qu'un jeune apprenti. »

Peu après je compris que Mitch n'avait fait qu'être poli et qu'il ne voulait pas me déranger, moi, l'étranger. Il avait attendu que la patronne m'ait apporté mon repas, que j'aie mangé mon steak et bu mon café. Lorsque je repoussai mon assiette, il demanda :

« Où tu vas ? »

Je lui dis que je faisais route vers le sud.

Il hocha la tête, apparemment ça ne l'intéressait pas.

« Tu vas à Wounded Knee ?

– Possible, je ne sais pas encore.

– Tu as quelque chose pour la nuit ?

– Pas encore.

– Tu peux dormir chez moi, j'ai une maison là-bas. »

Wounded Knee. Le lieu-dit du plus célèbre massacre de Sioux par la cavalerie se trouvait au sud, à l'autre extrémité des Badlands. Tout ce qu'il voulait savoir, c'était si j'y allais. J'avais hésité mais désormais je savais que le cow-boy en noir qui se tenait au bar à côté de moi était un Indien. J'avais entendu parler de ces Indiens devenus cow-boys. Ils avaient essayé de perpétuer ainsi leur ancien mode de vie en toute liberté, d'échapper à la contrainte d'une vie de Blanc au travail dans un espace clos, sans ciel au-dessus, sans cheval et sans arme. Mitch était donc un de ces cow-boys indiens.

Pat avait suivi notre brève conversation et remarqué mon hésitation à accepter l'offre de Mitch. Je n'avais aucune idée de l'endroit où j'allais passer la nuit, en tout cas pas dehors car la neige tenait encore. Je restais au Wagon Wheel en espérant que la tenancière trouverait un canapé libre susceptible d'accueillir un étranger pour la nuit. Tandis que Mitch se changeait les idées, Pat me murmura : « Il ne ferait pas de mal à une mouche. Réellement, je l'ai vu de mes yeux, quand une mouche se pose sur son bras, il la fait partir. Il ne la tue jamais ! Je le connais depuis longtemps, c'est un chic type, tu peux me croire, avec lui tu peux être tranquille, son mobile home est juste à côté du mien. »

L'histoire de la mouche me convainquit. Je dis à Mitch que j'acceptais volontiers sa proposition. « Qu'est-ce qu'on dirait d'une bière ? » demanda-t-il. Pat me fit un clin d'œil. « Avant il montait à cheval. Il faisait des rodéos, je te le dis. » Et il ajouta assez fort pour que son ami Mitch puisse l'entendre : « Maintenant il monte des *girls*. » Ça n'avait pas l'air faux car tout le monde sourit dans le bar, et la patronne secoua la tête comme une mère au sujet des frasques de ses sept fils, et me donna une bouteille de bière tandis qu'elle servait à Mitch une nouvelle spécialité des Badlands.

J'avais appris autre chose sur lui. La maison dans laquelle il m'invitait était un mobile home.

Je connaissais les mobile homes, j'en avais vu souvent à la sortie des villes, avec leurs annonces de vente – conteneur d'habitation transportable, avec eau et électricité, cuisine et salle de bains. On achetait une parcelle de terre, un semi-remorque venait décharger le mobile home commandé et la maison était prête. Souvent elle restait des années dans l'état où elle avait été livrée : posée au milieu de nulle part. Pas de jardin, pas de pelouse, pas d'arbustes, rien que des ordures et un bric-à-brac autour, en dessous des tuyaux et des tubes car un mobile home ne reposait pas sur la terre mais sur une charpente plate en béton ou en bois. *Trailer home trash*, c'est ainsi que les Américains aisés appelaient ceux qui vivaient dans ces conteneurs en bordure des lotissements.

Mitch s'était levé. « Viens, me dit-il, la vache doit vêler cette nuit, il faut que j'aille voir toutes les heures. » La nuit était tombée depuis longtemps. Nous nous dirigeâmes vers son pick-up, qui me sembla deux fois plus long et plus large que le mien et qui était plein d'armes et de fourbi. Je me glissai à l'intérieur. Après être sorti d'Interior, Mitch bifurqua dans une allée cahoteuse, ses fusils de chasse venaient se frotter contre moi. Nous parvînmes bientôt à une étable devant laquelle se trouvait la vache pleine dans son corral étroit. Mitch alluma les phares. Prenant peur, la vache fit un bond.

« Elle est à toi ?

– Non, je travaille pour un millionnaire.

– D'où tient-il son argent ?

– L'élevage. Je fais le sale boulot. Pas grave, le job me convient.

– Tu es de quelle tribu ?

– Les Sioux Oglala.

– Tu parlais de Wounded Knee. Tu y penses encore ou c'est une vieille histoire ?

– Oh non, ce n'est pas une vieille histoire. Ma famille est liée à Crazy Horse, on était à Little Bighorn, on était aussi à Wounded Knee. Tourne-toi, maudite bête ! »

Mitch n'était pas descendu de voiture. Il restait le cow-boy à cheval, et elle, une simple vache. Il parviendrait à la faire tourner de façon à examiner son arrière-train pour savoir si elle allait vêler ou non cette nuit même, sans lasso. Éblouie par la lumière blême, angoissée par le grondement du moteur, la vache, sans se retourner, se colla à la barrière. Mitch appuya sur le klaxon une fois, plusieurs fois, mit les pleins phares, fit tourner le moteur plus fort, hurla à travers sa vitre baissée : « Tourne-toi ! Maudite bête, tourne-toi ! » Enfin elle se retourna. Mitch se pencha en avant. « On ne voit rien, il n'y a rien qui sort. »

D'un coup, il se mit à parler doucement à la vache, calmement. « Bon, c'est bien. Ne t'allonge pas encore. Bon, tu t'es déjà allongée, j'ai vu une croûte de boue sur ton flanc. Tu ne veux pas encore vêler. Tu réfléchis avant de donner naissance à un bébé, hein ? » Puis sobre, pour lui-même : « Il se peut qu'il faille aller fourrer la main dedans cette nuit. »

Nous fîmes demi-tour. Les cahots du chemin secouaient la voiture et les armes de Mitch me caressaient de nouveau. Je l'entendais murmurer, au volant, on aurait dit une berceuse. « Wounded Knee. Wounded Knee. »

Plus tard quelques Sioux firent leur entrée au Wagon Wheel. Tous les autres étaient partis, même Pat. Mis à part la patronne et moi, il n'y avait que des Indiens au bar. Je ne comprenais plus les blagues de Mitch, il les racontait dans la langue des Sioux, les mots fusaient, tout le monde riait sauf la patronne et moi. Puis Mitch dit qu'il était temps de partir.

Je le suivis en voiture en me demandant s'il avait une femme dans sa vie. Son mobile home me donna la réponse, c'était le refuge nocturne d'un homme seul. Mais le mobile home laissait entendre qu'il n'en avait pas toujours été ainsi. Il avait été un jour aménagé par une main aimante avec des tapis, des rideaux retenus par des boucles, avec des meubles

et des tableaux. C'était il y a longtemps. Les tapis étaient effi-
lochés, les rideaux, visiblement tirés en permanence, leurs
boucles pendillaient, flétries, les tableaux, décrochés, avaient
été remisés dans un coin. Mitch n'habitait que la pièce de
devant. Le téléviseur marchait jour et nuit, que Mitch soit de
passage ou qu'il soit parti longtemps. Il dormait sur un divan
défoncé, face à l'appareil, ou restait là, éveillé.

Quelques scènes de cow-boys étaient encore au mur,
et la photo d'un marine. Sous la casquette un visage jeune
et imberbe apparaissait, une jeune recrue qui n'était autre que
Mitch – le même qui logeait à présent dans son antre. Il m'appela pour me montrer l'endroit où je dormirais, un lit king-
size dont il ne restait qu'un matelas nu dans une chambre à
coucher, tout au fond du mobile home.

J'eus un sommeil agité, la nuit était froide. Je me souvins
de la couverture de survie dans laquelle je m'étais glissé à
Hartland pour la dernière fois. Tâtonnant à la recherche du
paquet grand comme un portefeuille, je le dépliai et me glissai
dans le sac de couchage. À présent je ne gelais plus, je transpi-
rais. Après m'en être extrait, je retournai l'intérieur argenté et
mouillé vers l'extérieur et le côté extérieur rouge, encore sec,
vers l'intérieur. Il devint bientôt si humide à son tour que la
couche supérieure et la couche inférieure étaient collées l'une
à l'autre, moi je me trouvais entre les deux. Je n'arrêtais pas
de me réveiller, de me rendormir d'un sommeil léger, de me
réveiller à nouveau, je consultais l'heure, regardais autour de
moi. Le grand lit peu utilisé où j'étais. La petite armoire, avec
toutes sortes de médicaments, des gouttes, des déodorants,
des préservatifs. Quelque chose grattait contre la paroi, un
animal au-dehors, sans doute une mouffette ou un tatou.

J'arrachai la couverture de survie puante, trempée, il faisait moite dans le mobile home et, sans plus penser à dormir, je fouillai dans mon sac à dos à la recherche d'un livre que je ne trouvai pas. Tout en essayant de me rappeler où j'avais pu le perdre je cherchai en vain, seules les premières phrases me revenaient en mémoire, que je connaissais par cœur : « *The evening before it happened, I went to Pine Ridge and heard these things.* » « Dans l'après-midi qui a précédé cet événement, je me suis rendu à Pine Ridge, où j'ai entendu parler de ces choses[1]... »

Pine Ridge. Ce n'était pas très loin d'ici, une localité de la réserve des Sioux Oglala. Le mobile home de Mitch où j'étais couché sans dormir et où je cherchais dans ma mémoire les souvenirs de quelqu'un d'autre se trouvait en bordure de la réserve. « Before it happened » – il s'agissait du massacre de Wounded Knee Creek, des centaines de Sioux abattus par le 7ᵉ régiment de cavalerie le 29 décembre 1890. Et celui qui y avait assisté et qui se souvenait était le chamane des Sioux, Black Elk.

En 1930, en pleine Grande Dépression, il avait raconté sa vie à un Blanc, un poète de Bancroft, Nebraska, qui l'avait transcrite. Au sein de son peuple, Black Elk était un saint homme réputé. Mitch lui était apparenté, car ils étaient tous deux parents de Crazy Horse. Black Elk était un cousin du chef indien. Et puis ils avaient une autre chose en commun, la blessure : Wounded Knee. Des deux côtés on avait perpétré des massacres d'hommes, de femmes et d'enfants. Mais Wounded Knee représentait davantage – la dernière révolte,

---

1. John G. Neihardt, *Élan-Noir parle*, Paris, Stock, 1977.

78

la blessure fatale. La tragédie qui mit fin à un siècle de guerre contre les Indiens. Après Wounded Knee, la résistance fut brisée, le dernier guerrier rendit les armes ; l'espoir d'influer sur le cours des choses, d'éviter la disparition du monde indien était définitivement mort.

Mitch gardait les troupeaux de son patron, hantait le Wagon Wheel, regardait la télévision sur son lit, rarement la perte ancienne tressaillait en lui comme une luciole dans la nuit. Lorsque Black Elk mourut en 1950, il devait être encore rempli de ces choses. Sa longue vie s'étendait sur près d'un siècle. Jeune homme, il avait vu la transhumance des bisons et partagé la vie dure et libre des tribus de la Plaine qui les menaient – durant les dernières années de sa vie, les premiers beatniks quadrillaient l'Amérique, Jack Kerouac sur le siège du passager et le vagabond Neal Cassady au volant, eux aussi avaient peut-être traversé les Badlands.

Black Elk avait vu, avait connu tout cela, ce qui s'était passé entre la grande victoire des Sioux sur le général Custer à Little Bighorn et ce jour d'hiver sanglant à Wounded Knee. « Dans l'après-midi qui a précédé cet événement, je me suis rendu à Pine Ridge, où j'ai entendu parler de ces choses, et c'est pendant que j'étais là que les soldats se sont mis en route [...]. Quand je les ai vus se mettre en route, j'ai senti que quelque chose de terrible allait se passer. Je n'ai presque pas dormi cette nuit-là. J'ai marché par là autour presque toute la nuit. Le matin, je suis sorti pour voir mes chevaux, et pendant que j'étais dehors, j'ai entendu tirer du côté de l'est, et d'après le son, j'ai su que c'était des fusils-chariots (canons) qui tiraient. Ces sons me traversaient le corps et je sentais que quelque chose de terrible se passait[1]. » Ainsi commençait le récit de Black Elk.

C'était le plein hiver, le grand dénuement, les Sioux souffraient de famine, les enfants mouraient, la grande réserve des Sioux avait été brisée, dispersée en petites réserves autour d'agences indiennes. La conquête du territoire progressait impitoyablement. Toutes les révoltes des dernières années, les tentatives de mettre des bâtons dans la roue incompréhensiblement toute-puissante, avaient échoué – la roue de l'homme blanc qui les pourchassait depuis un siècle entier, de traité en traité, de rupture de traité en rupture de traité, de réserve en réserve, et qui écrasait le monde qu'ils connaissaient.

Crazy Horse avait été tué à Fort Robinson, treize ans auparavant, d'un coup de baïonnette par un soldat. Et la nouvelle était arrivée : Sitting Bull, cet autre grand, mort, abattu en captivité, là-bas, dans la réserve de Standing Rock, au bord du Missouri, là où se dresse aujourd'hui son buste massif et où fleurissent les casinos. Tout semblait perdu et la chute, inévitable. Alors la Ghost Dance se répandit comme un feu de prairie parmi les tribus depuis le Sud-Ouest. Ils étaient des milliers à danser la danse des esprits, la danse du Messie qui devait revenir en homme rouge, qui unirait les Indiens morts et les vivants et les emporterait dans un nuage blanc sur une terre nouvelle, pour leur rendre leur mode de vie splendide et ancien, où le bison hanterait de nouveau l'herbe haute, où la Prairie libre tremblerait de nouveau sous le poids de dix mille sabots, plus jamais ils ne souffriraient de la faim ni d'autre chose. Les Blancs, eux, resteraient sur la vieille terre, ces êtres

---

1. John G. Neihardt, *op. cit.*

blancs que les Sioux appelèrent *wasichu* après leur première rencontre – les esprits.

Black Elk était sceptique. À l'âge de neuf ans il lui était arrivé quelque chose qu'il appelait la grande vision, un voyage spirituel à travers le cosmos des Indiens. De ce voyage il avait rapporté des dons de soigneur mais aussi de guerrier, des capacités qui lui pesèrent et l'oppressèrent jusqu'à ce qu'il les révèle. Désormais il était, chez les Sioux Oglala, un homme saint, recherché, un guérisseur. On prêtait aux hommes de son genre un lien particulier avec le divin leur permettant de prévoir si la chasse ou l'expédition militaire serait un succès. Avant sa grande victoire de Little Bighorn, Sitting Bull n'avait-il pas eu une vision, n'avait-il pas vu de nombreux soldats blancs tomber du ciel ? Et c'était arrivé.

Black Elk était tiraillé. Dans certaines images intemporelles des prophètes de la danse des esprits il reconnaissait sa propre vision. Abandonnant finalement son hésitation, lui aussi dansait, désormais, salué avec joie – un grand et saint homme venait se joindre à eux, le mouvement se renforçait. Il y avait de quoi inquiéter le gouvernement, qui redoutait une nouvelle révolte indienne ; il décida d'interdire la danse des esprits et de désarmer un groupe de Sioux qui venaient d'arriver dans la réserve. Black Elk suivait les événements en proie à une véritable agitation intérieure. La cavalerie entrait en lice. Il y avait des soldats à Pine Ridge. Les premiers tirs résonnèrent.

Black Elk prit les choses en main. Il revêtit la chemise de la danse des esprits, il en avait fait un certain nombre, peintes de signes sacrés, qu'il avait offertes. En avait gardé une seule pour lui. « Sur le dos, il y avait un aigle tacheté aux ailes déployées, et sur l'épaule gauche était l'étoile du matin, car lorsqu'on regarde le sud, cette épaule est en direction de l'est. À travers la poitrine, de l'épaule gauche à la hanche droite, était l'arc-en-ciel flamboyant, et il y avait un autre arc-en-ciel autour du cou, comme un collier avec une étoile en bas. À chaque épaule, coude et poignet était une plume d'aigle. Et toute la chemise était couverte d'éclairs rouges. [...] J'ai peint mon visage en rouge et, dans mes cheveux, j'ai placé une unique plume d'aigle pour Celui qui est en haut. Je n'ai pas mis longtemps à me préparer, car j'entendais toujours tirer des coups de feu[1]. »

Il partit à cheval seul et sans arme, poursuivit Black Elk, accompagné seulement de l'arc sacré de sa grande vision. Bientôt il atteignit la crête d'une colline, devant lui se déroulaient des scènes terrifiantes. De la colline d'en face quatre canons de cavalerie faisaient feu sur ses gens, des femmes et des enfants surtout. Ceux-ci s'enfuyaient dans une gorge, cherchant à sauver leur vie, leurs cris emplissaient l'air. La cavalerie, en suivant le bord de la gorge, tirait au fond sur les femmes et les enfants qui cherchaient refuge derrière des pins estropiés. Certains s'étaient tapis sous un rebord de terre argileuse. Les soldats les visaient. Entre-temps un groupe de jeunes Sioux étaient tombés sur Black Elk. « Nous nous sommes arrêtés derrière la crête et j'ai dit aux autres : "Prenez courage ! Ceux-là sont nos parents. Nous allons essayer de les ramener." Puis nous avons tous chanté un chant qui allait ainsi :

"J'ai dit : Je suis une nation d'êtres du tonnerre.

---

1. *Ibid.*

J'ai dit : Je suis une nation d'êtres du tonnerre.

Il faut que vous viviez.

Il faut que vous viviez.

Il faut que vous viviez.

Il faut que vous viviez." »

Black Elk racontait : ils avaient attaqué. Les soldats tiraient sur les Sioux qui menaient l'assaut mais se retiraient – les proches parents étaient sauvés. « Je n'avais pas de fusil, et quand nous chargions, je tenais seulement l'arc sacré bien haut devant moi dans ma main droite. Les balles ne nous ont pas atteints du tout. » Les soldats avaient couru vers leur troupe, les cavaliers avaient sauté de cheval pour prendre position au sol. « J'ai dit aux autres de rester en arrière et j'ai chargé les soldats en tenant l'arc sacré dans ma main droite et en le brandissant vers eux. Ils m'ont tous tiré dessus et j'entendais les balles siffler tout autour de moi, mais j'ai lancé mon cheval droit sur eux et, quand j'ai été tout près, j'ai fait demi-tour. D'autres soldats, de l'autre côté du ravin, se sont mis aussi à me tirer dessus mais je suis revenu vers les autres sans être atteint du tout[1]. »

La tuerie sauvage s'entendait de loin. Les cavaliers qui atteignirent le campement des Sioux relatèrent les événements de Wounded Knee. De nombreux guerriers se rassemblèrent pour attaquer les soldats. Lorsque Black Elk et les siens parvinrent dans la gorge, ils virent l'horreur de près. « Femmes et enfants et petits bébés morts et blessés étaient éparpillés tout le long du ravin où ils avaient cherché à fuir. Les soldats les avaient poursuivis dans leur fuite et les avaient

---

1. *Ibid.*

assassinés. Par places, ils étaient en tas, parce qu'ils s'étaient blottis ensemble, et d'autres étaient éparpillés partout. Parfois des groupes avaient été tués et déchiquetés quand les fusils-chariots les avaient atteints. » Il y avait deux garçons, avec des armes, qui avaient tué des soldats. « On pouvait voir les soldats qu'ils avaient tués. Ces garçons étaient tout seuls à cet endroit, et ils n'ont pas été blessés. Ils étaient braves[1]. »

Plus tard on fit des recherches sur les événements de Wounded Knee, on entendit des témoins, on rédigea des rapports. Il y avait eu un malentendu – les soldats avaient voulu désarmer les Sioux, un vieil homme avait refusé de rendre son fusil, les Indiens auraient crié aux soldats que l'homme ne comprenait pas ce qu'ils voulaient, il était sourd, une fusillade s'était ensuivie et, de là, le grand carnage, le chaos et les nombreux morts. Que cela se fût passé ainsi ou presque, ou tout autrement, n'y changeait rien – c'était la fin.

La roue incompréhensiblement puissante roulait vers l'ouest depuis longtemps déjà, sans s'arrêter, pourchassant les tribus, les anéantissant à coups d'expulsions, d'hivers de famine, de maladies, de combats. Il était rare que les escarmouches et les batailles risquées par quelques chefs se fussent révélées victorieuses. La danse des esprits était un ultime sursaut. Désormais tout était anéanti, la dernière grande vision, décapitée. Il était temps de creuser une fosse commune dans la neige.

Prenant mes affaires, je me frayai un chemin dans l'antre de Mitch. Le téléviseur était en marche devant le divan défoncé. Mitch n'était pas là. Je sortis dans la fraîcheur de l'aube, fis quelques pas autour du mobile home et découvris le lieu où il

---

1. *Ibid.*

vivait. La nuit était trop noire pour percevoir à quel point la maison de Mitch et les quelques autres se trouvaient loin de tout, un tas de boîtes d'habitation disséminées dans la poussière sans un signe qui eût indiqué la présence d'habitants ou leurs us et coutumes.

Arrivé au coin du mobile home, je découvris un crâne blanchi de bison aux cornes impressionnantes. Il devait pourrir là depuis des lustres, les premiers voyageurs des Grandes Plaines rapportaient qu'elles débordaient de squelettes et de crânes d'animaux morts depuis longtemps. Le fait que le crâne de bison ait été posé précisément au milieu du mur laissait penser que la personne qui vivait ici voulait encore décorer son logement. Un premier rayon de soleil tomba sur le mobile home. Un instant, dans sa lumière dorée il réconcilia tout, le passé et le présent.

Je voulais repartir quand Mitch arriva avec son pick-up. Nous sortîmes de voiture tous les deux.

« Bonjour, Mitch. La vache a vêlé ?

– Oui, elle a eu son bébé. » Le journal sous le bras, un gobelet de carton à la main, il poursuivit : « Je suis d'abord allé voir la vache puis je suis passé rendre visite à un ami. Je dors mal. »

Il me proposa de rester pour le petit déjeuner. Je ne pouvais accepter, j'étais déjà un peu parti. Il hocha la tête. Un faible sourire flotta sur son visage, ce n'était pas la grimace de l'autre soir, quand il racontait ses histoires salaces. Il n'y avait pas grand-chose à ajouter.

« Tu continues comment ?

– Il faut que je livre la voiture à Rapid City. Bonne chance, Mitch, et merci pour la nuit. »

Nous prîmes congé ainsi. Il monta la petite rampe qui menait à son mobile home et je démarrai. Lorsque je quittai Interior, il était 6 heures du matin, le soleil était au-dessus des Badlands. Il illuminait les rochers et les plateaux de la Plaine, il illuminait même la route noire étroite sur laquelle je roulais en direction de l'ouest. Des troupeaux hantaient les Prairies. Ils étaient déjà là la veille au soir mais je voyais à présent qu'il y avait des veaux, beaucoup de veaux, on aurait dit qu'ils étaient tous venus au monde pendant la nuit. Je regrettais cet au revoir abrupt. Un moment je pensai renoncer au rendez-vous à Rapid City, faire demi-tour et passer quelques jours avec Mitch, nous irions peut-être à la chasse, ou tirer sur des bouteilles vides dans le désert.

Mais je me ravisai. J'étais trop loin déjà et Mitch devait être retourné à ses affaires, les vaches, les amis et, qui sait, les filles. Je n'étais plus qu'un fantôme étranger apparu un soir au Wagon Wheel Bar. Quelques plaisanteries pendant quelques soirées et puis le souvenir se perdrait. C'était bien ainsi, à quoi bon revenir ?

II

MARCHER DANS LE VENT

L'INSUPPORTABLE

Je mis une chemise fraîche en l'honneur de Rapid City et descendis dans le hall. Sous l'imposant plafond en bois du relais de chasse des années 1920, des hommes, l'arme en bandoulière dans un étui vert kaki, attendaient leurs femmes qui avaient besoin d'un peu plus de temps pour se préparer au départ. Après avoir choisi un des lourds fauteuils du hall, je fis semblant de m'absorber dans la contemplation des motifs indiens du parquet en céramique et du lustre fait de lances indiennes qui me surplombait. Lorsque le petit tumulte du départ s'amenuisa et que les chasseurs et leurs femmes furent loin, je sortis dans la torpeur du dimanche.

Dans St. Joseph Street une borne d'incendie rouge sommeillait au soleil, les boutiques d'art sioux de la 6e Rue gardaient leurs stores fermés, telles des paupières qui resteraient closes. Du Billy's Cafe des notes de piano ruisselaient sur les trottoirs vides. Une rare automobile passait. Au cinéma on jouait à toutes les séances le dernier film avec Sandra Bullock. « *Thanks to our veterans !* » était-il écrit sur un panneau à la station-service d'Omaha Street, et « Billy's Blend. Carl's Car Care Centre » en lettres irrégulières. Je méditai sur le goût américain pour les allitérations. C'était calme, si calme en ce dimanche tendre comme un cheesecake, dans cette petite ville au pied des Black Hills.

Le lendemain matin, je pris l'Interstate qui menait à Sioux Falls. Un homme s'arrêta, je n'avais pas besoin de sa plaque d'immatriculation pour savoir qu'il était originaire du Sud profond. Ses paroles faisaient entendre un son unique même s'il parlait beaucoup ; pas avec moi, heureusement, ma joie à l'écouter n'était pas troublée par sa conversation intarissable. Il téléphonait. Il le faisait à des intervalles de plus en plus courts à mesure qu'il approchait de sa chère Louisiane, qui semblait d'abord être une illusion – nous devions traverser toute la journée le Dakota du Sud, sur l'Interstate en direction de l'est, la Louisiane était encore loin.

Le son qui trahissait l'origine et l'exemplaire représentativité des États du Sud de ma nouvelle connaissance était le « au », inlassablement hurlé, crié, modulé. La langue américaine lui en donnait pleinement l'occasion car elle comportait d'innombrables mots qui contenaient un « ow », comme *howl*, hurler, un « ou », comme dans *sound*, le son. Mais même le simple « o », l'homme de la Louisiane le mâchonnait et l'étirait jusqu'à ce qu'il devienne un « au » du Sud. *Morning* ressemblait chez lui à *mourning*, et *home* à *howm*.

L'Interstate qui conduit à Sioux Fall puis à Sioux City est l'artère vitale du Dakota du Sud. La campagne restait déserte, telle que je la connaissais, mais chaque sortie proposait à la vente tout ce qu'il était possible d'acheter. À manger et à boire, le repos et la paix de l'âme. La sortie 101 vantait la visite d'un musée. « L'histoire de Wounded Knee touchera ton cœur. » Mais dans la limousine, j'écoutais la musique du

Sud, l'homme de la Louisiane qui chantait sa nostalgie au téléphone.

> *I've been ridin' about sixteen hours*
> *Ridin' through wide open country*
> *How about workin' a lil'?*
> *Gotta get some dollars in my wallet.*
> *Got a lot o'work to be done in Louisiana.*
> *Try to get me a fourty-five, boy.*
> *Ya know that girl next door?*
> *You're damm lucky.*
> *You're damm wrong, man, damm wrong.*
> *I'll come 'round in thirteen hours*[1].

Il était haletant. Il portait son ventre épais devant lui, en marchant, comme une timbale. Quand il riait, la timbale sautillait, il la frottait, la caressait en parlant, même au téléphone. La représentation de Rapid City était terminée, à présent il ramenait sa timbale à la maison. Dans la langue de mon enfance, tantôt brute, grossière, tantôt incroyablement raffinée, il y a un mot magnifique pour des gens comme lui, *Unleid*, insupportable. Voilà ce qu'il était, un insupportable, c'était tout à fait ça. Il hurlait, haletait, promenait son gros ventre à travers le monde et n'éprouvait aucune gêne à être un type insupportable, hurlant et haletant.

---

1. J'ai voyagé seize heures / voyagé à travers le vaste pays / si je travaillais un peu ? / il faut bien mettre quelques dollars dans mon portefeuille / il y a beaucoup de boulot en Louisiane / Essaie de m'en avoir quarante-cinq, mon gars / tu connais la fille d'à côté ? / tu as une sacré chance / tu te trompes lourdement, man, lourdement. / Je reviendrai dans treize heures.

Entre deux coups de téléphone en Louisiane il trouva le temps de me répondre qu'il avait rendu visite à son fils, à Rapid City. Il était le père de onze enfants. « Onze enfants ! Onze ! » Et, chose incompréhensible, l'un de ses garnements était parti à Rapid City, loin de la Louisiane, pire encore, c'était le seul, précisément, à lui avoir donné un petit-fils. Il avait rendu visite à ce fils, mais ça ne s'était pas bien passé, ils n'avaient eu que des disputes. Il en avait assez, maintenant, et entamait le voyage de retour vers la Louisiane. Un profond soupir s'exhala de sa poitrine : « *He's such a disrespectful person !* » Un tel manque de respect, misérable fils qui ne sait pas ce qu'on doit à son père. Il reprit la chanson qui le consolait.

> *I make ten thousand dollars a month.*
> *Gotta lot of work to down there.*
> *Gotta go down, gotta go home.*
> *Down to Louisiana.*
> *Home to Louisiana*[1].

Ses appels téléphoniques se faisaient plus sonores, plus pressants, les messages sur l'Interstate aussi, à mesure que nous approchions de Sioux Falls, le grand carrefour où se croisaient la route de l'ouest et celle du sud. « *Ye must be born again !* », tu dois renaître encore, hurlait un mât publicitaire, « *Prepare to meet thy God !* », prépare-toi à rencontrer Dieu, hurlait un autre. Nous fîmes halte à une station-service pour boire un café. Dans la queue, devant nous, se tenait un couple amish dans les habits vieillots de cette secte. Ils n'étaient pas

---

1. Je gagne dix mille dollars par mois. / J'ai plein de boulot là-bas / Je dois descendre, rentrer / Là-bas en Louisiane / Chez moi en Louisiane.

tout jeunes, leur maintien et leur aspect le trahissaient mais leur visage n'avait pas vieilli. Il n'y avait pas que l'homme de la Louisiane qui les fixait. C'était un véritable spectacle de voir ces joues et ce front lisses qu'aucun tourment, aucune passion n'avait creusés, ce regard vide, nous étions tous rassemblés dans la station-service en une foule ébahie et nul n'aurait su dire s'il avait devant lui un jeune couple de trentenaires ou des époux sexagénaires.

« Comme au cinéma », grogna l'homme de la Louisiane, qui n'avait pas tort. Leur costume d'une propreté impeccable, la femme dans une robe noire qui descendait jusqu'aux pieds, portant une coiffe, son compagnon en costume noir, veste noire et chemise d'une blancheur immaculée, avec des bottes à lacets d'un noir luisant et un chapeau noir à larges rebords encadrant son visage pâle – comme une auréole de piété claire et grave.

Ce jour-là, je vis de nouveau le Missouri auquel j'avais tourné le dos sur la rive où se dressait le monument à Sitting Bull. Ce fut une vision fugitive, mon bienfaiteur du Sud le traversa à vive allure. Il voulait atteindre la Louisiane le jour même, dût-il rouler jusqu'à la nuit. Il évitait tout arrêt et me déposa sur la rive orientale – en traversant le Missouri nous avions franchi la frontière avec l'Iowa –, au milieu du genre de nœud autoroutier labyrinthique qu'évoquaient mes amis, à la maison, quand ils cherchaient à me prévenir contre l'Amérique. Mais je ne pouvais faire aucun reproche à l'Amérique car tout ce qui prenait mauvaise tournure était uniquement ma faute.

Sioux City

J'avais sauté de la Cadillac louisianaise avec une telle hâte, me dirigeant vers le sud sans réfléchir, que je ne tardai pas à faire fausse route. Je me trouvais devant un talus sans aucune envie de faire demi-tour. Je grimpai en haut, marchai au plus près de la voie sur l'arrondi du large pont d'une autoroute, à quelques millimètres des voitures qui arrivaient en sens inverse ; le pont finirait bien par s'arrêter et la route par avoir un bas-côté sur lequel il serait de nouveau possible de marcher. Mais il en alla tout autrement. La bande sur laquelle je me tenais en équilibre plus que je n'avançais rétrécissait, de plus en plus étroite, jusqu'à disparaître totalement derrière une palissade de chantier. Me refusant à rebrousser chemin, je me collai contre la clôture pour échapper aux bolides qui filaient, avec l'espoir, toujours, que le pont prendrait bientôt fin. Mais lorsqu'il se termina et que j'atteignis enfin l'autoroute dégagée, ce n'était guère mieux car elle n'avait pas non plus de bas-côté.

Ça n'allait pas du tout. Faire maintenant demi-tour signifiait reparcourir ce chemin malaisé, les voitures et les camions qui manquaient de m'effleurer roulaient maintenant dans mon sens. Il ne me restait plus qu'à faire aveuglément confiance à chaque conducteur pour qu'il tienne sa gauche au maximum et m'assure ainsi les quelques centimètres nécessaires pour ne pas passer sous ses roues. C'est bien ce qu'ils firent tous. Personne ne klaxonna ni ne m'injuria à travers la vitre alors qu'ils avaient toutes les raisons de le faire, je risquais de provoquer un accident ; je me l'avouai en mon for intérieur, à leur place je n'aurais sûrement pas été aussi détendu.

Soulagé, je dévalai le talus de l'autoroute dont l'escalade, deux heures auparavant, m'avait induit en erreur. J'avais perdu un temps précieux et je renonçai à aller plus loin, en me raisonnant – je passerais la nuit dans cette ville. Mais Sioux City était un lieu étrange.

Concernant la nourriture, je croyais ne pas avoir d'exigences ou du moins les avoir écartées, depuis le Saskatchewan je m'étais efforcé de ne pas me plaindre, jusque-là. Les choses étaient simples. Café et œufs le matin. Poulet ou *catfish* pris entre deux toasts à midi, avec des *French fries* ou une *taco salad*, ou, si j'avais de la chance, du *coleslaw* fraîchement préparé. Et le soir à peu près la même chose avec un Coca ou, si j'avais encore de la chance, une canette de Bud light.

Tant que je marchais dans la Prairie, dans les réserves, j'avais ignoré la pauvreté et la monotonie d'ensemble qui remontait à l'époque des pionniers. La nourriture était comme la route, elle n'avait pas d'importance – sa seule présence suffisait. Si j'avais faim ou soif, je cherchais des yeux une station-service et me contentais de ce que proposait son congélateur, son micro-ondes, sa friteuse, et cela aurait pu durer encore longtemps ainsi. Mais Sioux City troubla mon équanimité et me remit d'autres possibilités en mémoire.

De vrais restaurants, et non de simples *diners* qui ressemblaient de loin à des fermes abandonnées – de près aussi.

Marchant dans une petite rue pleine de cafés, je choisis un restaurant italien en pressentant qu'il ne fallait pas prendre cette désignation à la lettre. *Italian* pour un restaurant signifiait ce que signifie *dressing* pour un plat – le choix entre trois saveurs possibles. Jouant la prudence, je commandai une pizza, me méfiant de la sauce des pâtes. C'était une erreur, j'aurais dû me contenter d'un steak.

Lorsque la pizza arriva, je ne la reconnus pas mais je l'avais cherché. Elle avait été victime, en cuisine, d'un attentat. Le cuisinier avait enfoui mon repas sous une avalanche de fromage fondu. Lui ne trouvait rien à redire, il faisait toujours comme ça et ne donnait à ses clients que ce qu'ils désiraient. Tu aurais dû t'en douter, me dis-je. N'as-tu pas été déjà surpris, dans la Prairie, par l'amour des Américains pour le fromage, ce fromage fondu, épais comme le doigt, dans l'assiette des clients des *diners*? Ils en étaient comme possédés. Il était difficile de trouver un plat sans une épaisse couche de fromage. Je commençai à l'ôter avec le couteau, me montrant bientôt d'une adresse de chasseur.

Mon camarade, le téléviseur du motel, ne m'avait pas non plus laissé dans l'incertitude sur ce point. Il me montrait toujours des vues rapprochées, quel que soit le sujet. S'il y avait une publicité pour l'un de ces plats préparés dont beaucoup semblaient se nourrir ici, la caméra approchait tout près de l'heureux élu au moment décisif et montrait une orgie de fils, des filaments de fromage s'étirant longuement du plat gratiné à la bouche du consommateur, vision peu flatteuse aux yeux d'un cinéaste publicitaire européen, à supposer qu'elle ne paraisse pas effrayante. Ici, c'était l'indice même de l'appétit et du bon goût.

Quittant les lieux de l'attentat au fromage, je tentai ma chance à l'auberge d'en face. Une chanson de Neil Young s'en échappait et, comme la salle était vaste et peu éclairée, je ne découvris pas tout de suite la grande fresque murale : des bombardiers au-dessus de champs. Les bombardiers étaient des B-17 et les champs, je les reconnus intuitivement mais il me fallut un moment avant de comprendre entièrement la fresque peinte sur le mur – une campagne constituée de petites parcelles vue du ciel. C'étaient des champs allemands, des champs de chez nous vus depuis le cockpit d'un pilote de bombardier. Aux autres murs étaient accrochées une série de petites photographies encadrées de la guerre aérienne contre l'Allemagne, il devait y en avoir des centaines.

De nouveau les B-17 – qui avaient mené la grande offensive aérienne, des forteresses volantes avec souvent, sur leur fuselage, des surnoms féminins et des demoiselles aux longues jambes à moitié nues, peintes dans le style des affiches de cinéma. Devant les machines encore au sol, les équipages posaient, serrés les uns contre les autres, en veste et en uniforme de pilote. Les pilotes et leurs tireurs, leurs navigateurs et autres camarades qui souriaient à l'objectif. J'oubliai que j'avais faim et que j'étais entré en quête d'un repas. Je parcourus le café comme une exposition. Petit à petit je reconnus les visages, c'était toujours le même équipage. Pas de photos de guerre anonymes, non, on montrait l'histoire d'un pilote précis, de ses amis, de ses batailles.

À ma question la serveuse répondit aimablement : oui, à droite, là, sur de nombreuses photos, c'était le père du patron actuel, qui avait été mitrailleur à bord d'un B-17 pendant la guerre, autrefois. « C'est un café à thème et le thème c'est la Seconde Guerre mondiale. » Le vieux monsieur avait commencé à décorer son restaurant des années auparavant et son fils, qui servait aussi dans l'armée de l'air, avait poursuivi son idée.

Elle me demanda ce qu'elle devait m'apporter. Je la remerciai et m'éloignai. La fête de la victoire se poursuivait dans cette auberge, même si aucun client ne semblait y prendre part. Il était possible que j'aie été le seul, ce soir-là, à remarquer les festivités et à regarder les photos. Pour les autres, il s'agissait d'une simple décoration un peu inhabituelle. J'avais faim et j'aurais bien bu une bière mais mon regard allait toujours de la carte que la serveuse m'avait mise entre les mains au paysage trop familier sous une flotte de bombardiers. La fête se prolongeait et ce n'était pas la mienne. J'étais un hôte indésirable ici.

La matinée suivante se révéla nuageuse. Je mis mon imperméable froissé tout en haut de mon sac et partis, quittant Sioux City en direction du sud, mais la ville refusait de se terminer. Chaque fois que je croyais avoir laissé derrière moi les stations-service, les concessionnaires automobiles, les marchands de camions ou de caravanes, les églises de toutes confessions, confessions dont j'ignorais jusqu'au nom, apparaissaient un autre concessionnaire, une autre église.

Dans l'Iowa le vent soufflait plus fort que dans le Dakota, amenant des nuages mais sans pluie. À une station-service je trouvai un banc, je m'assis au soleil en regardant les Dodge qui passaient et fermai mes yeux que la poussière brûlait. La poussière annonçait l'été, la force de l'hiver semblait enfin

brisée. Hiver dont les traces se lisaient dans l'herbe aplatie
– un réseau labyrinthique de galeries de souris longtemps pris
sous la glace. Après la fonte des neiges, le système demeurait, ouvert et inutile. Je pensais au café des vainqueurs et à
sa fresque – un pays offert, ouvert et inutile, le réseau allemand et son goudron pour obscurcir les fenêtres, ses maisons
à ciel ouvert et ses champs cultivés qui ne valaient pas la peine
d'être bombardés.

Un salut me tira de mes pensées, que je me hâtai de rendre.
J'étais au pays des saluts. On saluait toujours, y compris de
parfaits inconnus. Ceux qui passaient devant mon banc pour
aller du kiosque à leur voiture hochaient la tête, portaient le
doigt à leur chapeau, m'adressaient un mot de salutation. Hier
encore j'étais un vagabond allant à contre-courant de la circulation, dans la nuit j'étais devenu quelqu'un digne d'être salué
comme une vieille connaissance, jusque sur la route où on me
saluait depuis toutes les voitures qui passaient rapidement.
Que ces amabilités fussent prodiguées en petite quantité ne
les annulait pas mais attirait plutôt l'inconnu dans le cercle
des familiers à qui ce geste laconique suffit. Que je m'attarde
sur le trottoir d'une petite ville ou que je marche sur le bas-
côté d'une route, à des miles de toute localité habitée, n'avait
aucune importance – j'étais sûr qu'une main se lèverait légèrement, ou juste l'index sur le volant, et moi je répondais au
geste. C'était facile, j'étais entraîné, un rituel de la campagne,
de la province, que j'avais depuis longtemps oublié.

Parfois, lorsque j'en avais assez de saluer littéralement
chaque voiture, chaque camion, je détournais le regard de
la route et restais un moment sans lever les yeux, une petite
expérience. Les salutations cesseraient-elles si je me retirais,

si je ne saluais pas le premier ? Mais mes tentatives se sol-
daient toujours par le même résultat : quoi que je fasse, le
geste venait. Si je regardais de nouveau, j'avais droit au salut
suivant. Telle était la province, peu importait où, tout comme
dans mon souvenir, et ainsi était-elle demeurée jusqu'à cette
journée dans le Nebraska – je n'en faisais plus partie et pourtant j'aimais y être.

LE CHAPELET ET L'HOMME DE MÉDECINE

Enfin sur la 77 ! Le vieil axe nord-sud allait désormais être ma route de Sioux City jusqu'au Rio Grande. Ne pas emprunter le chemin de l'ouest, la voie des pionniers, couper toutes les pistes et les routes de l'Ouest, toutes les trames du tissu lâche qu'on appelle l'Amérique. Traverser le Nebraska, le Kansas, traverser l'Oklahoma jusqu'à l'extrême sud du Texas. La Route 77 ne s'achevait qu'à la frontière avec le Mexique, à Brownsville, au bord du Rio Grande. J'eus une grosse déception en atteignant ma route – elle commençait par une *highway*, partagée comme une autoroute, il était interdit d'y aller à pied.

Je restai quelques minutes au bord, indécis, quand une voiture s'arrêta et que le conducteur demanda : « *Need a ride ?* » C'était la première fois que j'entendais cette question, cette parole magique et monosyllabique. J'allais l'entendre souvent, pendant les mois suivants, elle me sauverait parfois de mauvaises situations. Celui qui m'apostrophait depuis sa vitre baissée roulait seul, c'était un homme de moins de quarante ans qui avait les cheveux crépus, la peau foncée mais pas noire. Je grimpai.

« *Hi, I'm Harvey.* » Il était en route vers Pender, m'expliqua-t-il, à la recherche d'un travail, d'une vie nouvelle.

« À Pender ils ont besoin d'un routier, mon ancien job, après j'ai été longtemps infirmier. Mais j'en ai assez de la maladie et de la mort, je veux retrouver la route, et conduire de nouveau. » La route, c'est la vie – s'il ne dit pas cette dernière phrase elle était inscrite là, à l'horizon.

Je lui demandai ce qui l'avait retenu loin de la route si longtemps.

« Mon fils. Quand il est né, sa mère a dit que ça ne changeait rien pour elle. Elle voulait continuer à faire la fête, boire, fumer de l'herbe. Bon, ai-je dit. Dans ce cas c'est moi qui l'élèverai. Les premières années ont été difficiles mais maintenant il a douze ans. Il suffit que je remplisse le frigo et que je rentre le soir, et voilà. »

Au rétroviseur était suspendu un collier de pierres colorées.

« Un cadeau ?

– C'est moi qui les fais. »

Je lui lançai un regard oblique qu'il remarqua, il émit un petit rire.

« Tu ne me crois pas, c'est ça ?

– Honnêtement, non.

– C'est un collier indien. Mon grand-père était noir, ma grand-mère, une Omaha. Je ne vis pas dans la réserve, il y a trop de biture, trop de violence, je n'aime pas ça. Je n'ai pas non plus envie d'être assisté. Mais si on m'attrape un jour en état d'ébriété au volant, je préfère avoir affaire au tribunal de la tribu, je m'en sortirai mieux que face à un juge blanc. »

Nous arrivâmes à Pender – un endroit banal, on trouva vite l'adresse. Il dit qu'il n'en aurait pas pour longtemps et ressortit du bureau d'expédition quelques minutes plus tard.

« Il n'y a rien, c'est une petite firme, ils ne veulent pas prendre de risque, j'ai quitté le métier depuis trop longtemps pour eux. » Il allait chercher des entreprises plus grandes. À présent il avait le temps de faire un détour pour moi, Bancroft, ça irait, une petite ville au sud de Pender ? Ça m'allait même très bien. Une fois arrivés, il retira le collier du rétroviseur et me le donna : « Pour toi ! *Take care !* »

Bancroft – j'avais espéré pouvoir échouer là. Il y avait encore une chose à terminer, à poursuivre jusqu'au bout, il s'agissait de Black Elk. L'homme à qui le chamane des Sioux Oglala avait raconté sa vie était originaire de Bancroft et cette vie ne s'était pas effondrée à Wounded Knee, d'une certaine façon elle avait recommencé quelque temps plus tard. Black Elk était devenu catholique. Il se fit baptiser à la Saint-Nicolas de l'année 1904, à quarante et un ans, et devint un missionnaire indien des plus réputés sous le nom de Nicholas Black Elk.

Peu avant Wounded Knee, à la fin des années 1880, ce jeune homme d'environ vingt-cinq ans avait voyagé avec le spectacle de l'Ouest sauvage de Buffalo Bill – ce qui n'était pas inhabituel, à l'époque, certains Sioux ou Cherokee ou Mohicans avides de voyages se joignaient à une troupe pour aller gagner quelques dollars à Londres, Berlin ou Paris. Ce n'était pas seulement dans les grandes villes que se produisaient chaque année de vrais Indiens, des hommes de l'Ouest et d'habiles cavaliers, les multiples tournées comportaient également de nombreuses petites villes, des villes allemandes en particulier. Cottbus, Gera, Zwickau, Weimar, Fulda, Mayence ou Coblence se pressaient sous les chapiteaux pour aller admirer les chefs indiens dans leur parure de plumes d'aigle et assister à la représentation de danses guerrières, d'attaques de diligences et de batailles qui remontaient à quelques années seulement.

Le seul à ne pas apprécier ces spectacles fut Karl May. D'un seul coup de vrais Indiens et de vrais gens de l'Ouest surgissaient jusque devant sa porte, à Dresde – la réalité et la fiction se heurtaient violemment, une collision qui se produisait seulement parce que May présentait sa fiction comme vraie. Il figurait d'ailleurs lui-même comme l'un de ses héros en chair et en os, avec des fusils Silberbüsche et Henry accrochés aux murs de sa villa de Radebeul. Lequel était le plus réel, Sitting Bull ou Winnetou ? Qui racontait des histoires vraies, Buffalo Bill ou Old Shatterhand ? Se voyant menacé par la réalité, Karl May polémiqua avec véhémence. Ces représentations étaient indignes et données par des Indiens expulsés, chassés de leurs tribus. Aucune personne honorable ne ferait ce genre de choses pour de l'argent.

Mais il se déroulait là un combat d'une autre espèce, qui dépassait de loin la vanité d'auteur blessée de Karl May – avec le show du *Wild West*, en faisant le plein, chaque soir, dans le monde entier, l'Amérique conquérait pour la première fois le droit de raconter seule l'histoire américaine. Un coup fumant : la métamorphose du chasseur de bisons Buffalo Bill, du colonel bourgeois William F. Cody en imprésario et promoteur au succès international d'un récit qui était encore en train de s'écrire dans la réalité des Grandes Plaines et à l'ouest – les combats dont il était question dans le spectacle n'étaient pas terminés et les aventures qu'on montrait, toujours vécues, Cody lui-même, ses guerriers et ses chefs prenant encore activement part aux guerres indiennes. Certains d'entre eux recommenceraient, à peine la tournée terminée, à peine rentrés dans leur pays. L'Amérique, tel était le message de Cody, non à Karl May mais au monde entier, l'Amérique est le grand récit, le plus grand de notre époque. Et il n'y a qu'une personne pour le relater – l'Amérique elle-même. Il en est encore ainsi aujourd'hui.

Cody avait engagé ses troupes dans les Badlands, dans la réserve de Pine Ridge, là où vivait Black Elk. Le show sioux tourna d'abord à travers les États-Unis, pendant l'hiver 1886-1887, Black Elk et ses camarades de tribu apparurent au Madison Square Garden, à New York. Au printemps ils traversèrent l'océan pour aller en Angleterre, où se déroulait le jubilée d'or de la reine Victoria. Dans sa vieillesse Black Elk s'en souvenait encore avec fierté, il avait été personnellement invité par « *Grandmother England* ».

Jusqu'alors, jusqu'au séjour à Londres, Black Elk avait plus ou moins partagé son expérience européenne avec les autres gens du spectacle. Tout changea le matin où le bateau qui les emmenait vers l'Amérique quitta Liverpool. Avec trois autres Sioux, Black Elk avait passé une nuit presque blanche dans le quartier du port. Au réveil il était trop tard : leur bateau était parti sans eux. Les quatre Indiens échoués réussirent non seulement à regagner Londres mais à trouver du travail dans un autre spectacle. Ils se firent engager dans la troupe de Mexican Joe, qui depuis longtemps n'était ni aussi grande ni aussi célèbre que le Buffalo Bill's Wild West. Avec elle tous les quatre traversèrent la Manche et tournèrent à travers l'Europe. Là, le chamane eut l'idée de quitter la troupe pour continuer le voyage à son compte – non, pas là précisément car il y pensait sûrement depuis longtemps. Ce n'était pas le prochain spectacle qui le préoccupait, le prochain cachet, la poursuite de la tournée, il voulait s'en aller, voyager seul, traverser la Méditerranée en direction de l'Orient, ne plus être un Sioux de spectacle mais un pèlerin, mieux encore, un homme en quête. Black Elk voulait aller à Jérusalem.

L'idée s'enracinait en lui. Un homme tel que lui ne pouvait se contenter d'accepter la domination et la supériorité blanches, la fin des Indiens, de leur conception de la vie, du monde et de Dieu. Il voulait au moins comprendre cette disparition qu'il ne pouvait stopper. C'était un chamane, un homme toujours plus religieux, habité par des visions depuis sa neuvième année. Ce n'étaient pas les armes ni les chemins de fer qui lui semblaient décisifs, c'était l'esprit, la médecine, la grande vision des Blancs – leur Messie. Et comme celui-ci avait vécu à Jérusalem, il voulait y aller. Jérusalem était le lieu le plus sacré des Blancs. Où sinon là-bas avait-il une chance de saisir pourquoi les choses en étaient arrivées là ?

Quelle idée, et quelle force intérieure. Loin de son pays, l'Indien de spectacle quitte l'arène, repousse les tours de passe-passe, regarde l'homme blanc dans les yeux et dit : « Montre-moi ton Dieu. » Je veux le voir, j'y vais. La découverte des deux Amériques, le vol espagnol de l'or au sud, la prise de territoire au nord, la conquête d'un continent entier par l'Occident – en un instant la direction du monde bascule. Des millions étaient allés en Amérique pour la posséder. À présent l'un d'eux, un Sioux des Badlands, allait en sens inverse. Il se posait une question : que vais-je découvrir en voyant la source de l'Occident, son berceau, sa nourriture, sa passion ? Vais-je comprendre ? L'énigme sera-t-elle résolue ?

Mais il n'alla pas jusqu'à Jérusalem. « Mexican Joe nous emmena à Paris où nous nous produisîmes longtemps. Il y avait une jeune fille blanche qui venait souvent voir notre show. Elle m'aimait bien et m'amena chez elle pour me présenter ses parents. Ils m'aimaient bien aussi, étaient bons envers moi. De Paris nous allâmes en Allemagne et, de là, dans un endroit où la terre brûlait. Il y avait une haute montagne, façonnée comme la pointe d'un tipi, dont le sommet fumait. J'entendis dire qu'il y a longtemps, une grande ville et de nombreux habitants avaient disparu dans la terre. » À Naples, Black Elk interrompit son voyage vers Jérusalem. Il n'avait pas assez d'argent pour la traversée et le séjour là-bas. Il se vit dans l'obligation de renoncer à son projet et revint à Paris, où la troupe de Buffalo Bill, justement, se produisait. Cody proposa à Black Elk de les rejoindre, mais celui-ci était en proie à une grande agitation. Une vision dans un rêve avait provoqué chez lui une forte angoisse quant au sort de sa tribu et, préférant rentrer, il demanda à Cody de l'argent pour la traversée vers l'Amérique. Celui-ci se montra assez généreux pour lui en donner. À l'automne 1889, après près de trois ans de déplacements incessants en Europe, Black Elk retournait à Pine Ridge, dans la réserve. Un an plus tard avait lieu le massacre de Wounded Knee Creek.

Je m'étais renseigné à Bancroft sur la maison que je cherchais – celle de John G. Neihardt. L'homme auquel Black Elk avait raconté sa vie. Je trouvai le petit musée et, derrière, la modeste cabane de jardin blanche où il avait écrit ses œuvres. L'écrivain du Nebraska venait d'une famille d'immigrés allemands, de pionniers et de colons. Le G. entre les deux noms, qui avait l'air américain, était l'initiale de Gneisenau. Ce Jonathan Gneisenau Neihardt était supposé devenir le Homère de l'Ouest sauvage, le futur chantre des Grandes Plaines.

L'Ouest américain offrait à ses yeux la matière nécessaire à une grande épopée : des héros jeunes et vieux avec leurs batailles, leurs femmes. Des amis devenant des ennemis. Des ascensions, des chutes – les drames d'une époque brute comme un diamant. Une œuvre en vers en cinq volumes, pleine d'ambition et d'antique violence, voilà ce qu'il écrivait. Il l'appelait *songs*, ce qui avait aussi quelque chose d'homérique. Il travaillait alors à la cinquième épopée, *The Song of the Messiah*. Elle parlait de la dernière tribu indienne, de la Ghost Dance et de la fin, à Wounded Knee. Et comme il éprouvait la nécessité d'utiliser une couleur plus authentique, il s'était tourné vers Black Elk, l'un des derniers témoins encore vivants de la tragédie.

Lorsqu'il lui rendit visite, en 1930, quarante ans s'étaient écoulés depuis ce jour sanglant. Black Elk avait vieilli. Il n'était pas seulement catholique, il vantait sa foi de missionnaire avec ardeur. Telle était la situation lorsque Neihardt apparut à sa porte, en quête de pittoresque pour son épopée. Les choses se déroulèrent autrement. Ce n'est pas lui qui utilisa le vieux Sioux mais le vieux Sioux qui l'utilisa. D'autres auteurs blancs avaient pressé Black Elk de leur confier sa riche vie et son savoir, il avait toujours refusé. Pourtant il accueillit Neihardt. Il voyait quelque chose, chez ce Blanc, et lui-même était oppressé sans qu'il sût par quoi. Le vieux chamane eut une idée.

Wounded Knee l'avait troublé. La grande vision qu'il avait eue et qui le désignait au sein de son peuple tout en lui donnant des devoirs – le guider, l'accompagner en cette heure de danger extrême –, il n'avait pu l'accomplir. Il n'avait rien pu faire, presque rien. Certes, en cette journée sanglante, il avait fait échapper quelques parents, il avait bravé la mort pour affronter le feu ennemi. Armé de son seul arc sacré, il avait donné la preuve de son élection aux yeux de tous, de sa sainteté – et après ? Son devoir ne consistait pas seulement à impressionner quelques jeunes guerriers par son courage personnel, il exigeait d'améliorer le sort de son peuple. Où était l'inspiration, où était la force, que pouvait-il faire ? Rien. Il n'avait pu sauver les Sioux.

Depuis plus de vingt-cinq ans il était un catholique fidèle et le resterait jusqu'au bout. Après Wounded Knee il s'était marié, avait eu une fille. Sur une photo il lui expliquait ce qu'était un chapelet. C'est à l'aide de cette photo que les jésuites accomplissaient leur mission chez les Sioux. Nicholas Black Elk lui-même avait conduit plusieurs de ses gens à l'église. Les Sioux restaient à distance des protestants, leurs conquérants n'appartenaient-ils pas à cette Église d'État ? Leurs missionnaires et leurs soldats menaient contre eux, aux yeux des Indiens, un combat comparable. Les catholiques au contraire se tenaient à l'écart de l'État pionnier puritain. Leur mission du *Holy Rosary*, le saint Rosaire, se trouvait au milieu du champ de bataille, pendant le massacre, et un prêtre catholique avait failli mourir en essayant de jouer les intermédiaires entre les deux camps.

Pourtant, où était passée la première vie de Nicholas Black Elk ? S'était-il débarrassé comme d'une peau de serpent du chamane qu'il était foncièrement ? L'univers complexe de ses visions, les figures de ses rêves, dans quel recoin de l'âme les avait-il dissimulés ? Il avait pourtant vécu tout cela et ce n'était pas rien, c'était une partie de lui-même. La mue avait eu lieu mais il ne reniait pas entièrement ses jeunes années.

Sortait-il parfois sa pipe ou d'autres objets rituels, les utilisait-il parfois pour expliquer des choses à ses enfants ? Faisait-il toujours des rêves ?

Lorsque Neihardt apparut, Black Elk sut ce qu'il devait faire. L'héritage était trop précieux pour le laisser pourrir dans un lieu sombre. D'un autre côté, tout était fini, l'héritage, dispersé, le monde dans lequel ses visions avaient eu un sens n'existait plus. Il était peut-être le dernier Sioux à le porter encore dans sa plénitude. Que faire ? S'il mourait en se taisant, le monde des Sioux mourrait inévitablement avec lui. Non, il ne mourrait pas en silence, il parlerait. Une fois, une dernière fois. Il ferait cadeau de sa vie à ce Blanc, de sa grande vision, de tout ce qu'il savait et qu'il avait été, à ce Blanc venu de Bancroft, dans le Nebraska, l'interviewer pour son livre qui, lui, n'intéressait pas Black Elk. Il dit à Neihardt : d'accord nous allons parler mais ce sera un autre livre. « Je suis un Lakota du groupe de l'Oglala. » Ainsi commença-t-il. « Le nom de mon père était Black Elk et son père portait déjà ce nom, comme l'avait porté le père de son père – je suis le quatrième à m'appeler ainsi. Mon père était un homme de médecine, comme plusieurs de ses frères. Lui et le père du grand Crazy Horse étaient cousins. Je suis né à la lune du craquement des arbres (en décembre), au bord de Little Powder River, l'hiver-où-les-quatre-bisons-furent-tués (1863). » Puis Black Elk se souvint de sa prime enfance. Une bataille remportée contre l'armée américaine résonna long-temps chez les Lakotas : dans la mémoire indienne l'épopée héroïque des cent Blancs abattus, l'un des rares massacres per-pétrés par les Indiens figurant dans le récit des Blancs. Black Elk était un jeune garçon au moment de la ruée vers l'or. « Là-haut, à Madison Fort, les Wasichus (les Blancs) trouvèrent en abondance le métal jaune qu'ils cherchaient et qui les rendait fous, et maintenant ils demandaient le droit de passage dans notre pays pour aller au lieu du métal jaune ; mais mon peuple ne voulait pas de cette voie. Les Wasichus allaient effrayer les bisons et ils chasseraient, afflueraient de plus en plus, tel un fleuve. Ils nous disaient qu'ils ne voulaient qu'un petit sentier, rien d'autre, qui suffise à laisser passer deux roues de voiture ; mais nos gens savaient qu'il n'en était rien. Et aujourd'hui, où que tu regardes, tu vois ce qu'ils voulaient vraiment. »

Puis il raconta à Neihardt la grande vision qui lui avait été prodiguée, dans ses jeunes années, annoncée par une faiblesse, une inexplicable paralysie survenue soudainement, il raconta son rapt dans le monde de l'au-delà, son vol, l'être qu'il y rencontra, son initiation et son retour en nouvel homme saint du Lakota, de nouveau en volant.

Il restait suffisamment du vieux chamane en lui pour qu'il sentît que ce Blanc était un frère. Plus tard il raconta qu'il avait vu un esprit, derrière Neihardt, qui avait obligé le poète blanc à venir à lui. De fait il y avait comme une nécessité, un lien entre deux hommes que rien d'autre ne reliait – sinon une figure aperçue en rêve au même âge.

À onze ans, John Neidhardt eut un accès de fièvre. Il rêva qu'il volait au-dessus du monde, il sentit que quelqu'un volait près de lui, un père ou un frère qui l'accompagnait. Il se mit à écrire peu après. Il dut se sentir électrisé, cinquante ans plus tard, d'entendre raconter par ce vieux Sioux dont il devenait à présent le fils spirituel une vision à peine différente, qui lui était venue à l'âge de neuf ans. Car Black Elk adopta Neihardt. Ce qu'il pensait lui confier, il ne pouvait, selon la tradition, le confier qu'à un fils.

Black Elk se souvenait et parlait, parla longtemps, et Neihard transcrivit dans son langage de poète ce que le vieux lui avait confié en langage sioux. Il ornait ici d'un détail, ajoutait là un passage, il avait procédé ainsi avec ses autres textes – mais ce livre se distingua radicalement de ses épopées à la façon d'Homère. À travers le poète blanc, c'était Black Elk qui parlait.

Aujourd'hui on pouvait l'entendre en Amérique, en Europe et jusqu'à Jérusalem, si on voulait. Il avait trouvé la solution au problème qui le tourmentait : être un bon catholique, mais en même temps, le dernier Sioux, au sens plein du terme. Il s'était défait de sa peau de serpent – son message s'adressait au monde entier et Jonathan Gneisenau Neihardt était son messager. Quand son *Iliade* américaine serait presque oubliée, *Élan-Noir parle* se ferait encore entendre. C'est ce qui se produisit.

Je sortis de la maison de Neihardt pour aller dans le jardin. Il flottait un avant-parfum de printemps. Pour la première fois je remarquai les merles d'Amérique, ces oiseaux originaires du continent américain retiraient avidement des vers du sol. Le jardin de Neihardt était aussi un symbole. Un cercle où se croisaient deux chemins, le noir, d'est en ouest, et le rouge, du sud au nord – l'ordre cosmique, le cœur de la grande vision de Black Elk. Le chemin noir est le sentier de l'effort, de la dureté de la vie humaine. Aller sur le chemin rouge, spirituel, est le but, la délivrance. Là où les deux chemins se rencontrent pousse l'arbre de vie.

Dans ce conte de l'Amérique blanche qu'est *Le Magicien d'Oz*, une petite fille du Kansas est emportée par une tornade dans le pays au-delà de l'arc-en-ciel où règne une sorcière, et le seul chemin sûr pour sortir du pays ensorcelé est la route jaune, *Yellow Brick Road* – ce n'est qu'en la suivant qu'elle pourra rentrer chez elle. Mon chemin a quelque chose de tous ces chemins, me disais-je. J'allais sur le chemin rouge sud-nord – mais dans la direction inverse, me fallait-il reconnaître. Et tous les quelques miles je croisais le chemin noir, les chemins noirs vers l'ouest, la piste de l'effort, de la dureté, de la conquête, dont l'Amérique était faite. Je faisais également une légère révérence à la Yellow Brick Road en marchant sur un sentier étroit, entre les camions et les fils barbelés des ranchers et des fermiers, au milieu des avertissements qui m'avaient été lancés contre l'Amérique, le Texas, contre les lions des montagnes.

LES BRAVES GENS DU NEBRASKA

L e vent poussait des grains de soleil sur la route, le maïs de l'été dernier. Le revêtement de goudron avait laissé dans le béton des traces qui rampaient comme des serpents noirs alentour. C'était le *farmland*, un pays agricole, aussi loin que portait le regard. Des champs, des prés, des clôtures, une odeur de terre et d'essence. Un jour gris, mais la lumière perçait à travers les nuages, je marchais avec légèreté.

J'approchais d'une ferme. Elles étaient nombreuses dans l'arrière-pays, annoncées par un simple haut portail en bois, d'autres se blottissaient contre la route, on les reconnaissait de loin à leurs petites forêts protectrices contre le vent – chaque fois les agrégats de feuillus et de conifères étaient un petit événement, dans un paysage sans arbres, et chaque fois des voiles de solitude entouraient ces maisons. Je ne voyais presque jamais personne, tout au plus des chiens dans la cour. Les jours de soleil, je cherchais l'ombre des bosquets des fermes jusqu'à ce que les chiens me repèrent et me poursuivent. À présent je cherchais à m'abriter du vent du sud, qui soufflait violemment.

La petite ferme était visiblement abandonnée depuis longtemps. Le bâtiment principal jaune tombait en ruine, le hangar était ouvert, un homme ou un animal avait creusé un trou profond, large comme une bouche d'égout. À travers la fenêtre j'aperçus une salle de séjour vide, seule une poupée d'enfant dormait dans la poussière. Je serais bien entré pour mieux voir, mais ne voulant pas ouvrir la porte, je m'assis sous la véranda dans un fauteuil en osier usé, le seul laissé par les fermiers, contemplai un moment la route, qui semblait n'être qu'une-route-de-campagne-tranquille, et le vent qui agitait le maïs, puis je me levai, le fauteuil gémit une dernière fois, j'étais de nouveau en chemin.

La route était un sérieux adversaire, elle se jouait de moi. Je m'exerçai à ne pas regarder en arrière car elle n'attendait que ça. La route ne cessait de me décourager si je ne résistais pas à la tentation de me retourner. Dans le dessein de la tromper, je choisissais un arbre mort comme repère, marchais une heure, m'en assurais d'un coup d'œil sur ma montre, j'avais fait trois bons miles, mais quand je regardais derrière moi, la route se moquait bien de mon calcul – l'arbre mort n'était pas à 3 miles, il était incroyablement proche ; comme dans un rêve, quand les trottoirs roulants déjouent le fugitif, je marchais, marchais, et je n'avançais pas. Les 3 miles que j'avais parcourus, comptés, se réduisaient d'un simple regard en arrière à 1 mile.

Le mile était un allié de la route – c'était un objet récalcitrant. Semblable à une vieille capote militaire rigide et lourde qui teste celui qui la porte avant que celui-ci ne puisse la rendre plus confortable, tel était le mile. Le kilomètre était en revanche une veste de trekking légère. Avoir 30 miles devant soi équivalait à une journée de lutte et d'effort. Trente kilomètres : en sept heures tu es arrivé. Trente miles : douze heures et tu n'arriveras sans doute pas aujourd'hui. Je le savais déjà mais je l'éprouvais désormais chaque matin, après chaque pause, à chaque regard sur ma carte trouée et froissée.

Je me faisais si rarement dépasser par une voiture que j'aurais pu les compter. C'est la troisième qui s'arrêta, l'inimitable appel laconique s'en échappa, *Need a ride ?* Jamais un conducteur ne faisait étalage de la compassion qu'il montrait envers l'étranger. Il posait de rares questions dont l'ordre était presque toujours le même. *Where are you headin' ?* était la deuxième, où allez-vous, et non d'où venez-vous, comme chez nous. Cette question n'était posée qu'en dernier lieu, une fois que que l'étranger avait fourni une preuve de son accent. Après c'était : *So where are you from ?* – inévitablement suivie d'un pari, car le naturel joueur de tous ces aimables Américains les incitait à tirer un billet dans la loterie des nationalités et la plupart tiraient le bon. *Germany ?* Et je disais, à demi amusé : *How did you know ?*

Après quoi un automobiliste sur deux finissait par me dévoiler ses origines allemandes – le père était venu de là-bas, le grand-père ou l'arrière-grand-père. On avait l'impression que grâce à cette rencontre allemande au hasard de la route, après l'avoir longtemps oublié, il se souvenait qu'il était le fils, le petit-fils ou l'arrière-petit-fils d'Allemands – légèrement étonné.

Le conducteur m'emmena jusqu'au croisement suivant, il bifurquait vers le nord, moi j'allais vers le sud, mais il se présenta brièvement : Chris, facteur. En arrivant à Lyons il me conseilla de demander Chris Sailor, qui louait des chambres pour la nuit, c'était ma seule chance, à Lyons. « Encore mieux, dit le facteur, j'appelle Chris Sailor et je lui demande de prendre sa voiture pour venir à votre rencontre, pour que vous n'ayez pas à marcher dans la nuit. » Après l'avoir remercié, je repartis et pendant une heure, scrutai en vain l'horizon, guettant une voiture qui paraîtrait chercher quelqu'un, mais aucune n'apparut. Je poursuivis ma route vers le sud sans plus y penser, jusqu'à ce que les grains de maïs commencent à luire dans le soir qui tombait, formant une tache de couleur unique dans la campagne grise et venteuse. Inutile de marcher dans la nuit, j'étais dans le Nebraska.

Un lourd pick-up blanc maculé de terre s'arrêta près de moi. L'homme qui empruntait des chemins si boueux que la saleté collait à son véhicule tout-terrain ne pouvait qu'être fermier. Lorsqu'il ouvrit la portière côté passager, je vis que sa voiture était aussi sale à l'intérieur qu'à l'extérieur, le sol de l'habitacle était une parcelle de champ, sur la banquette arrière gisaient des pièces détachées et des jerrycans. Le pick-up d'un citadin pouvait avoir le même gabarit, de lourds essieux, les mêmes doubles roues imposantes à l'arrière et la même marque que celui d'un fermier – c'étaient deux choses différentes. Ici, à la campagne, il fallait toujours réparer, soulever avec un cric, apporter, aller chercher. Le pick-up du fermier était le char des Prairies, c'était sa remorque, son tracteur pour ramener des arbres entiers ou du bétail vivant, c'était son affût perché, sa caisse de munitions, sa réserve d'armes. Et quand le travail des champs était fini, que la chasse avait été fructueuse, le pick-up boueux et sanglant se transformait en une cabane de chasse ou un abri des champs, l'endroit idéal pour ouvrir une canette de Bud light, en jeter la capsule et fumer enfin.

Au volant se trouvait un type affable dans une salopette bleue accueillant un ventre naissant et dont les poches disponibles contenaient tout ce dont a besoin un fermier. Ici on cultive des haricots et du maïs, disait-il en désignant d'un large geste les champs qui n'étaient plus dans la mort de l'hiver mais pas encore dans le vert du printemps. « En cette saison il n'y a pas grand-chose à faire, à la ferme, j'ai rechargé le vieux bloc-moteur. » Il désigna quelque chose à l'arrière. « Si je trouve quelqu'un qui s'y connaît pour réparer un tel truc, je lui demande de jeter un œil. » Mais en fait il ne s'agissait pas vraiment du bloc-moteur, il se contentait de rouler au hasard. « Ma femme est ravie de se débarrasser de moi pour quelques heures. Où allez-vous ? J'ai le temps, je peux faire un détour. »

Je ne savais pas exactement, j'aurais aimé marcher long-temps ; la question *Need a ride ?* surgissait toutes les demi-heures, ce qui donnait une idée du bon cœur des gens du Nebraska mais était aussi inhabituel. J'aurais voulu refuser poliment son offre mais quelque chose dans sa voix, et peut-être en moi, me poussa à accepter. J'en appris bientôt la raison. Comme si, ayant relevé ma trace à la frontière avec le Canada, le lion des montagnes me suivait depuis comme une ombre, une odeur, depuis la solitude blanche des neiges du Dakota jusque dans les États des petites localités et des petites gens, cet aimable fermier, au moment où je m'y attendais le moins, me mit en garde lui aussi contre les couguars. Le *farmland* donnait une telle impression de paix, tout entier habité et maî-trisé par les hommes, que j'avais du mal à croire que, dans les fossés des champs, derrière les tas de foin ou dans ce bosquet, là, un lion des montagnes pouvait se tenir aux aguets. Mais le fermier désigna un petit bois proche. « On en a vu un là-bas. Ne vous inquiétez pas, il a de quoi s'occuper entre les cerfs et le bétail dans les prés. » C'était une consolation mais il ne fallait pas s'y fier. Je montai en pensant au garçon du cimetière indien et au paquet dans mon sac à dos. J'allais le mettre de nouveau à portée de main, dans la poche de ma veste mes doigts auraient de nouveau quelque chose à toucher, une poignée, une crosse, un métal chaud, fondu, poli.

Le fermier traversait maintenant Oakland, et à mon air interrogateur il dit qu'il me conduisait au motel, le seul des environs, un peu à l'écart de la petite localité. Je me fis décrire la route et lui demandai de s'arrêter là, je voulais voir si je trouverais de quoi manger à Oakland.

Je repérai un saloon, m'installai au bar, j'étais en Scandinavie. Près de moi des Suédoises aux boucles grises qui prenaient leur repas américain du soir, cheeseburger, frites, et une vertueuse bière du soir, light. L'une des dames était très âgée – on l'aida à descendre du tabouret du bar – mais elle avait une coiffure impeccable. À la lumière des projecteurs de la table de billard des hommes du Nord se tenaient à l'écart, s'entretenant des prix du maïs et des tracteurs, des affaires de la petite communauté. Des personnages de Hamsun, eux aussi, mais d'un autre genre – ceux qui forment un cercle ou qui passent leur chemin quand arrive le vagabond.

Hochant la tête de tous côtés, je saluai les braves gens d'Oakland, commandai une salade taco et du café et me trouvai aussitôt engagé dans une conversation avec Doug sur sa vie de cavalier de rodéo. Assis sur le haut tabouret d'à côté, il n'était plus très jeune mais mince, musculeux, serré dans une chemise de cow-boy à carreaux, une bière posée devant lui. Le plus remarquable était sa casquette moulante et les prolongements verticaux de sa moustache. Je n'avais plus revu ce genre de moustache à la Gengis Khan depuis les années 1970. En ce qui concerne la casquette, ils en portaient souvent mais ils l'ôtaient toujours, au cours de la conversation, pour la remettre en place ou se passer la main dans les cheveux, un geste viril largement répandu, au bar ou au volant. Doug n'enlevait jamais sa casquette. Il semblait avoir grandi avec, elle lui faisait comme une seconde peau sur la tête. Les scalpés eux aussi se servaient d'un tel couvre-chef pour dissimuler la peau du crâne perdue.

Doug avait baroudé dans l'Ouest – un cavalier qui ne chevauchait pas des chevaux sauvages mais des taureaux. Il avait commencé à l'armée, m'expliqua-t-il. « Monter des taureaux était le sport favori, à l'armée. Trente-deux mille dollars pour huit secondes, voilà de quoi il s'agissait. On tend une corde autour du taureau, tant qu'il reste dans l'enclos étroit, il faut te tenir solidement, c'est tout, pas de selle, rien. Il faut des gants et un truc dont on s'enduit les mains. Qui fait adhérer le gant à la main. Après, il faut détacher tous les doigts, un à un. Tu t'assois sur le taureau, la porte s'ouvre, le taureau est lâché. Si tu arrives à tenir huit secondes en haut, tu rentres chez toi avec 32 000 dollars. C'est plus une question de technique que de force. Mais il faut de la force dans les mains, sinon tu ne restes même pas une seconde. »

Il ne s'était pas enrichi avec ça. « Tu vas de rodéo en rodéo. Tu participes plusieurs fois, tu paies à chaque fois la taxe d'inscription, quelques milliers de dollars en tout, mais tu ne gagnes qu'une seule fois. » Il fit un large sourire. « J'ai encore toutes mes dents. Tous les cavaliers de rodéo ne peuvent pas en dire autant. Et tous mes os sont entiers, bien qu'un jour, un taureau m'ait jeté à 30 pieds. »

Doug paya une bière, puis ce fut mon tour, et nous nous dîmes qu'il était temps d'y aller. Il me proposa de me reconduire au motel, je refusai, il me décrivit l'itinéraire avec précision et je me fondis dans l'obscurité, avec le rire de cet homme de soixante-dix ans en mémoire. Des types comme Doug, il n'y en avait plus depuis longtemps, dans les villes, c'était une espèce disparue. Mais lui parcourait les arènes de rodéo entre le Missouri et le Texas Panhandle, il vivait sa vie et ne se préoccupait guère de ce qu'on pensait ailleurs des hommes de son espèce.

Il avait appris à sa femme à monter un taureau et je les imaginais tous les deux en chemise de cow-boy cintrée. Elle était sans doute restée mince comme lui et devait avoir les cheveux longs. Ils étaient certainement admirés partout où ils passaient, les gens d'ici aimaient ce genre de couple, le soir, au motel, le téléviseur en était plein – hommes politiques, prédicateurs, gens du show-biz, avec, à leur côté, une *American girl*, une femme de *l'American heartland*.

Je l'avais attendu, Doug. Pendant ma randonnée à travers le Nebraska il s'était progressivement matérialisé, avait surgi de la brume comme les personnages rougeâtres des westerns du cinéma de ma jeunesse. L'homme du Nebraska. Il avait une ferme, quelques chevaux, aimait aller à la pêche et à la chasse, il possédait un lac et une maison, là-bas, en Oklahoma.

Je marchai dans la nuit jusqu'à ce que j'aperçoive une lumière – le motel. Aucune voiture devant. Aucun rayon de lumière provenant d'une chambre. Aucun portier en vue. Il n'y avait personne, seulement un panneau en bois à l'entrée où étaient accrochées une douzaine de petites enveloppes blanches dont chacune contenait une clé et une note préparée.

Il était écrit de chercher une chambre libre et de laisser le lendemain matin la note dûment remplie avec le numéro de sa carte de crédit.

J'eus un sommeil agité et m'éveillai, affamé, après de terribles rêves. La journée de la veille avait été grise, celle-ci s'annonçait gris foncé. Il allait pleuvoir, ça commençait. Retrouvant la Route 77, je continuai vers le sud.

ASILE DE NUIT

Une longue route pénétrait dans la ville de Fremont, parsemée de maisons dans le style des banlieues américaines ombragées de vieux arbres. Certaines étaient faites d'une pierre de roche résistante, quelques-unes ornées d'un portail aux colonnes blanches éclatantes, beaucoup d'autres se tenaient là comme des parents pauvres, la splendeur figurant l'exception. La majorité des maisons de Fremont n'étaient ni exceptionnellement laides ni particulièrement belles, elles s'intégraient au vert printanier, voilà qui suffisait. Les maisons n'étaient pas éternelles, on les achetait et on les revendait, on emménageait, on déménageait. Une constante américaine – avant de partir pour le Missouri, le prince zu Wied avait visité quelques villes de l'Est et je me souvenais de ses observations, en 1832 : « À proximité de la ville il y avait une quantité de jolies maisons de campagne ou de maisons de goût entourées de jardins et, à mesure que leur nombre diminuait, des habitations individuelles de paysans ou de planteurs prenaient la place. Toutes ces maisons de paysans sont construites en bois avec des planches clouées, couvertes de bardeaux. » Souvent, poursuivait-il, elles se dressaient « sur le sol sans fondations : une simple couche de pierres ou de blocs pavait le soubassement. Même les murs des grands bâtiments de ce genre sont extraordinairement minces, on peut penser qu'ils sont trop légers pour les hivers froids du pays ».

Cent quatre-vingts années ont passé et il en est toujours ainsi. Les Américains et leur maison, ce n'est pas un amour pour la vie mais plutôt comme s'acheter un costume ou une voiture. Goethe avait-il raison, l'Amérique est-elle meilleure que notre continent qui s'accroche à de vieilles maisons, de vieilles idées ? Je n'avais pas de réponse, c'était une question d'attitude, d'origine.

Certaines maisons affirmaient la pensée ou la foi de leur maître, avec des drapeaux patriotiques ou un aveu dès la porte d'entrée : *Got faith ? We do*, vous avez la foi ? nous, nous l'avons. Il me semblait qu'il y en avait de plus en plus à mesure que j'avançais vers le sud. Mais une chose demeurait : l'absence des Américains. Où étaient-ils, mon Dieu, qui habitait ces maisons silencieuses, qui tondait ces pelouses, qui conduisait la grosse voiture qui se trouvait à l'entrée, qui sortait le chien qui aboyait sur mon passage ou grondait avec méfiance, et qui prendrait volontiers place dans ces fauteuils d'osier sous les vérandas quand viendrait le temps de s'y asseoir ? On ne voyait pour ainsi dire personne, personne dont on puisse soupçonner la présence ne serait-ce que derrière une fenêtre.

Passant devant le Lutherian College, je vis un match de basket dans une salle de sport flambant neuve, je restai le temps de quelques passes, croisai quelques rues plus loin le Catholic College, tentai de retenir les noms longs et déconcertants des églises sur ma route et finis par tout mélanger. J'atteignis finalement le centre de Fremont, dans un café je mangeai un *turtle cheesecake* trop sucré et demandai à la serveuse où je pourrais passer la nuit. Les motels se trouvaient en dehors de la ville, au bord de l'autoroute, dit-elle.

« Mais au coin de la rue il y a un *shelter*, on peut y séjourner gratuitement.

– Un *shelter* ?

– Il est tout neuf, et vraiment bien. J'y habite moi aussi. Je ne suis pas de Fremont, je travaille ici mais je ne peux pas m'offrir un motel.

– C'est un foyer pour SDF ?

– Oui, il y a aussi des SDF qui viennent y passer la nuit. »

Je trouvai le bâtiment qu'elle m'avait décrit. Une forte odeur de sucreries s'en échappa lorsque j'ouvris la porte. On me dirigea vers Barb. J'avais vu beaucoup d'obèses jusqu'à maintenant mais Barb les surpassait tous, peut-être avais-je cette impression parce qu'elle était petite et qu'elle avait des cheveux blond vénitien très longs. Ils enveloppaient sa silhouette de Vénus des temps paléolithiques jusqu'aux pieds, telle une mantille semi-transparente. Barb me mit un formulaire de quatre pages entre les mains qui m'occupa un bon moment à une petite table, dans un coin. Mais après l'avoir rempli, je n'en avais pas fini.

Barb me tendait à présent des formulaires spéciaux concernant des aspects de ma personnalité susceptibles de poursuites. Je les pris en hésitant, je n'avais plus envie, ce que j'avais rempli, c'était déjà beaucoup trop, devant Barb et son État j'avais exposé toute ma vie, si tant est qu'elle puisse se résumer à un formulaire. Quiconque l'aurait entre les mains, le shérif, la police, la brigade des stupéfiants, en saurait bien assez sur moi. Je retournai à ma table dans le coin, dédaignai les papiers pour regarder les gens qui allaient et venaient, lourdement, péniblement ; le jeune homme maigre aux yeux mobiles qui passait toutes les deux minutes dans le couloir du refuge ; l'homme qui venait d'entrer sur des jambes robustes avec un pantalon court qui attirait le regard ; la femme pauvre et l'enfant. Le jeune homme agité parcourait le couloir et le monde comme un fin renard à l'affût. L'homme robuste était entré en bousculant tout, tête baissée, à deux doigts de prendre dans ses cornes un monde qui n'avait pas besoin de lui et qui l'enfermait dans un asile pour taureaux inutiles. La femme – cette femme me rappelait quelqu'un sans que je sache qui. Je voyais son visage gris, ses yeux assombris, je voyais la vie qu'elle menait. Tous les couloirs dans lesquels elle se tenait, car toujours elle se tenait, elle se tenait debout, se tenait sur la brèche, se maintenait, et quand elle bougeait, on avait l'impression qu'elle allait quelque part, mais en réalité, tout s'immobilisait autour d'elle. Quand et où s'était-elle réveillée le cœur léger pour la dernière fois, quand était-elle sortie dans la clarté du jour pour suivre son chemin ?

De nouveaux effluves de sucreries flottaient, déclenchant un léger cauchemar. Tu n'es pas ici parce que tu veux voir à quoi ça ressemble. Tu es ici parce que tu es comme eux. À partir du moment où tu sonnes, où la porte s'ouvre, où tu rentres et où la porte se referme – tu ne peux pas faire comme si ce n'était pas arrivé, tu es là et tu y restes. Mauvaise route, la fois de trop. Longtemps tu as pu l'éviter mais quelque chose en toi ne pouvait plus t'épargner, au bout du compte, c'était inévitable, tu t'en doutais depuis longtemps. Fais la paix, ne fais pas tant de chichis pour ce spray sucré, c'est mieux que l'acidité de la sueur. Rien contre Barb, tu entends, elle fait ce qu'elle peut, elle est bourrée de bonnes intentions envers vous autres garçons. Tu vois que la serveuse disait vrai. Le refuge de Barb a été fraîchement repeint, tout est en ordre, impec, il faut reconnaître. Passer la nuit ici n'a rien de honteux. Il fait chaud, c'est propre, le matin on ne vous refusera sûrement pas un café, on ferme les yeux si vous fumez une cigarette à l'air libre, devant cette porte à la sonnette anodine. Avant tu hésitais à appuyer dessus et maintenant, tu appuies tous les jours, résigné.

Une voix douce me tira de mon état d'hypnose, celle d'une dame d'un certain âge qui me considérait d'un air soucieux. Elle était secrétaire et proposait de m'aider à remplir le questionnaire pénal qui s'étalait devant moi sur la petite table, intact. « Il y en a qui ont du mal, je sais. Si vous voulez, je vous lis les questions et j'inscris vos réponses, d'accord ? » Elle avait dit ça aimablement, avec le sourire, que pouvais-je faire, je hochai la tête et elle commença.

« Avez-vous déjà fait une psychothérapie ? Avez-vous pris de la drogue ? Quand avez-vous bu de l'alcool pour la première fois ? *Sorry*, je dois vous poser toutes ces questions.

– Bon. J'ai bu ma première bouteille d'eau-de-vie quand j'avais quatorze ans, avec un ami pour son anniversaire, on a réussi à n'en prendre que le tiers, on était tellement malades après que je n'y ai plus touché pendant des années. »

Elle me lança un regard inquisiteur à la façon de tante Polly et nous continuâmes la liste des questions et des réponses. « Déjà allé en prison ? Il vous reste une peine à accomplir ? Vous êtes en liberté conditionnelle ? *Are you a sexual offender* ? »

J'aimais bien la vieille dame. Mais ce que j'étais en train de faire commençait à me mettre mal à l'aise. Je répondais aux colonnes de questions par un non stéréotypé. Pas de restant de peine, pas de liberté conditionnelle, pas de viol – non, non et non. Qu'avais-je perdu ? Je lui volais son temps, sa pitié. Je l'aidai à écrire les noms et les localités allemandes, cela me fit du bien.

« Des enfants ?

– Deux, un garçon et une fille.

– Les noms, s'il vous plaît. »

Je donnai leur nom, les épelait, elle écrivait, et soudain elle mit le crayon de côté. « Mes enfants, ce sont mes deux oiseaux », dit-elle et, un peu plus bas encore, je crus entendre le mot « divorcée ».

Je voulais en finir mais sans savoir comment, maintenant c'était impossible, cela aurait fait outrage à ses cheveux blancs et à sa bonté, qui lui faisait peut-être plus de bien qu'à moi. Je dus vider mon sac à dos objet après objet, comme à la frontière nord, et tout donner pour la nuit à quelques exceptions près. Elle me regardait déballer, étonnée. « Je n'ai encore rien vu de tel, dit-elle. Vous avez fait l'armée ? Faire un sac de cette façon, on apprend ça chez les militaires. » Elle considérait tout ce que je lui tendais, l'ajoutait avec précaution aux autres effets personnels et me laissait garder certaines choses que j'aurais dû abandonner, selon les règles strictes de Barb. Elle travaille ici quelques heures pour gagner quelques dollars, me dis-je tout à coup. Elle n'est pas obligée, elle pourrait passer ses après-midi au *country club*, dans la société à laquelle elle appartient. Une tante Polly un peu triste avec les années, pensais-je, et qui ne devrait plus travailler. Qui devrait avoir un fils, un Tom Sawyer pour veiller sur elle.

Plus je remplissais, plus je donnais, défaisais, méditais sur la dame, plus un mot me martelait la tête avec force : sors ! Sors de là, tout de suite. Tout est faux. J'avais donné toutes mes affaires, tout allait être lavé, désinfecté. Comme si j'étais atteint de la gale. On me demandait aussi de nettoyer ce que je portais, sinon on ne me laisserait pas passer la nuit ici ; on m'emmena dans la pièce où se trouvaient les machines à laver, on me montra la lessive. Mais j'avais lavé ce que j'avais la veille, dans un lavabo de motel avec du savon de motel. Je considérai quelques secondes ce que j'étais sur le point de faire puis je dis : « Écoutez, madame, j'ai pris une décision. Excusez-moi mais je ne peux pas faire ce que vous me demandez. Je vais partir. »

La vieille dame n'essaya pas de me faire changer d'avis. Se tournant vers sa chef, elle dit : « Barb, il veut partir. » Barb ne comprit pas tout de suite, elle me demanda si je voulais partager ma chambre avec un jeune homme ou avec un homme plus âgé, je savais à qui elle faisait allusion, le renard ou le taureau. Je ne répondis pas, Barb dit : « On va le mettre avec Gerald. » C'était le taureau. Je jetai mon sac sur l'épaule, j'y avais fourré mes affaires à la hâte, je m'excusai une fois de plus auprès de la vieille dame au cœur tendre et me dirigeai vers la porte aussi calmement que possible.

Je courus jusqu'à la *highway* pour fuir Fremont, soudain le paysage monotone des motels, des snacks et des stations-service m'apparut comme le royaume de la liberté, et les placards publicitaires s'élevant vers le ciel, comme les arbres géants et pétrifiés d'un monde préhistorique. Je voulais me reposer à leur pied, oublier le mauvais rêve venu me visiter. Tout en tenant mon gobelet de café en carton, je découvris en passant qu'à cette station-service, sous ce poteau, se trouvait un arrêt de bus, le bus qui allait à Omaha et qui serait là dans dix minutes. Omaha ! Une ville, une vraie. Omaha me guérirait de mon délire à Fremont, du Fremont qui était en moi.

Le printemps à Omaha

« Des canards ou des oies? » demanda le jeune homme, sa fille dans les bras, au vieil homme assis sur un banc du parc tout en désignant les oiseaux bruyants qui célébraient le printemps au bord du lac. « Des cygnes », dit le vieux, c'était un mensonge car ce n'étaient pas des cygnes qui éclaboussaient leurs ailes blanches mais de simples oies, et le vieil homme, c'était moi. J'étais assis sur ce banc depuis un moment dans le « *Heartland of America* », le cœur de l'Amérique, ainsi s'appelait le parc, en ce premier jour de chaleur de l'année, dans ma tenue hivernale – pantalon noir, parka militaire noire au duvet épais, capuche sur la tête – et j'avais peine à croire que le long hiver d'où je venais était fini.

Les signes étaient pourtant évidents. Le soleil s'était déplacé, devenait chaque jour plus fort, et le parc se remplissait d'Américains en short de tous les âges. Déjà aux derniers jours gris et glacés de l'hiver je les avais vus courir – une nation de boy-scouts et d'éclaireurs éternels. Chaque petit musée ou presque possédait sa section « boy-scout ». À bien y regarder, j'étais le seul dans le Heartland Park à ne pas montrer ses jambes.

Quelque chose changeait, je le sentais nettement. Je m'étais laissé porter et n'avais jamais pensé à ma route. Celle-ci m'avait conduit à la Prairie, les Grandes Plaines légendaires, à travers une Amérique comprise comme un ensemble très vaste, presque vide, où l'on ne rencontrait pas âme qui vive en chemin, ou alors il fallait la chercher, se mettre en travers de sa route, et même là on n'était pas sûr qu'il s'agisse d'un homme et non d'un fantôme. Le pays se densifiait, à présent, se peuplait de formes qui approchaient pour me poser des questions sur les canards et les oies, sur l'endroit où j'allais et d'où je venais. L'Amérique allait-elle se resserrer désormais, devenir plus dense, et donc plus ordinaire, moins libre ?

Liberté, un mot de la télévision. Les discours sur le pays de la liberté flottaient au-dessus de moi. Je les entendais le soir, au motel, lorsqu'il était trop tard pour aller quelque part et trop tôt pour m'endormir. Ce que signifiait être libre, on n'avait pas besoin de me l'expliquer – c'était très simple. Les pensées sont libres, ça commence là, sans cette première proposition, parfois méprisée parce qu'intérieure, la liberté n'existe pas. Le reste était physique, une question d'armes, de menottes, de portes non verrouillées.

Au poste-frontière je n'avais pas été libre, mais depuis, je l'étais totalement. C'est l'espace, c'est le temps, tout continue – telle est la définition la plus courte de la liberté. C'est de cette façon que j'avais parcouru l'Amérique jusqu'à présent et, singulièrement, cette liberté, je ne l'avais pas remarquée, encore moins pensée. Ce devait être la plus grande liberté existante : ne pas remarquer même qu'elle vous entoure, comme l'air qu'on respire. Dans les Plaines, une condition plus qu'une région, j'avais sombré ; à tel point que je ne m'en apercevais que maintenant, une fois remonté à la surface. J'ôtai ma capuche, j'ouvris ma fermeture éclair et je fermai les yeux, prêt à m'abandonner au soleil neuf, au joyeux cancanement du lac, aux voix qui exultaient dans la sérénité de cette journée à Omaha.

Un coup de trompette renouvelé me tira de mes pensées, un train de marchandises traversait la ville et le fleuve, l'une de ces caravanes métalliques interminables qui s'étiraient à travers l'Amérique et dont je me disais qu'à cette allure – ce n'était pas sans risque mais cela ne paraissait pas impossible – je pourrais sauter sur un wagon de céréales ou sur une citerne, comme les *hobos*, les vagabonds de la Grande Dépression. Je ne fis jamais l'essai, les trains étaient toujours trop loin, ils traversaient le pays en fantômes inaccessibles quand on allait à pied, se donnant le plaisir d'effrayer les gens d'un brusque barrissement. Un train pouvait surgir dans la solitude d'une route s'étendant à l'infini ou me surprendre dans mon sommeil en ville. Il était toujours inattendu, me pénétrant jusqu'à la moelle des os, de jour comme de nuit. La trompe de la locomotive était devenue le fond sonore de mon voyage – le seul qui fût dominateur, qui n'en supportât pas d'autre, en tout point comparable au carillon de nos églises. Mais il lui manquait la familiarité vespérale, dominicale des cloches. Il retentissait chaque fois comme la trompette d'un être d'un autre temps, l'âge de fer et ses projets héroïques.

En 1862, le président Lincoln mit en œuvre le plan suivant : un chemin de fer qui traverserait tout le continent de l'Atlantique au Pacifique. Un ruban de métal pour unifier l'Amérique quand prendrait fin la guerre fratricide entre le Nord et le Sud. « *Nation building* », construire la nation par le marteau et l'enclume. Un an plus tard, en 1863, deux armées d'ouvriers commençaient la pose du chemin de fer

– la première équipe venait de Sacramento, en Californie, l'autre d'Omaha. L'équipe californienne avait embauché dix mille coolies chinois, celle de l'Est recrutait des Irlandais et des soldats démobilisés de la guerre de Sécession. Deux nuages de poussière bruyants et animés se mirent en marche, constitués de forgerons, cuisiniers, poseurs de traverses, transporteurs de quais, chasseurs, ils avançaient, laissant derrière eux des quais, des ponts, des gares, progressant les uns à travers montagnes et déserts, les autres à travers un océan d'herbe. Six années s'étaient écoulées lorsqu'ils se rencontrèrent dans les montagnes de l'Utah, en mai 1869. *Done*, le mot fut télégraphié à travers tout le pays. C'était fait. Réussi.

Ce n'était qu'un début. La population d'Omaha devait tripler au cours des dix années suivantes, celle du Nebraska presque décupler en vingt ans. Tandis qu'en Amérique les triomphateurs, enthousiastes, n'en finissaient pas de célébrer le chemin de fer, une pluie de tracts s'abattait sur l'Europe. En suédois, en tchèque, en allemand, on réclamait des colons pour fonder des milliers de localités le long de la voie ferrée. Je les suivais du doigt sur la carte, depuis Omaha, en allant vers l'ouest. On les lisait à la suite comme le télégramme des efforts et des visions de leurs fondateurs : Lone Tree. Silver Creek. Coyote. Antelope. Medicine Bow. Granite Canyon. Red Desert. Salt Wells. Devil's Gate.

L'âge du fer était depuis longtemps révolu. J'avais vu la gare d'Omaha, somptueux palais sur la rive haute du Missouri. Dans son immense salle à manger, l'aigle d'argent qui avait festoyé sous d'immenses fresques murales réalistes – célébrant la conquête du territoire par les colons et l'esprit de l'Ouest – n'était plus qu'une pièce de musée lui aussi. Ces quais qui autrefois bruissaient de promesses, je les retrouvai détruits.

Omaha s'était tournée vers de nouveaux projets héroïques. Tel semblait être son destin, perpétuellement revenir au statut de ville frontière qu'elle avait depuis le début – et auquel invitait sa situation. D'abord arrivèrent les missionnaires, les marchands de fourrures et les agents indiens qui édifièrent leurs cabanes en bois et leurs avant-postes à l'extrême limite du désert – car les militaires furent présents eux aussi dès le début. Il s'agissait de protéger les trains qui circulaient d'abord au goutte-à-goutte puis bientôt sans relâche, de les encourager. À l'hôtel je trouvai un livre, *America's Heartland*, qui décrivait un tel train, par Ezra Meeker, un colon anglais. Meeker s'arrêta quatre jours dans les Plaines, lors de son voyage en Oregon, et comme il en avait le loisir et qu'il avait le sens des statistiques, il compta les chariots, les animaux et les hommes qui passaient devant son auberge. Il atteignit le chiffre de mille six cents chariots, tirés chacun par six animaux et accompagnés de cinq personnes. À chaque animal de trait s'ajoutaient en moyenne trois animaux libres. Meeker fit le calcul : étaient passés devant lui, au cours de ses quatre journées de halte, environ huit mille personnes et trente-huit mille animaux.

Lorsqu'il transcrivit ses souvenirs, il commença par prévenir que la langue anglaise ne possédait pas de termes pour décrire ce qu'il avait vu. « Il y avait une masse qui avançait, des gens et du bétail sans âme parfois mêlés dans une indescriptible confusion, large de 100 pieds ou plus. Parfois il y avait deux colonnes de chariots, deux colonnes de marche parallèles – proches l'une de l'autre pour empêcher le bétail libre de s'échapper. Mais la plupart du temps, c'était une masse unique et indistincte de vaches, de veaux, de chevaux et d'hommes à pied en lisière. Par temps stable, la poussière s'amassait sur eux tous de façon si dense qu'on ne pouvait distinguer l'attelage : comme le brouillard de Londres, à couper au couteau. »

On peut supposer que ces cortèges qui s'ébranlaient vers l'ouest étaient composés pour un tiers de pauvres hères à la recherche de terre et d'or, un tiers d'entrepreneurs et de commerçants, et un tiers aussi d'adeptes de sectes dont on ne voulait pas dans l'Ancien Monde et pas plus dans le Nouveau. En 1846, la secte des mormons, expulsée de l'Illinois, établit ses quartiers d'hiver dans la région d'Omaha et risqua l'année suivante, à travers les Plaines, une marche dangereuse qui fit de nombreuses pertes jusqu'au Grand Lac Salé. Dix ans plus tard, Omaha fournissait la ruée vers l'or du Colorado en équipement, provisions et armes.

Au siècle nouveau Omaha demeura un avant-poste. L'industrie de guerre américaine s'y était installée. Omaha avait forgé des armes pour la victoire sur l'Allemagne et le Japon. C'est là que furent construits *Enola Gay* et *Bock's Car*, deux bombardiers de type B-29. *Enola* lança Little Boy sur Hiroshima. *Bock's Car* lança l'autre bombe sur Nagasaki.

Tout de suite après la guerre, le Strategic Air Command établit son siège dans l'ancienne ville de front. Depuis Omaha, l'Air Force Base d'Offutt contrôlait les forces aériennes américaines durant la guerre froide, et la force nucléaire dans le monde entier, chaque base, chaque satellite, chaque superforteresse et stratoforteresse ainsi que leurs successeurs aux appellations de plus en plus intergalactiques, chaque bombardier lesté d'armes nucléaires, chaque fusée intercontinentale. Si des bombes tombaient sur le Vietnam, c'était peut-être Omaha qui les avait envoyées. Tout cela était fini, maintenant. Offutt existait encore mais plus le SAC. Omaha semblait désormais rester seule avec elle-même. Quel mot envoûtant, Omaha.

Une ville au bord du Missouri, une plage de Normandie. O-A-A. Long, court, court. Des signaux frappés sur le mur du temps. Une tribu oubliée, mis à part son nom. Omaha, un mot survivant qui sonne comme Dakota, Lakota, Wovoka – le nom du dernier prophète indien, le Messie de la Ghost Dance. Des jeunes gens passaient devant le banc où j'étais, j'entendais leurs voix détendues, le rire de jeunes filles qui dansaient en faisant le tour du lac, il y avait de la musique quelque part, une chanson.

Je me levai, il était temps de chercher un endroit pour la nuit, je notai le retour des vieilles habitudes. D'un coup je redevenais difficile. On m'envoya ici et là, et même de l'autre côté du fleuve, vers l'Iowa. En voyant le motel, je fis demi-tour vers la ville – refusant d'être dans une morne périphérie, dans un motel au bord de l'Interstate. Sans savoir pourquoi, je tenais absolument à être en ville, au centre d'Omaha. Je demandai un bon hôtel à un passant. Après avoir jeté un regard sur moi, mon habillement et mon sac à dos, il m'envoya dans la direction opposée, hors de la ville, dans un motel très bon marché, m'assura-t-il. « Monte, je t'emmène, ce n'est qu'un petit détour pour moi. »

En chemin il me raconta sa vie en Alaska, au fin fond d'espaces sauvages, loin de toute habitation. « La plupart des gens sont de mauvaise humeur quand il n'y a pas de lumière, pas d'eau courante, personne à part les grizzlis et les loups. Pour moi c'est tout l'inverse. » Il avait une cabane, là-bas, dans une totale solitude, où il se retirait le plus souvent possible. Il s'arrêta devant le motel qui était aussi désespérant que je m'y attendais. Il me sourit d'un air encourageant. « Un matelas, un café, une bonne arme, de quoi a-t-on besoin d'autre ? »

Je le remerciai, sortis, fis comme si j'allais au motel, j'attendis que le brave homme s'éloigne et je reparcourus la distance qui me séparait de la ville, à pied cette fois. Tu trouveras mieux, cette phrase, je ne me l'étais pas murmurée depuis longtemps, dans la Prairie il n'y avait rien de mieux, le mieux c'était déjà qu'il y ait quelque chose. Mais ici c'était différent, quelque chose m'attendait, j'en étais sûr. Je continuais de marcher, toujours plus loin, jusqu'à ce que je me trouve devant le bâtiment que je cherchais – un hôtel élégant, ancien.

Ma chambre donnait sur la prison d'Omaha. En quittant l'hôtel pour aller dans la direction opposée, j'arrivai en Europe. Dans un quartier tout en brique, dans des magasins et des ateliers rouges de l'époque fondatrice d'Omaha, on avait aménagé des bars, des restaurants, des brûleries de café luxueuses, des épiceries fines, des marchands de vin – une petite Europe incroyablement réelle pour qui venait de la Prairie, trompeuse jusque dans son décor. Le cadeau que j'avais recherché avec tant de constance, je le trouvai entre des murs de brique nue. Je m'installai dans un café à une petite table, sur un quai de déchargement qui avait oublié ses origines avec tant de charme que je pouvais m'imaginer boire ce nero di Troia non pas à Omaha mais dans une usine revenue pareillement à la vie, de Leipzig ou Berlin. Ici les élégants étaient assis autour d'une petite table dans le soleil du soir devant un vin italien et des plats méditerranéens. Je me joignis à eux et, prenant une première bouchée après avoir rompu le pain, je m'aperçus que j'avais presque oublié le goût du vrai pain et du vin.

Je descendis dans le crépuscule jusqu'au Missouri, que je ne reconnus pas. Il avait cessé d'être le jeune nomade du Dakota qui dormait chaque nuit dans un autre lit pour devenir un vrai fleuve. Comme si, sur la route de l'Iowa, il avait rencontré son maître, que j'imaginais comme un maître japonais de l'estampe qui se le serait approprié, tant chaque vague du fleuve semblait mise en relief, musclée, ses flots gris brun se ridant de petits tourbillons. Ce qu'il trouvait sur son chemin, le fleuve s'en emparait pour l'emporter inlassablement plus loin, bois flottant, broussailles, et là-bas une grande masse sombre, un cerf mort.

LES JOUEURS

Après le Nebraska m'attendaient les autres États du vent – le Kansas, l'Oklahoma. Mon adversaire familier, la route, dans sa rigueur puritaine, avait à présent un allié, le vent du sud. Qui soufflait avec force sur mon visage, venait à ma rencontre avec impétuosité, comme s'il voulait me repousser dans le Dakota, de l'autre côté de la frontière, en dehors du pays. Ils formaient tous deux un couple impressionnant, le vent, sauvage et grand, la route, d'une étroitesse d'esprit frisant l'avarice. Elle ne me faisait aucun cadeau, même 10 yards. Partout ailleurs dans le monde, on avait le sentiment que 10 kilomètres sur la carte se révélaient n'en être que 9. La route que je parcourais depuis des semaines ignorait ce genre de compassion, elle ne m'accordait aucun rabais. Les 10 miles prévus faisaient exactement 10 miles de marche, chacun d'eux insistait pour être parcouru jusqu'au dernier pas.

J'aurais pourtant été heureux de n'avoir que ce seul ennemi car chaque mile était deux fois plus dur à présent. Je n'avançais plus en me tenant droit, penché en avant je luttais pour progresser vers le sud, les yeux mi-clos. Non seulement le vent soufflait inlassablement dans la direction opposée mais il soulevait des éclats de pierre, des saletés en tout genre, les faisant tourbillonner autour de mon visage. Et quand il se faisait trop violent, je marchais les yeux fermés. Une éraflure à l'iris et c'en serait terminé de mon voyage.

De temps en temps j'arrivais dans des villes. Désormais je comprenais mieux ce qu'était une ville américaine. Son cœur battait en périphérie. Si le centre était à moitié abandonné, presque mort, en périphérie sa volonté de vivre se faisait toujours plus tenace, la ville refusait de finir. Quitter ce genre de ville à pied se transformait facilement en une marche d'un jour, ce fut aussi le cas d'Omaha. J'étais depuis des heures déjà dans la 13e Rue, que je suivais en direction du sud. De temps en temps de petits ateliers, plus rarement un café poussiéreux, le plus souvent des maisons individuelles en rangs serrés au bord de l'asphalte, plus tard, plus loin, des clôtures et du vert. À Omaha les arbres étaient encore nus et d'un gris hivernal, ici les premiers tussilages sortaient de terre, là les premiers trèfles dans les jardinets-des-petites-gens. Régulièrement s'agitait un chien qui n'avait jamais vu un homme à pied de sa vie, la plupart du temps il était inoffensif et fuyait dès que mes bottes crissaient sur le sol.

J'atteignis Bellevue, et comme l'indiquait un panneau à ceux qui l'ignoraient, on arrivait à la « *birthplace of Nebraska* », le lieu le plus ancien de l'État. Ici s'étaient installés les missionnaires, avant même qu'Omaha existe, d'abord des baptistes, puis des presbytériens, ainsi qu'un jésuite légendaire et un spécialiste des Indiens. C'était de Bellevue qu'étaient partis Lewis et Clark en quête d'un passage navigable du Nord-Ouest vers le Pacifique – en vain – et d'une terre valant la peine d'être conquise. Trente ans plus tard, le prince zu Wied partirait également d'ici pour entamer son expédition sur le Missouri.

L'Air Force Base d'Offutt apparut, éblouissante, étonnamment tranquille, sur les collines. Ses coupoles se dressaient, vigilantes, ses bâtiments dans la campagne, ses tours radars et ses hangars lourds de menaces mais aussi victimes d'un sortilège, abandonnés. Ils se tenaient dans la clarté d'avril – comme suspects de n'être que camouflage. Dans la terre sur laquelle je marchais, des gouffres allaient-ils s'ouvrir, d'où s'élèveraient vers le ciel des armes secrètes quand viendrait l'ordre ? Étais-je observé ou devenais-je doucement fou ? Dessinais-je depuis longtemps une silhouette tremblante sur les écrans de surveillance au cœur de la ville stratégique ou le vent du sud avait-il incrusté des accès de délire dans mon cerveau ? Ce n'était qu'une impression secondaire, un jeu pour me détourner du tourment principal. Depuis tôt le matin je marchais contre le vent. Je n'en pouvais plus.

Lorsque la salle de billard apparut à main droite, une baraque en tôle rouillée, je priai pour qu'elle soit ouverte. On ne savait jamais ce qui se passait dans ces granges rouillées, si quelques hommes se tenaient au bar à l'intérieur ou si depuis longtemps des rats seuls piaillaient, car on ne voyait rien. Je secouai la porte en tôle, qui s'ouvrit. J'entrai avec l'espoir d'une dizaine, d'une vingtaine de minutes de répit, sans rafales de vent. La salle était grande, devant, le bar, il y avait de la musique, je ne comprenais que *motherfucker*, toujours et encore *motherfucker*, le mot le plus fréquent.

Le billard n'était qu'un prétexte aux divertissements qu'offrait cette grange de tôle aux soldats – la bière Jägermeister et la perspective d'une tournée « *with the girl* ». La *girl* en

147

question figurait sur l'affiche, une blonde avec un décolleté genre fête de la bière. *Motherfucker ! Motherfucker !* Je bus un Coca pour la soif tant contre la poussière que contre le vent en souhaitant que mon interrogateur en pull vert fût là. Je l'aurais forcé à boire de la Jägermeister jusqu'à ce qu'il jure sur la tête de sa grand-mère, sans doute irlandaise, que le pape était le commandant en chef de la fête de la bière. Une fois qu'il se serait exécuté, j'aurais mis la musique du *motherfucker* à fond en hurlant : « Dis-le plus fort, *motherfucker* ! Je n'entends rien ! »

Derrière la baraque des *motherfuckers* que je quittai, requinqué, se trouvait un atelier de couture pour les soldats de l'Air Force. Une famille du Panama cousait et brodait les noms sur les uniformes. La mère me fit trois cadeaux : un cappuccino sucré et un chapelet tout simple, en bois clair et léger ; puis elle dessina une carte sur un bout de papier journal qui devait me conduire à la petite ville de Plattsmouth une fois que j'aurais traversé la Platte River, et là-bas, à la villa victorienne où, avec un peu de chance, je trouverais un lit pour la nuit. Légèrement ahuri, je tenais le tout à la main et, avant que je puisse remercier cette gentille dame, sa fille me fit signe de la suivre vers sa voiture. Elle me conduisit jusqu'à l'endroit où le chemin de Plattsmouth se sépare de la route qui va vers le sud.

Le chemin se révéla sinueux et compliqué, mais le dessin fait à la main, d'une étonnante précision. Il me guidait avec sûreté à travers l'invisible Plattsmouth, un paysage plutôt qu'une ville, jusqu'à mon but, un jardin peuplé de Marie, de saints et de grenouilles se tenant sur la tête. Au milieu, la villa blanche. À l'intérieur le style était plus rigoureux, si on peut qualifier de rigoureuse la fantaisie d'une demoiselle ou d'une dame. Toute la rigueur était dans la mise en œuvre. La maison de Carol était son pays des merveilles, issu d'une époque rêvée dont je n'étais pas sûr qu'elle l'ait vécue. Elle m'emmena en haut d'un escalier en bois sombre et craquant, au premier étage, et ouvrit une porte. C'était là que j'allais dormir. Celle qui y vivait venait de sortir, peut-être pour prendre l'air car elle était sans doute revenue tard dans la nuit, la veille, d'une réception. Elle avait suspendu sa robe de soirée noire à la porte de l'armoire, ayant ôté auparavant les élégantes chaussures noires qui se trouvaient devant pour se reposer de la danse. Deux chemises de nuit blanches et brodées l'attendaient, elle avait eu le choix, à son retour. Et sur son bureau, ces petites choses dont un homme ignore l'usage. Le beau et vieux stylo à encre, passe encore, mais il y avait aussi un nécessaire, une série d'aiguilles et autres instruments, pour se faire belle, et un livre édifiant. Celle qui habitait cette chambre devait être en âge de se marier, on avait déjà pensé au lit d'enfant, la jeune dame était sans doute fiancée et on la conduirait bientôt à l'autel. *Don't forget to kiss me good night*, était-il inscrit dans un cadre doré près du lit – rien que cela était un peu troublant, beaucoup trop beau pour un homme qui venait de la route.

La voix de Carol me tira de la rêverie qu'elle avait provoquée. La personne qui avait arrangé tout cela, ce cabinet parfumé de jeune fille du temps passé, était tout autre que dans mon rêve. Carol était une Américaine sans peur, coiffée à la perfection, une *lady* du Midwest forgée par les combats de la vie et prête à en mener d'autres. On pouvait aisément penser qu'en des temps plus barbares, elle aurait défendu sa maison les armes à la main contre l'assaut de bandits ou d'Indiens,

149

qu'elle aurait utilisé avec sang-froid ses fenêtres ornées d'accessoires comme des meurtrières.

Carol avait voyagé en Europe et était divorcée, me dit-elle en passant. Bien que plus très jeune, elle avait acheté cette villa et l'avait aménagée à la perfection, un héritage de la période dorée de Plattsmouth, lorsque la ville était une gare où bourdonnait le monde des affaires. Époque depuis longtemps révolue, comme dans nombre d'anciennes villes du chemin de fer de l'Ouest que je traversai. En été Carol louait des chambres, en hiver elle faisait le taxi. Elle avait deux buts dans la vie. « Remettre Plattsmouth sur la carte et que nous autres, Américains, nous vainquions nos mauvaises habitudes alimentaires. »

Cette année la colère montait de tout le pays contre Washington, et particulièrement à l'Ouest. Des rassemblements furieux contre le président, dans des salles ou en plein air, que je voyais à la télévision, dans les motels, et j'avais pris l'habitude, quand je voulais en savoir plus sur un sujet, d'en parler. Quand la colère se hurlait dans les micros devant les caméras, elle donnait souvent la désagréable impression d'être forcée, et le beau mot de liberté au nom duquel les gens manifestaient se teintait d'une nuance à la fois hystérique et abstraite. Aucun de ceux avec lesquels j'avais abordé la question n'était aussi furieux que les activistes de la télévision, mais je n'en trouvais pas un pour approuver ce que disait ou faisait le président. Même les plus calmes, les plus réfléchis, avaient peur qu'il abolisse les règles qui avaient fait la grandeur de leur pays, les règles simples et dures des pionniers et des colons. Dans les Plaines, j'entendis toujours les trois mêmes phrases : je ne veux pas d'un gouvernement qui me dise comment je dois vivre et gérer mon budget, préparer ma retraite. Je veux une vie à mon compte, comme le souhaitaient mes ancêtres quand ils sont arrivés dans ce pays. Et je ne veux pas prendre en charge ceux qui ne sont pas capables de se prendre en charge.

Mais le regard le plus franc sur l'âme américaine, ce fut Carol qui me le prodigua le lendemain matin, au petit déjeuner. Au pied du bel escalier qui crissait se trouvait une ardoise sur laquelle elle m'invitait par écrit à la cuisine : « *Welcome, Wolfgang Berlin.* » Acceptant volontiers, je bus une gorgée de café, m'attaquai aux *scramble eggs*, meilleurs que tout ce que j'avais mangé sous cette appellation depuis longtemps, je goûtai aussi sa remarquable confiture et, une fois rassasié, je posai mes questions. « Carol, que pensez-vous du gouvernement ? » Et Carol, qui avait considéré mon appétit avec satisfaction, ne tourna pas autour du pot : « Il y a une histoire qui circule en ce moment. Abats ton représentant au Congrès et tout ira bien. Tu iras en prison, tu auras tout gratuit, logement, médecin, vêtements, tu pourras même aller gratuitement à la fac. Sérieusement – on travaille, vous comprenez ? On travaille jusqu'à ce qu'on soit vieux. Il en a toujours été ainsi et il doit en être ainsi.

– Bon. Mais ceux qui ne peuvent plus ? »

Nous étions assis face à face. Elle me regarda dans les yeux.

« On joue, vous savez. On joue en espérant que tout ira bien. »

Elle le dit comme si elle me livrait un secret, et c'en était un. L'écoutai-je bouche bée ? Peut-être bien. Que le naturel joueur soit le tendre secret de l'éthique puritaine, personne ne me l'avait encore révélé, du moins pas aussi franchement que Carol dans sa cuisine. Naturellement, elle l'avait dit en américain. « *You know what. We gamble. We gamble and we just hope.* » Jouer, espérer, engagement et chance, il s'agissait de ça et chez elle le mot *hope* sonnait plus durement que dans les discours de Washington, il n'était pas aussi lyrique, et cet aveu d'être un *gambler*, un joueur, un joueur de la vie, retentissait plus brutalement qu'il ne l'aurait fait dans la langue allemande.

C'était comme si Carol, après m'avoir ouvert brièvement la petite porte du tabernacle américain, voulait la refermer aussitôt. Elle changea de sujet et en même temps n'en changea pas, disant que l'hiver avait été rude. « Vous voyez, la nature est plate comme si on l'avait repassée. On a eu de la neige, près d'un mètre de haut. »

Puis elle m'accompagna en voiture jusqu'à la route et me souhaita bonne chance, tandis que moi, je me souhaitais de rencontrer quelqu'un comme elle de temps en temps. Mais je me faisais aussi mon idée de l'homme américain. Je pressentais ce que pouvait devenir un être jeté dans ce monde troublant et incompréhensiblement parfait, dans ce mélange de parfum de rose pour jeune fille et de dureté héroïque. J'eus tout le loisir de penser au lieu de lutter pour avancer car mon ennemi le vent me laissa tranquille ce jour-là.

La route était à nouveau parsemée de champs de maïs, à nouveau, passant devant les fermes, je me demandais où se cachaient les gens, pas âme qui vive, des oiseaux migrateurs seulement, apparaissant au sud et disparaissant dans le ciel gris en direction du nord. Quatre heures, cinq heures de marche, et rien ne changeait. Maïs, cris d'oiseaux lointains, la terre, la terre, la terre. Et puis le vent revint, soufflant de l'est cette fois.

Dans la petite localité d'Union, j'avais bifurqué vers l'ouest, vers la ville de Lincoln où je devais retrouver la Route 77. Vent d'est dans le dos, j'avançais plus vite que les jours précédents, mais quand je cherchais un endroit pour m'abriter et me reposer, je n'en trouvais pas. Enfin un sapin assez large pour que je puisse me soulager le dos quelques minutes. Je m'installai sur ses racines puissantes, regrettant d'avoir décliné l'offre de Carol de prendre quelques pommes en provision.

Me voyant à l'abri du sapin, Gene freina et me fit signe. « *Come on !* » Sa Toyota était bien rouillée mais roulait encore. Gene était ouvrier du bâtiment, lui et son auto étaient couverts de graisse et de boue, il disait *fucking* tous les deux mots, interrompant ses brèves phrases à une fréquence étonnante. Cette putain de bagnole était un cadeau, « ne crois pas que cette putain de Toyota est ma voiture ». Gene sourit. Son putain de patron lui avait laissé le pick-up, son putain de troisième, devant sa porte, mais ce putain de machin avait ses défauts, il fallait faire une foutue vidange et Gene voulait en finir avant d'aller à la putain de ferme où Jake habitait depuis peu.

« Jake ?

– Mon pote Jake, oui. Tu peux venir tranquillement, OK ?

– OK. »

Quand il n'y avait rien à dire, Gene jurait à part soi. « Putain de piste ! Putain d'huile ! Putain de journée ! » Et il crachait par la vitre ouverte.

Lorsqu'il alla acheter de l'huile et qu'en sortant, moi aussi, je voulus verrouiller ma portière, il s'écria : laisse tomber. « On ne fait jamais ça ici. On ne ferme pas, c'est un pays

honnête, *you bet !* » Tu peux me faire confiance. Avant de disparaître dans la boutique, il désigna la fresque sur la maison
d'en face. « Regarde, encore une vieille histoire d'Indiens. »
Le minuscule endroit où nous nous étions arrêtés s'appelait
Weeping Water, la fresque en expliquait le nom : deux tribus
se faisaient la guerre, nombre de braves guerriers succom-
bèrent, les femmes pleurèrent tant qu'un ruisseau naquit de
leurs larmes répandues, un *creek* qui depuis s'appelait ainsi.
Quand ils avaient fondé leur village, les colons blancs avaient
repris le nom indien.

La maison de Jake était isolée en plein champ, il n'y faisait
pas très clair mais il faisait chaud – on avait l'impression de
pénétrer dans une grotte protectrice, avec au milieu le poêle
de la grande pièce, un feu brûlant à l'intérieur. Instinctive-
ment Gene, Jake et moi nous regroupâmes autour du feu. Des
chiens et des bûches gisaient au sol ainsi que des matelas de
sisal usés. Il y avait quelques vieux divans et un seau rempli
de cendres ardentes. J'avais le sentiment de me trouver dans
une cabane de pionnier. Irions-nous à la chasse ? Fallait-il
s'attendre à une attaque ? Le prochain hiver serait-il aussi
rude que le dernier, pourrions-nous survivre, la viande séchée
allait-elle suffire, et les munitions ?

Les filles adolescentes de Jake nourrissaient cette vision.
Des êtres souples et rapides aux bras minces et nerveux, aux
pieds nus, qui jaillissaient de partout dans la maison, comme
si elles venaient d'être relâchées. Comme si elles avaient tout
juste emménagé et qu'elles devaient d'abord courir, sauter,
conquérir – leur maison, leur bonheur ! Monter les escaliers,
redescendre, aller sur les divans, le bois de chauffage, les
chiens, dedans, dehors, la plus âgée se peignait en courant

tout en cherchant un sac qui devait être quelque part dans ce désordre car elle allait en ville. À Lincoln il y avait une boutique paroissiale bon marché et les jeunes filles avaient besoin de vêtements. Pendant ce temps Gene et Jake buvaient leur bière en regardant cette agitation joyeuse.

La mère des jeunes filles était une femme splendide qui s'intégrait parfaitement au tableau imaginaire de l'époque des pionniers. Elle en était le point central, il lui aurait suffi de se changer. Une robe longue au lieu d'un jean et quelques autres petits détails pour la métamorphoser en héroïne rayonnante d'un tableau du temps des chariots bâchés. Elle venait d'un ranch de chevaux en Californie du Nord, avait fait l'armée, avait servi dans une caserne américaine en Angleterre, dans la police militaire, et avait épousé Jake, donné naissance à trois filles.

Les deux hommes étaient toujours près du feu, parlant de projets de travaux pour la maison ou leur voiture, une bière à la main, j'étais assis sur l'un des sofas, occupé à regarder le spectacle qui s'offrait à moi. Qu'y avait-il? Jake, plus petit que le grand et bruyant Gene, un sourire flottant parfois sur son visage lorsque ses filles voletaient dans la pièce ou que sa femme paraissait sur le seuil. Il était fier d'elles, ça se voyait. Une lueur joyeuse brillait dans son regard quand elles le détournaient brièvement de sa conversation, qui ne manquait pas d'expressions viriles.

Ces gens-là sont pauvres, d'une pauvreté à faire pitié. Qui avait dit ça, qui parlait ainsi? Je ne pouvais l'empêcher, quelqu'un se tenait près de moi, derrière, et jetait un regard désobligeant sur cette scène. Une maison de paysans grossière où hommes et animaux vivaient ensemble autour d'un feu de cheminée – n'avais-je pas déjà pénétré dans un tel intérieur au Népal ? C'étaient des images familières et anciennes. D'après les critères allemands d'aujourd'hui, moi aussi j'avais été pauvre, lorsque j'étais enfant, à faire pitié, mais je ne le vivais pas ainsi à l'époque.

Le pauvre, c'était celui qui avait faim et froid et qui ne pouvait se prendre en charge. Nous n'avions ni faim ni froid et nous nous prenions en charge. Nous avions une maison et un jardin, et même si tout n'était pas dorures et gazon, même s'il n'y avait de la viande et des gâteaux que le dimanche et des plats simples les jours de semaine, avec parfois du pain beurré et un peu de sucre, même si les objets luxueux comme le téléviseur ou le téléphone ne firent que progressivement leur apparition et plus tard qu'ailleurs – nous ne nous considérions pas comme des pauvres. Par conséquent nous ne l'étions pas.

Les souvenirs de cette époque étaient tous imprégnés de travail. On travaillait. On travaillait depuis tôt le matin jusqu'à tard le soir et quand on revenait « du travail », comme on disait, on mangeait, on buvait, on se reposait un peu avant de se remettre au travail. Tout le monde construisait, des maisons s'élevaient l'une après l'autre. Transformer, construire, reconstruire, démolir. Le bruit des briques, du marteau, soutenu par le monotone broyage de milliers de bétonnières, telle était la musique de ces années-là.

Moi aussi je travaillais, pendant les grandes vacances. L'été où je devins un rebelle, j'étais employé à la gare de marchandises. Nous devions entasser à longueur de journée des paquets dans des wagons, un camarade d'école et moi. Pour nous moquer de la folie de travail qui régnait autour de nous,

nous hurlions en mesure aux plus vieux : « Travaillez ! Travaillez ! Allez, allez ! » Et nous empilions les paquets de plus en plus vite, sauvagement, nous étions morts de rire. C'était l'époque où les fils et les filles des ouvriers et ouvrières de l'après-guerre leur reprochaient leur travail absurde en disant qu'il n'était qu'une pelletée de plus jetée dans la fosse de la mémoire, une chose sinistre et sans grâce. Dans mon souvenir c'était une époque claire, nue, une époque de faim. Comme les filles de Jake qui sautaient dans la ferme, les gens y allaient – comme libérés, libres, ce qu'ils étaient en vérité.

Peut-être regardais-je Jake et sa famille avec cette chaleur parce qu'ils me rappelaient ce bonheur simple et pur, la lumière qui avait baigné mes années d'enfance. Jake et les siens n'étaient pas pauvres non plus, et ne se comportaient pas comme tels. Ils ne se plaignaient pas des conditions rudimentaires dans lesquelles ils vivaient, ils se réjouissaient d'avoir trouvé cette ferme, le fermier la leur avait louée et leur joie était réelle. C'était un début, pour la première fois ils avaient atteint un but, une maison pour eux cinq, et maintenant ils voulaient s'en sortir, en faire quelque chose.

La plus âgée venait de trouver son sac, elle se précipita à l'intérieur de la maison, on pouvait partir. Elles allaient m'emmener à Lincoln. Marchant avec raideur dans la gadoue qui entourait la maison, nous parvînmes à la voiture familiale, les trois filles bondirent sur la banquette arrière et leur mère me désigna le siège du passager. « Ne va pas dans le sud, va à l'ouest, me cria Gene, il y a trop de trous du cul, en bas ! Ils volent les innocents, ils les frappent, ils les trompent. » Gene n'avait pas l'air de quelqu'un qui se laisserait frapper sans riposter – trop grand, les épaules trop larges – et la femme de

Jake, qui avait été militaire, me mit en garde elle aussi contre le Texas.

« Sois prudent, commença-t-elle tandis que nous roulions, ils portent tous des armes, là-bas. Nous aussi on en a, mais seulement pour la chasse. Au Texas, on a le droit de les porter en permanence, tu verras, sur les routes. Les gens ne sont pas comme ici. C'est sûr, nous aussi on a nos problèmes, mais le pire, c'est quand nos hommes conduisent parfois en état d'ivresse. Là-bas, c'est autre chose. Meurtres, drogues, bandes. » Elle avait vécu quelque temps à San Antonio. « Dans les appartements voisins du mien, on dealait, dans celui d'en face aussi. Quand tu seras au Texas, va seulement là où il y a du monde – jamais seul, jamais la nuit. Si tu passes à San Antonio, jette un œil à The Alamo, le vieux poste de la mission, mais ne reste pas longtemps – et après, quitte la ville en vitesse. »

En Angleterre, poursuivit-elle, elle avait redécouvert l'amour de la tradition dans laquelle elle avait été élevée chez ses grands-parents californiens – l'amour « des belles maisons anciennes, des murs de pierre et des champs enclos ». Sa pensée allait à la ferme. « J'ai trouvé le paradis, ici, une maison à la campagne, un lac à proximité. » Au moment de l'au revoir, elle posa la main sur mon bras. « Fais attention à toi. Là-bas, nous sommes minoritaires, nous autres Blancs, il y a des gens qui ont bon cœur aussi, mais ils ne se montrent pas. »

Voilà. Elle allait faire des courses avec ses filles et moi, je descendais l'O Street. Il faisait froid, il y avait du vent, des nuages noirs et gris se pourchassaient dans le ciel, l'air était à la pluie, on se dirigeait vers le soir qui était une veille au soir. Je voyais les gens disparaître dans les maisons et les rues se vider. L'atmosphère de veille de dimanche emplissait le cœur vide de Lincoln.

Seul le vent était encore de sortie. Il se comportait comme un voyou dans une zone piétonne vide, donnant des coups de pied dans les gobelets de café et les ordures, déchirant les stores. Demain c'était le dimanche des Rameaux, aujourd'hui je ne pouvais que parcourir les rues de Lincoln ou, dans une chambre d'hôtel bon marché, chercher la chaîne météo signalant les tempêtes. La saison des tornades arrivait et j'approchais de la région qu'on appelait *Tornado Alley*.

Les fous

Un matin je sentis un parfum d'herbe fraîche, des fleurs étaient sorties de la croûte grise dans la nuit, d'un coup le vent qui soufflait était chaud et puis, autre chose encore, les merles d'Amérique étaient de retour. J'avais remarqué ces oiseaux à Bancroft, dans le jardin sacré du poète Neihardt, il y en avait partout désormais, dans les parcs de la ville, sur les pelouses soignées des banlieues mais aussi sur les terres cultivables d'où ils extrayaient laborieusement les vers. Le merle d'Amérique est plus endimanché que notre merle endeuillé et aussi plus robuste, plus grand que notre étourneau élégant et nerveux, ondoyant – un oiseau chanteur aussi américain que Tom Sawyer ou Walt Whitman.

Avec son plumage de frac, sa veste orange et l'habit gris argenté de ses pattes, le merle d'Amérique faisait penser aux figures de l'époque des pionniers habillées avec une certaine affectation qui apparaissent dans les romans et dans les films anciens; notables, as du revolver, barmen en veste jaune canari. Déjà le prince zu Wied avait succombé à l'inclination de ces messieurs américains à soigner leur aspect, même s'ils menaient une existence sobre dans leur nid provincial. Y avait-il un nom allemand pour désigner l'*American*

161

robin, cet oiseau national ? Me rendant à la bibliothèque la plus proche, je trouvai comme réponse *Turdus migratorius* – le merle d'Amérique.

Mon but se nommait Beatrice, avec un peu de chance j'atteindrais la petite ville avant la tombée de la nuit. Pour le moment j'étais sur une route parfaitement solitaire, le panneau que j'avais dépassé depuis des heures m'avait fait comprendre que je me déplaçais dans un *Wilderness Park*, si sauvage que même la chasse y était interdite. J'étais seul avec le vent, le coassement des grenouilles dans leur mare et le cri des oiseaux. M'abandonner à tout cela, je n'y arrivais pas vraiment car j'avais de nouveau entendu parler des couguars qui se promenaient sans doute eux aussi dans le parc naturel, et je continuais de marcher un revolver à la main et, dans l'autre, le chapelet qu'on m'avait offert.

Je sortis de ma solitude près d'une station-service. Je me renseignai sur la meilleure façon d'arriver à la Route 77 et à Beatrice.

« Beatrice ? » Le garagiste me lança un regard étrange. « C'est une ville pas comme les autres.

– Pourquoi ? »

Il se frappa la tête.

« C'est plein de fous, depuis toujours. »

Il y a vingt ans un meurtre s'était produit à Beatrice. Il y a un an les six condamnés avaient été libérés parce que leur innocence avait été prouvée. « Au bout de vingt ans ! Et ça ne s'est pas arrangé, ils étaient tous les six persuadés d'être vraiment les assassins. Eux-mêmes y croyaient. »

Beatrice avait peut-être entendu qu'on disait du mal d'elle, toujours est-il que la ville me laissa mourir de faim. Son centre se pressait autour de l'intersection de deux grandes routes, autant dire que Beatrice était un simple carrefour. Après, en direction des quatre points cardinaux, tout se raréfiait. L'une des routes me parut plus animée que les trois autres. De loin on apercevait des lumières, des panneaux publicitaires de motels et de stations-service, d'habitude cela signifiait qu'il y avait aussi de quoi manger mais ici c'était une pure mystification. J'avançai puis je revins sur mes pas, plus affamé que jamais.

Quelqu'un m'avait dit qu'il y avait un café dans une autre direction, Country Kitchen, un nom de ce genre, après le grand virage, à l'extrémité sud de la ville. Je suivis l'indication sans rien trouver d'autre qu'une nouvelle station-service. J'interrogeai la jeune fille de la caisse. Elle me dit de continuer, que le café était plus loin, juste après la fabrique. « Mais il est peut-être fermé », ajouta-t-elle. Je contournai la fabrique et trouvai le panneau Country Cookin' Cafe. La porte était barrée de planches clouées, la fenêtre aussi, et apparemment, cela ne datait pas d'hier.

Le juron aux lèvres, je fis une seconde fois demi-tour – avec toujours les mêmes questions oiseuses en pareil cas. La jeune fille ne savait-elle vraiment pas ce qui se tramait dans son dos, si on cuisinait toujours, là-bas, s'il y avait du passage, de la restauration ou si on avait mis fin à tout ça il y a des mois avec quelques clous et quelques coups de marteau ? L'ignorait-elle vraiment ou était-ce Beatrice qui m'en voulait encore et m'envoyait un leurre, une déception après l'autre ?

J'étais sur les routes de l'Ouest depuis assez longtemps pour savoir que les auberges se cachaient volontiers et savaient même se rendre invisibles. Chut ! Pas de lumière, pas de bruit, pas de porte ouverte. Combien de fois avais-je manqué, les premières semaines, des cafés qu'on m'avait décrits avec précision et que je n'avais reconnus qu'après être passé trois ou quatre fois devant eux – tel un aveugle. Je l'avais d'ailleurs été, aveugle, aux signes en usage ici. Une inscription invisible à la fenêtre – le menu. Quelques lumières au fond d'un espace sombre – les tables. À un endroit discret, le mot café. Mais là ce n'était pas pareil, je ne tombais plus dans ces pièges. Là, tout était vraiment fermé. Poo's Palace – fermé. *Eatery* de Main Street – fermé. Seules des boutiques dont je n'avais aucun besoin étaient ouvertes. Fletcher's Decorating, Schmitt's Tuxedos, et le chiropracteur du coin. Dans chaque petite ville on trouvait un praticien de ce genre pour des problèmes mineurs dont le traitement par un médecin revenait trop cher. Le chiropracteur de Beatrice avait installé sur le trottoir un panneau édifiant : *Loneliness is the most terrible poverty.* Aucun doute, Beatrice était toujours en colère contre moi.

Mais je trouvai un *diner* peu après et commandai une salade au poulet, *southwestern style.* Je demandai au visage laiteux derrière le comptoir si je pouvais avoir une bière. Il me considéra comme un cas grave. « Vous savez bien qu'on ne peut pas, sir. » Bon, c'était un *diner* sans licence d'alcool, cela arrivait souvent mais ce n'était pas ça qui apaiserait ma colère, d'être remis dans le droit chemin par un jeune boutonneux. Après avoir vaguement picoré ma salade, je retournai à la station-service m'acheter une bière, cherchai un endroit tranquille au bord de la route, un rocher parmi les pins odorants. J'observai les camions qui roulaient dans le crépuscule en pensant qu'après tout, ce pouvait encore être une belle soirée.

Autre erreur. Tous les conducteurs regardaient l'impudente personne qui s'était installée dans les pins en bord de route, une canette de bière non ouverte à la main. Je décidai de les ignorer. Au sommet de l'arbre un merle chantait sa chanson du soir, le vent tiède du sud me caressait comme une promesse, cela faisait du bien d'être assis sur ce rocher, de sentir sa force polie par le vent et les intempéries, pieds nus dans l'herbe, une bière fraîche à la main – cela m'aurait fait du bien sans les visiteurs du zoo qui ralentissaient tout excités à hauteur de mon territoire. Certes, la vitesse était limitée à 25 miles à l'heure mais j'avais l'impression qu'on freinait pour me regarder. Je renonçai.

J'étais de retour au carrefour, entre-temps la nuit était tombée, des camions bruyants ne cessaient de filer dans toutes les directions. Les feux de signalisation suspendus crissaient dans le vent, la question, où vas-tu dormir cette nuit, ne pouvait plus être ajournée. Le Grand Hotel devant lequel j'avais ralenti le pas – autrefois sans nul doute splendide – était-il encore un hôtel ? Pas un client en vue depuis que je me tenais là. Il était pourtant habité. Écrasant mon visage contre la vitre, je vis quelques dames et quelques messieurs âgés, assis dans les fauteuils du hall, qui lisaient le journal ou somnolaient, un vieil homme dormait la bouche ouverte – une maison de retraite. Telle était l'explication, on avait transformé le Grand Hotel de Beatrice en asile de vieillards.

Je pénétrai à l'intérieur sans vraiment savoir pourquoi. Quelques personnes âgées m'observèrent avec curiosité. J'étais devant la dame de la réception, murmurant de mauvais gré mes explications. « Excusez-moi, madame, je marche, je cherche une chambre, j'ai dû me tromper. » Après lui avoir souhaité bonne soirée, j'étais déjà à la porte quand elle me rappela, je pouvais avoir une chambre. Je me retournai, déconcerté. Qu'est-ce qui avait apaisé la colère de Beatrice ? La dame me regardait avec amabilité. « Bien que le Grand Hotel ne soit plus un hôtel depuis longtemps, nous gardons toujours une chambre pour d'éventuels clients, une seule. Elle est libre. Vous voulez voir ? » C'est ainsi que je logeai dans la maison de retraite de Beatrice.

Le lendemain matin, la ville s'était métamorphosée, elle vivait. De ses ateliers s'échappaient les sons typiques d'une bourgade de province où venaient s'approvisionner les paysans de la région, où ils faisaient faire des soudures, des réparations, où ils faisaient retaper leur voiture et leurs machines agricoles. Le choc, métal contre métal, la brève plainte des moteurs, une moissonneuse-batteuse qui descendait Main Street. Je me rendis au musée.

Si nombre d'observations sur l'Amérique du prince zu Wied étaient toujours fondées, l'une d'elles avait vécu. L'ignorance crasse des colons quant à la terre qu'ils avaient prise, sur ce qui avait existé avant eux, le désintérêt que Wied déplorait vis-à-vis des peuples qui chassaient encore à cet endroit quelques années auparavant et s'y étaient installés – entre-temps s'était instauré un historicisme d'un inépuisable enthousiasme. Pas une petite ville qui n'ait un musée où s'exposaient des objets de deux cents ans d'âge, ou cent ans, ou quelques décennies.

Le musée de Beatrice me rappela la remarque du garagiste sur les fous de la ville – si l'invention courageuse était une folie, alors il avait raison. Beatrice compta très tôt une forte densité de pionniers. C'était le principal souhait du musée, présenter tous les esprits audacieux produits par la ville.

On avait l'impression que l'automobile avait été inventée à Beatrice, plusieurs passionnés de l'époque de la fondation y avaient construit leur prototype ; on honorait aussi un aventurier qui avait voyagé aux Philippines, et ce n'était pas tout. La folie considérée comme l'un des beaux-arts était chez elle aussi, la noble folie de Beatrice portait un nom : Zeizefoun.

Au cours de son voyage à travers l'Europe et l'Asie, le brutal général de la guerre de Sécession et futur président américain Ulysses Grant avait rendu visite en mars 1878 au sultan ottoman de Constantinople. Le sultan offrit à Grant deux chevaux de son écurie d'une race des plus raffinées, plusieurs fois centenaire – les cheiks arabes prenaient soin de céder à leur seigneur des pur-sang arabes choisis, donnant ainsi naissance à l'écurie impériale. Zeizefoun, l'un des deux étalons, devait être un splendide animal, gris-bleu à crinière sombre. Avant de mourir, Grant le donna à son fils qui fut assez peu aimant ou assez avare pour vendre ce cadeau 10 000 dollars à un fou de chevaux de Beatrice.

Zeizefoun fit sensation dans la petite ville, qui acquit dès lors une renommée durable dans l'élevage des chevaux. Lorsque le célèbre étalon mourut en 1902, Beatrice lui fit un enterrement princier – sur le champ de courses. Placé sur un lit de paille, enveloppé d'une couverture tel un manteau de commandant en chef, ainsi fut-il porté jusqu'à sa tombe.

Le musée honorait aussi un réalisateur du cinéma muet originaire de Beatrice et un policier cinéaste d'après-guerre. Celui-ci eut l'idée de ne plus mener ses interrogatoires oralement ni par écrit mais de les enregistrer avec une caméra et d'utiliser le film comme technique d'interrogatoire. L'innovation se répandit jusqu'en Californie, en 1951 des policiers firent le voyage de Los Angeles à Beatrice pour étudier cette méthode nouvelle. Il ne manque plus qu'une vraie star d'Hollywood, me dis-je, juste avant de la voir. Se détachant de la galerie des pionniers et des célébrités de Beatrice, il y avait sa photo : Robert Taylor, fils du célèbre chiropracteur, parvenu au rang d'importante personnalité de la Metro Goldwin Mayer dans les années 1930 et 1940, ayant épousé une actrice allemande, Ursula Theiss, qui avait un ami encore plus célèbre que lui – Ronald Reagan. Les Taylor étaient si étroitement liés aux Reagan que l'ancien acteur et futur président, apprenant que sa ville natale souhaitait honorer Robert « Bob » Taylor, évoqua dans une lettre à Beatrice le souvenir personnel et chaleureux qu'il avait de son ami décédé : « Il est difficile de croire qu'un quart de siècle s'est écoulé depuis notre adieu à Bob. Malgré les décennies qui ont passé si vite, son souvenir s'est immobilisé dans le temps. Quand je pense à la place de Bob dans ma vie, je ne puis m'empêcher de sourire. Nous étions les plus proches amis. Ursula et Bob, Nancy et moi – nous passions de nombreuses soirées ensemble, chez eux ou chez nous. En général nous faisions un barbecue et puis nous nous retrouvions autour du feu, à regarder les étoiles. Quand notre fils est né, il était naturel qu'Ursula et Bob en fussent le parrain et la marraine. De la même façon il était naturel pour eux de nous demander d'en faire autant pour leur fille Tessa. »

Deux fois dans ma vie j'avais approché Ronald Reagan sans le vouloir, une fois à Berlin et maintenant à Beatrice. Lorsqu'il rendit visite à la ville divisée pour faire son discours devant la porte de Brandebourg, dont le sommet fut le dramatique appel à Gorbatchev à faire tomber le mur, son cortège était passé sous mes fenêtres, dans la Friedrichstrasse, au Checkpoint Charlie – et les habitants, à l'étage en dessous, avaient suspendu des drapeaux anarchistes noir et rouge, hurlant haut et fort leur haine de Reagan. C'était il y a longtemps, la roue avait tourné et la circulation n'était plus entravée depuis longtemps dans la Friedrichstrasse, le Checkpoint n'était plus qu'un décor pour touristes, Reagan n'était plus là et moi j'étais en train de lire sa lettre évoquant des nuits étoilées avec un ami proche.

Avant mon départ se noua une brève conversation avec la dame du musée. Lorsqu'elle apprit d'où je venais, les souvenirs jaillirent, sa grand-mère était allemande et avait été recrutée là-bas, dans l'Ancien Monde, pour devenir une future Américaine. « Un homme d'affaires de Beatrice s'est rendu en Allemagne pour embaucher lui-même des immigrants, raconta-t-elle. Les Allemands avaient la réputation de travailler dur. » Pendant la Première Guerre mondiale, l'ambiance avait changé. « Les Allemands furent maltraités. Ma grand-mère s'en souvenait encore, j'entends toujours son "chut !" quand l'un de nous parlait allemand au téléphone. On leur interdisait de parler allemand alors qu'ils savaient à peine l'anglais. Les portes des maisons des Allemands étaient peintes en jaune pour les reconnaître. » Ces puritains connaissant bien la Bible avaient-ils tiré cette idée de l'Ancien Testament, elle n'aurait su le dire. Le prophète Ezechiel ordonne, au nom du Seigneur, de marquer du sang des agneaux sacrifiés la porte des rares Justes de Jérusalem afin que Dieu les épargne dans sa colère. En Amérique, à l'époque, on avait fait l'inverse. Dans les premières années, poursuivait la femme du musée, ses grands-parents avaient travaillé chez les menonnites, aux champs. « Gratuitement, pour survivre, comme des esclaves pratiquement. »

À mon retour, dans le hall, on fêtait l'anniversaire d'une vieille dame. Une autre jouait de l'harmonium, une troisième chantait, d'autres encore fredonnaient pensivement, « *You are my sunshine, my only sunshine, you make me happy, when skies are grey.* » Ces voix aiguës et fragiles me poursuivirent jusqu'en haut de l'escalier. Puis je m'allongeai sur le lit ; au jeu de l'harmonium et au chant du hall, de plus en plus lointains, se joignait en mesure le grincement des feux de signalisation suspendus devant ma fenêtre. Cela me rappelait le gémissement de l'éolienne dans un western italien, la musique et le chant moururent lentement, l'éolienne et les feux m'hypnotisaient, je sombrai dans un sommeil sans rêve.

Qu'y avait-il, à Beatrice, qui me fit rester ? Peut-être de tels moments. Peut-être l'atmosphère fantomatique d'un Grand Hotel devenu maison de retraite, dont le fondateur lui aussi était un fou, un malade d'opéra qui s'était mis en tête d'ouvrir un hôtel de grande classe dans une petite ville anodine de l'Ouest sauvage avec lumière électrique et éclairage au gaz, bains à l'eau froide et à l'eau chaude, un hall élégant et une *dining room* dotée d'une énorme cheminée. Et le meilleur était à venir : l'opéra attenant, dans l'aile ouest, prévu pour sept cent cinquante spectateurs.

Sur le banc qui se trouvait devant le Grand Hotel était assis un homme qui venait là tous les jours au clair soleil d'avril, vieux et corpulent, appuyé sur sa canne, regardant passer la vie en trombe au carrefour, les camions, les voitures et les pick-ups des fermiers. Je lui fis un signe de tête et m'installai à côté de lui. Après un silence qui dura un moment, je lui adressai la parole :

« Vous êtes d'ici ?

– Non, en visite. »

Ce n'était pas vrai, il habitait la maison de retraite, je l'avais vu à l'intérieur, et lui m'avait peut-être vu également mais il faisait comme si de rien n'était et moi pareil.

« Il y a eu un meurtre ici, non ?

– J'en ai entendu parlé, oui. Six hommes qui ont fait de la prison pendant vingt ans. Maintenant le gouvernement leur donne un tas d'argent parce que ce n'étaient pas eux. Aujourd'hui ils ont les tests ADN, mais à l'époque ça n'existait pas. »

J'avais l'impression qu'il considérait le sujet comme épuisé et je ne voulais pas l'agacer avec des considérations sur les jurys populaires et le danger mortel qu'ils représentaient. Peu à peu j'appris les petits secrets de la petite ville. « Prenez la maison d'en face, celle avec les stores baissés, oui. » Un étranger ne remarquait rien de spécial, elle se tenait au carrefour, poussiéreuse, anodine, personne ne semblait jamais y entrer. « C'est le centre d'affaires de deux multimillionnaires qui ont des propriétés dans le monde entier. » Et la filiale d'une banque tout aussi poussiéreuse, à côté, encore plus insignifiante, si c'était possible, avec une étrange grille de béton devant, sans raison apparente, c'était la création d'un dieu de l'architecture, Frank Lloyd Wright, affirma mon voisin de banc en hochant la tête.

« Et le meurtre ? » demandai-je.

Le hochement de tête se déplaça vers l'immeuble en brique rouge, à côté de l'œuvre d'art.

« C'était là-bas ?

– Hum hum. »

Je ressemblais de plus en plus au vieux sur le banc. Comme lui je m'asseyais là. J'habitais l'hôtel qui n'en était plus un. Je n'en faisais pas vraiment partie et je ne voulais pas non plus en faire partie, tout comme lui. Ou j'entrais dans le hall et regardais dehors, comme les autres vieux – les camions, les feux, les gens qui passaient. Au Grand Hotel, il y avait beaucoup d'anciens fermiers, une vitre se dressait à présent entre le reste de leurs jours qu'ils allaient passer là et le monde auquel ils avaient appartenu et qui menait sa vie, de l'autre côté, sans eux. Ils me faisaient penser à des poissons dans un aquarium, à une différence près : on ne les regardait pas de l'extérieur, c'étaient eux qui regardaient le monde hors de l'aquarium. Ils observaient les allées et venues dans Main Street, échangeaient des remarques. « Tiens, voilà Mr. Jones qui vient porter sa récolte de maïs. » « Mr. Schmidt s'est acheté un nouveau tracteur. » « Cette année le printemps arrive tard, l'hiver a été rude, tu te souviens de cet hiver d'autrefois, quand le chien de Mrs. Appleridge est mort de froid ? » Puis ils allaient à l'une des tables du hall jouer aux cartes. Les dames faisaient une réussite.

LES RÊVEURS

Ma journée sur la route avait commencé dans la tiédeur mais le soleil érigeait maintenant son règne de midi, le voile de nuages du matin s'était évaporé. Un essaim de merles d'Amérique occupaient un chêne nu, s'agitant sur les branches noires, figures d'un dessin à l'encre de Chine, tournant le dos au sud, tournant le dos au vent. Lorsqu'un transport d'animaux passait en trombe devant moi, se dirigeant vers l'abattoir, une forte odeur de bœuf, de porc et de peur m'étourdissait. Sur les clôtures étaient placardées des affiches de Jeff Leikam pour l'élection du shérif. La pinède d'une ferme m'offrit pendant quelques minutes un abri contre le vent, la tentative précédente s'étant soldée par la brusque arrivée de chiens. J'atteignis Marysville en fin d'après-midi. C'était le Vendredi saint.

Avant que le dernier café de Broadstreet ne ferme, je m'offris une boisson en regardant le vent pousser comme un vandale les nuages de poussière dans les rues ; il était toujours là avant moi, d'où que je vienne. Un vieux monsieur garait sa Jeep devant le saloon auquel je me promis de rendre visite plus tard. Ces baraques en bois grossièrement charpentées, banales au-dehors mais généreuses à l'intérieur, où

173

des hommes en bottes portant des chemises avec des perles de nacre en guise de boutons, coiffés de chapeaux de cow-boys blancs, écoutaient toujours au bar les mêmes ballades de cow-boys ou s'attaquaient à table à de grandes assiettées, la fourchette dans la main droite tandis que la gauche pendait, ballante, comme s'il fallait garder une main libre pour attraper vivement la gâchette en cas de besoin – je préférais de loin ces endroits à la douceur sucrée immaculée des *diners*.

Le monsieur de la Jeep portait lui aussi ce chapeau de cow-boy blanc que je voyais de plus en plus souvent, à mesure que je descendais vers le sud. Le chapeau remplaçait la casquette à visière étroite chère au Nord sur laquelle s'inscrivait une publicité pour une marque, une équipe ou pour l'armée, et je me demandais si cette différence entre le ranch et la ferme était une différence entre l'orgueil du Sud et l'affabilité placide des petites gens du Nord quand le vent tout-puissant me détourna de ces pensées. Je m'attendais à tout instant à ce que le vieil homme qui descendait de sa Jeep perde son chapeau blanc, que celui-ci s'envole, mais ce ne fut pas le cas. Il restait bien en place, comme si le vent ne le concernait pas. Kansas, Oklahoma, l'est du Texas, tels étaient les États du vent, de la tempête. Même si le vent n'atteignait pas le stade de la tornade, qu'il ne faisait pas tournoyer des maisons ou des voitures dans les airs, il soufflait violemment, comme dans les rues de Marysville à présent, et en permanence, même aux jours ordinaires. Mais pourquoi les chapeaux de cow-boys ne s'envolaient-ils pas ? Je décidai de m'en acheter un au prochain *country store*, juste pour voir si j'y arriverais – ce que je fis ; mais je n'y arrivai pas, au premier coup de vent mon chapeau neuf atterrit dans la poussière. Le maintien inébranlable du chapeau sur la tête de ses porteurs légitimes demeura un mystère non résolu.

Le samedi de Pâques je voulus aller à Waterville en passant par Blue Rapids. Le tonnerre et la pluie me réveillèrent, mais la couche nuageuse se déchirant vers le sud, je pris le risque. Le paysage que je parcourais était invariablement clôturé, et pourtant, c'était un genre de prairie sauvage qui s'étendait au-delà des clôtures. De rares chênes ou quelques peupliers indiquaient la présence d'un ruisseau, d'un étang, d'un trou d'eau. Parfois un petit troupeau de bœufs se tenait dans l'herbe haute, on fauchait çà et là, mais la plupart du temps, la barrière ou le chemin qui se perdait au loin étaient l'unique signe que cette terre immense avait un propriétaire. Il restait du bois de chauffage, rassemblé dans la prairie et mis en tas comme au temps des premiers colons et de leurs *claims*.

L'un des vieux fermiers du Grand Hotel m'avait expliqué ce qu'était une *claim*, un mot américain magique aux oreilles des démunis européens – comment s'était déroulée la conquête de territoire dans les Plaines. Son grand-père, émigrant comme des millions d'autres, s'était choisi un morceau de terre, 160 acres, ce qui faisait 65 hectares, tous les colons y avaient droit. On était venu les chercher en Europe avec cette promesse. Pour posséder la terre, le grand-père devait aller signer sa *claim* au bureau local, sa demande de propriété. Il avait ensuite cinq ans pour prouver qu'il occupait vraiment cette terre et qu'il l'avait prise en sa possession. Il devait construire une maison, une cabane grossière en bois et en plaques d'herbe suffisait, y résider au moins la moitié de l'année et labourer la terre vierge de la Prairie. S'il le faisait, il recevait officiellement la terre qu'il avait choisie et devenait un fermier américain possédant 65 hectares, c'est-à-dire un terrain de 650 000 mètres carrés.

Au grill de Blue Rapids le téléviseur était allumé. En avalant mon café devant un hamburger, je voyais en images les effets de la tornade qui venait de sévir à Kansas City. À la fin de la journée, au Country Inn de Waterville, la serveuse s'installa à côté de moi, une femme aux yeux foncés et aux gestes d'Espagnole qui me raconta encore une histoire allemande, ses grands-parents avaient eux aussi émigré, l'empereur Guillaume, s'écria-t-elle en riant, tentant en même temps de paraître sérieuse. *Kaiser Wilhelm*, c'était tout ce qu'elle savait dire en allemand. Un homme entra, un long type d'âge moyen, en chemise bleu clair, en pantalon bleu clair, avec l'air de quelqu'un qui n'est pas exactement comme les autres.

« *Take care, Dave* », lui disaient les hommes en passant devant sa table, et on avait le sentiment que ce salut prononcé d'ordinaire avec légèreté prenait cette fois tout son sens. Fais attention à toi, Dave, prends garde. Regardant par la fenêtre, Dave dit : « *What a beautiful sunset.* » Un téléphone portable sonna, Dave était aux aguets. Faisant comme si c'était le sien, il porta sa main vide à son oreille, dit « *Hello, who's there ? I'm here !* » et se mit à rire. Tout près de lui, par la fenêtre, quatre lettres rouges clignotaient. O-P-E-N. Son regard tomba sur le carnet noir près de mon gobelet de café. « *Journal or law ?* »

Dure question. Il fallait déjà savoir quelle définition donner aux deux mots. Tu tiens un journal ou tu fais partie de la police ? Tu lis des magazines ou des livres de droit ? À moins que Dave n'ait eu en tête des choses métaphysiques, la loi du ciel étoilé au-dessus de nous, le journal de notre traversée ici-bas ? Que voulait-il dire, que voulait-il savoir ? Rien du tout.

Il alluma une cigarette, il n'attendait aucune réponse. Il passait déjà à la pensée suivante, une allusion qu'il était seul à comprendre. « Tu connais la différence entre un *journal* et une *law* ? » Pas de réponse, de nouveau, mais lui en avait une. « L'un est déductible des impôts mais pas l'autre. Penses-y. »

Des yeux bizarres. Des cheveux foncés grisonnants, une peau pâle derrière des voiles de fumée grise. Mais les yeux surtout. Fatigue et presbytie. Dave était un homme poli. « *Have a good night, sir* », dit-il quand je partis, m'indiquant ainsi que j'étais sur le point de franchir une frontière linguistique – le « tu » égalitaire du Nord s'était perdu, on s'adressait désormais la parole en se donnant du *sir* ou du *madam*, les formules de politesse du vieux Sud. Une voûte bleu nuit entourait Waterville, une grosse étoile à l'ouest, accompagnée d'une plus petite, une autre grosse étoile au sud. Au-dessus du Country Inn un nuage noir s'étirait, qui avait la forme d'une aile d'aigle. Je le contemplai en traversant pour me rendre dans le bâtiment où j'avais trouvé une chambre sans pouvoir me défaire du sentiment que Dave avait un rapport avec ce nuage. Ainsi prit fin le samedi de Pâques.

En ce jour j'avais sans doute commis une bonne action. J'avais aidé deux jolies tortues qui paraissaient s'être perdues sur la Route 77 à traverser, et qui sait, je leur avais peut-être sauvé la vie. Dans la région où l'ancienne piste de l'Oregon et de la Californie croisait la route de façon invisible – seule une pierre le rappelait – je vis la première tortue, elle était sur le point d'aller de la prairie de droite à la prairie de gauche. De la grosseur d'une main, sous sa carapace vert sombre, tête verdâtre sortie, elle clopinait maladroitement sur l'asphalte. Je la soulevai et la portai de l'autre côté, et ce n'est que lorsque je l'eus déposée dans l'herbe que je découvris sa compagne qui restait là, carapacée, se méfiant du cours des choses – je la soulevai également pour la porter de l'autre côté.

Le matin de Pâques, assis sous la véranda de la maison victorienne en bois où j'avais passé la nuit, je nettoyais mes bottes en attendant Marc. Mes hôtes m'avaient proposé de le rencontrer. Marc était le bon esprit de Waterville, il savait tout sur la petite ville au confluent de Little Blue River et Big Blue River et je n'avais rien contre. Je me trouvais un peu frivole, à part moi personne n'était assis dehors, et pas seulement ce matin-là. La plupart des maisons de Waterville possédaient une véranda soutenue par des colonnes, un *porch*, mais je ne voyais jamais personne se balancer ni se reposer alors que les journées étaient chaudes et les soirées, tièdes. Apparemment tout le monde avait toujours quelque chose à faire et, quand on n'avait rien, on s'inventait une occupation et, quand on ne trouvait rien, on ne tenait pas à le montrer en restant sous sa véranda.

Waterville, toujours la vieille et même histoire. Fondée quelques miles plus à l'est sous un autre nom, la petite ville frontière s'était mise en route et avait émigré – à l'endroit où l'Union Pacific avait fait passer son chemin de fer – pour devenir une gare et s'enrichir. Et comme le patron du chemin de fer venait d'un lieu appelé Waterville, dans l'État de New York, la ville changea rapidement de nom. À l'ouest il n'y avait que la Prairie sauvage, les *rolling hills*, paysage vallonné et « roulant » de la Prairie, s'étendaient jusqu'au bord des lointaines Rocky Mountains. Les voies s'arrêtaient encore à Waterville, les Indiens et les bisons traversaient encore la Prairie mais il n'y en avait plus pour longtemps. Les soldats de la guerre de Sécession démobilisés, avides de terre, investirent la Prairie, et Waterville leur vendit ce dont ils avaient besoin. C'était l'histoire d'Omaha et de toutes les autres villes frontalières.

La veille au soir je m'étais promené. J'avais découvert dans la maison paroissiale l'expression endurcie d'une pionnière de Waterville devenue la devise de la petite ville : « *I'll quit talkin' and get me some work.* » Assez parlé, j'ai du boulot – voilà ce que ça signifiait. Quelques minutes plus tard je vis un garçon, dans le Sarah's Corner Store, très mince, très blond, qui portait un tee-shirt où il était écrit : « *You keep talking. I'll be the winner.* » Tu parles, tu parles, et c'est moi qui vais gagner. Je pris en compte la vieille dame mais pas le garçon anémique. L'époque des pionniers de Waterville était loin, la petite ville avait un côté trop calme, presque rêveur.

Une Pontiac rouge arriva, plus que ponctuelle, un modèle ancien, un homme filiforme la conduisait qui ne pouvait être que Marc. Il me fit signe de monter et je me dis que c'était ce qu'il y avait de mieux à faire car Marc était le *drifter*, le beatnik de Waterville, et j'allais dériver un peu avec lui. Il vivait là depuis quatre-vingt-cinq ans, dit-il en ajoutant doucement qu'il aurait bientôt quatre-vingt-douze ans. « J'ai construit vingt maisons. » Il m'en montra quelques-unes en roulant tranquillement par les rues, qui n'étaient pas nombreuses, chaque intersection offrait une vue dégagée sur l'une des extrémités de la petite ville. Quelques maisons de pierre de la première heure, autour d'elles des rues calmes se coupant à angle droit, maisons blanches la plupart du temps, de petites villas victoriennes, et puis le silo à céréales près de la gare abandonnée – ainsi était Waterville, en tout et pour tout.

« Avec ces vingt maisons je n'ai rien gagné, dit Marc, seulement avec ces silos, j'en ai fait quelques-uns. » Il me tendit
sa carte. *Inventor – Builder – Collector*, tels étaient les mots
inscrits sous son nom. Inventeur, bâtisseur, collectionneur.

Une voiture nous suivait.

« Je vais me ranger sur le côté pour le laisser passer, dit
Marc. Il est pressé. Les Yankees sont toujours pressés. Des
gens avides.

– Vous vous décririez comme un Yankee ?

– Oui, je suis un Yankee. Nous sommes tous des Yankees.

– Mais le Sud ne commence pas par ici ?

– Si, dit Marc, on les appelait les rebelles – les gens du Sud.
Aujourd'hui, on est tous des Yankees. » Et montrant l'une des
églises blanches de Waterville : « Eux ils vont bien. Beaucoup
lèguent leur argent aux églises avant de mourir. Ils croient
qu'ils auront une petite place au paradis. »

Son sourire me surprit, il était courant ici de se dire croyant,
de nombreuses voitures avaient un autocollant « *One nation
under God* », ou la version patriotique « *Support our troops* »,
et quand je me rendis le lendemain à l'office pascal, on priait
pour les hommes de Waterville qui servaient en Irak.

Nous avions parcouru toutes les rues. « Voilà Waterville,
dit Marc. On est cinq cents quand tout le monde est là. »
Il était parti un jour au Texas. « À cause d'un ami, un fou
de la ruée vers l'or, je voulais l'aider un peu, là-bas, comme
ingénieur. Nous avons loué une terre du côté d'El Paso, mais
les Texans nous ont arnaqués. Ils n'ont tenu aucune de leurs
promesses. Ils ont trompé mon ami aussi, quand il a acheté
de la terre. Ce sont des escrocs, je ne les aime pas, *damn
crooks*. »

180

Était-ce l'avertissement démultiplié contre les escrocs texans ? Le troisième ou le quatrième, en ne tenant compte que de ces derniers jours. J'approchais du Texas comme d'une frontière derrière laquelle rôdaient de nouveaux dangers, inconnus.

Marc continuait de rouler, cherchant quelqu'un du regard, il avait une idée en tête. « Vous savez, commença-t-il, nous avons notre propre chemin de fer, toute une section. La compagnie de chemins de fer voulait arracher les rails, nous nous sommes cotisés, nous avons négocié et maintenant la ligne nous appartient. Je vais voir si je peux dénicher Joe. » Il s'arrêta, entra dans l'une des maisons de pierre. Et ressortit avec un homme grand et fort qui n'avait pas la moitié de l'âge de Marc.

« C'est Joe, on le retrouve à notre locomotive.

– Vous avez une locomotive ?

– Pas très grosse, fit Marc en souriant. Nous l'avons construite nous-mêmes, nous voulions aussi rouler, sur notre ligne. »

La Pontiac rouge s'arrêta à la gare. Joe attendait près de la locomotive, Marc avait convaincu son ami de laisser son travail une petite heure et de faire une brève excursion à trois. La locomotive – enfin, l'objet qui se trouvait sur les rails –, une sorte de draisine motorisée, avait l'allure d'un tracteur bricolé. Joe me dit de monter, versa du diesel dans le réservoir, fit quelques vérifications et ils grimpèrent tous deux. Joe fit démarrer le moteur, desserra un frein à main de la longueur d'un bâton et le véhicule le plus étrange dans lequel je sois jamais monté se mit en branle.

Nous sommes sortis de Waterville par à-coups, le long des dernières maisons, à travers forêts et broussailles, passant sur le pont de bois au-dessus de la Little Blue River, « on fait sortir les enfants ici, ils sautent dans la rivière depuis le pont », poursuivant dans une forêt épaisse. Je pensais à ce que mes hôtes m'avaient raconté sur la fille de Marc. Elle vivait dans un chariot bâché, s'habillait comme à l'époque des pionniers, parcourait la campagne et était souvent sollicitée pour des jeux historiques. Nous atteignîmes une clairière, Joe ralentit et je vis un panneau comme il y en avait avant chaque ville, avec le nom de la localité et, quand celle-ci était petite, le nombre d'habitants.

Somewhere, pouvait-on lire, *population zero*. Nous fîmes halte dans cet endroit appelé Quelque part et au nombre nul d'habitants. « On vient s'assoir ici, les soirs d'été, dit Marc, on mange du *hobo stew* et on reconstitue des *shootouts*. » Joe hochait pensivement la tête. Sans avoir jamais goûté à un ragoût de vagabond, sans en avoir jamais entendu parler, je jure que j'en humais le fumet et que je voyais devant moi les enfants de Waterville déguster ce plat et jouer aux fusillades des temps barbares, dans leur Quelque part derrière le fleuve, qu'on ne pouvait atteindre que dans une draisine onirique à l'arrêt dans la clairière secrète d'une forêt réelle, là où se rejoignaient la Little et la Big Blue River, là où habitait le souvenir d'une Amérique qui n'existait plus.

III

SPLENDEUR ET FOLIE

Rêverie américaine

J'étais encore dans le Kansas mais il y avait du Sud dans l'air – un vague sentiment qu'en d'autres temps on appelait *bleeding Kansas*. Ainsi nommait-on la blessure apparue au cours de la guerre de Sécession. Le sang coulait de la faille qui traversait le Kansas, ses jolies villes, ses forêts naissantes et son paysage vallonné si familier aux pionniers européens, mais aussi les familles et les amitiés – la faille entre le Nord et le Sud.

Si elle s'était refermée en apparence, il en était resté quelque chose : le Kansas demeurait un passage, une approche. Le tatou mort au bord du chemin, la tête cuivrée d'un serpent écrasé transformée en ornement en étaient les témoins, ainsi que l'arbre de Judée. Qui jetait son éclat pourpre de tous côtés, sur les collines, dans les vallées, au bord des fleuves, dans les parcs des villes. Cet arbre frêle qui avait plutôt la taille et la forme d'un buisson poussait en petites colonies, comme s'il fallait rester groupés. On l'appelait ainsi parce qu'il fleurissait à l'époque de la Passion et cette floraison était, aux yeux des hommes, un rougeoiement obscène, ces couleurs splendides au moment précis de la souffrance du Seigneur – oui, vraiment, il y avait du Sud dans l'air.

Comment se porterait-il à ma rencontre ? Serait-ce une attaque par surprise ou une avancée lente de phénomènes ? Le Sud n'hésita pas longtemps. Tandis que je méditais sur lui, il fit irruption avec la violence d'une bagarre de saloon. J'étais parti le matin à la fin d'un hiver, l'une des dernières journées de fraîcheur du Nord – et à midi c'était l'été chaud, impitoyable, implacable. Ce n'était pas l'été raffiné de Paris ou de Vienne, voire de Boston, qui avait fait son apparition, non, c'était l'été des Plaines fonceur, un type à la nuque burinée par le soleil et aux manières brutes. L'habituelle succession des saisons ne le concernait pas, à l'hiver affaibli par l'âge il donnait le coup de grâce, repoussait avec brusquerie le tendre printemps, un dandy inutile à ses yeux, libre à lui de flâner sur les avenues des grandes villes, il n'avait rien à faire ici – ici l'été sautait de son cheval fumant et s'emparait du pouvoir avec sa clique grossière, la bande des tornades.

Le téléviseur du *diner* était allumé, le présentateur météo annonçait de violents orages à Kansas City et d'autres dans la région qui se trouvait à l'ouest de la ville, c'est-à-dire sur mon trajet. Après avoir donné ces informations, il lui restait encore quelques secondes d'émission. Le présentateur les utilisa pour s'étonner de ces tornades hors la loi et folles qui ne devaient apparaître en principe qu'en juin, quand le printemps cède insensiblement la place à l'été, or nous étions en avril. Rien à faire, hurlait l'été, pas de printemps !

Je bus le contenu de mon gobelet de carton et sortis dans une chaleur subitement torride. L'homme est doté d'une grande patience. Il est aussi doté d'une grande impatience, mais en un jour comme celui-ci, mieux valait être patient. Ridicule de s'emporter contre cette chaleur piquante, brûlante. Je l'acceptai, prenant mon courage à deux mains je baissai la tête, les yeux, resserrai les sangles et me mis en route.

Avant mon voyage j'avais eu le choix. Sac à dos de montagne ou sac à dos de l'armée, les deux me plaisaient. Le sac vert de l'armée, en forme de boîte, avec de nombreuses poches pour les munitions, était démodé, celui de montagne était au contraire noir, étroit, lisse et sans poches –c'est heureusement lui que je choisis. En raison de son étroitesse, il n'offrait aucune résistance supplémentaire à mon adversaire le plus furieux, le vent. Si j'étais parti avec celui de l'armée, il aurait débordé à droite et à gauche, tel un colis encombrant – disposant d'une surface d'attaque plus grande, le vent m'aurait déchiré. Mais le sac à dos de montagne avait l'inconvénient de ne pas être fait pour de longues marches, j'avais mal aux épaules tous les jours au bout de trois heures maximum. Le vent qui attaquait sans relâche, la chaleur, la douleur aux épaules – je n'eus bientôt plus qu'une envie, me jeter quelque part dans l'herbe, la poussière, mais où ? Le soleil était au zénith. Pas la moindre ombre, pas un arbre, pas même un bosquet. Rien sinon cette chaleur torride, la route et le vent.

Des lambeaux de nuages filaient, leur grande ombre balayant le pays d'herbe, et tandis que le vent soufflait obstinément du sud, ils planaient dans la direction inverse. Désireux de marcher quelques précieux instants à l'ombre, je ne perdais pas de vue cette délivrance éphémère, souhaitant pouvoir retenir ces nuages mais ils passaient trop vite sur l'écran noir, l'asphalte de la route du Kansas – un luxe pour les pieds et plus encore pour les yeux, les routes du Dakota et du Nebraska étant, elles, en béton.

Je sentais le visage me brûler. Le soleil était à l'ouest, maintenant. Penché en avant, je m'arrêtai, les mains sur les genoux, pour reposer un peu mes yeux de la clarté aveuglante, les rafraîchir du noir de l'asphalte, quand une ombre vivante passa sur moi. Levant le regard, je vis un aigle et ses ailes, reconnaissables à leur envergure, qu'il gardait immobiles. Il planait avec légèreté dans le ciel, traçait d'élégants cercles sans effort. Je le suivais, plein d'admiration – moi j'étais le contraire de ce vol splendide, un paquet brûlé de soleil qui se traînait, à bout de forces, avec un chiffon trempé sur le corps qui avait été une chemise en des temps meilleurs.

J'avais mis tous mes espoirs en Randolph, la ville suivante sur la carte, mais Randolph était sinistre. Peu de maisons près de la petite station-service, et le motel – je me serais volontiers effondré sur un lit, dans la nuit artificielle d'une chambre obscurcie – était fermé, sans personne en vue. Une faible pluie se mit à tomber, je m'assis sur une pierre et m'abandonnai à ce bienfait inattendu, puis le soleil réapparut et je me relevai pour continuer, que faire d'autre. J'atteignis Manhattan vers le soir.

Je trouvai un motel bon marché dont les clients habituels étaient des militaires. Un drapeau aux couleurs américaines en tissu-éponge et un aigle fondant sur son observateur de façon saisissante étaient suspendus au-dessus de la réception et dans la salle du petit-déjeuner, c'était un drap blanc sur lequel de bons vœux pour les troupes combattantes en Irak et en Afghanistan étaient inscrits d'une écriture d'enfant. Quand je sortis du motel pour aller en ville, un camion noir dangereusement éblouissant sur lequel figurait « *Strike Force Special Ops* » se garait devant le bâtiment.

Des arbres ! Des arbres solides et verdoyants. Je n'en avais encore jamais vu autant depuis que j'étais en Amérique. Je cherchai l'ombre la plus belle, la pelouse la plus belle, dense et tendre comme un tapis de luxe, je m'étendis et regardai les étudiants presser le pas, dans le parc, certains jeunes gens étaient torse nu. Pratiquer un sport au vu de tous ou du moins passer pour un sportif semblait être obligatoire, à Manhattan. À des jeunes filles au balancement léger en succédaient d'autres aux cheveux taillés en brosse qui accomplissaient strictement leur programme de course et des joueurs de base-ball au crâne rasé précédaient des garçons plutôt faits pour le flirt, longilignes, aux cheveux bouclés. La ronde des lycéens n'en finissait pas et, comme j'étais allongé sur le dos, tous les garçons et les filles beaux ou moins beaux flottaient dans le ciel au-dessus de moi – une fresque de style Art nouveau.

Manhattan était une petite ville universitaire modèle, de celles qu'on voit dans les livres, comme si quelqu'un avait apporté le manuel de la ville universitaire parfaite et l'avait mis en œuvre jusque dans le moindre détail. Les instituts – de vénérables *halls* portant le nom de leurs fondateurs. Les églises – semblables les unes aux autres, ne dépassant jamais leurs frères profanes, les édifices dédiés à l'enseignement et aux pouvoirs publics. Les *halls* se risquaient volontiers aux façades de temples romains, la robuste *courtyard* comportait une tour. Le tout était disséminé avec une confusion artistique dans le parc paysager qu'était Manhattan, comme si le démiurge de l'université s'était reculé d'un pas, une fois sa création accomplie, pour considérer son travail et que, pour lui donner un aspect plus naturel, il l'ait ébouriffé, pour finir, en passant ses dix doigts dedans comme un coiffeur.

C'était justement le moment de me faire couper les cheveux et je n'allais pas le regretter. La tondeuse se frayait péniblement un chemin dans ma nuque et labourait mon crâne de part et d'autre – un souvenir d'enfance précieux. J'aimais ce bourdonnement, cette chose qui chatouillait un peu mais pas trop, fraîche mais pas froide, cette machine pleine de bonne volonté qui ne faisait pas couler de sang. Les yeux fermés, je plongeais dans mes souvenirs, à l'écoute du coiffeur de Manhattan qui me chantait la chanson de cette époque, la chanson de la colère et de la peur américaines. « Nous vivons dans la peur, nous, la classe laborieuse. Les gens comme moi, qui ont une petite boutique. Nous avons mis de l'argent de côté pour nos vieux jours. Maintenant Washington dépense de plus en plus d'argent pour le bien-être des autres, de l'argent qu'ils nous prennent, l'argent dont nous aurons besoin pour nos vieux jours. Nous ne sommes pas une société de classe, chacun est le bienvenu, qu'il soit espagnol ou mexicain, mais il faut travailler. Venez et travaillez ! *Capitalism is good !* »

Ainsi parlait le coiffeur. Malgré sa machine qui bourdonnait et se frayait un chemin sur ma nuque, remontait vers les tempes, j'entendais la chanson les yeux fermés et, en les rouvrant, je vis dans le miroir le crâne presque chauve d'un homme du Midwest travaillant dur, rasé jusque sur les contours de la boîte crânienne tandis qu'apparaissait derrière son œuvre le visage aimable d'un tendre barbier aux opinions tranchées. « C'est bien de venir ici, dit-il en guise d'adieu, qu'il n'y ait pas seulement New York, New York. Pour les riches ça ne pose pas de problème. Mais s'il faut toujours payer plus d'impôts, on touche au nerf vital de l'Amérique. » J'étais le seul client, et son compagnon, un homme à la silhouette de cow-boy dégingandé, légèrement voûté, assis dans l'un des fauteuils libres, écoutait en riant sans bruit. Quelqu'un qui ne parlait pas beaucoup ou qui ne croyait pas à la parole, ça, c'était sûr.

La route d'El Dorado

Le petit-déjeuner au motel de l'armée était d'une austérité militaire. Café et toasts, avec du fromage à tartiner en petits pots. À la table voisine il y avait deux personnes en uniforme, un homme et une femme, le pistolet à la ceinture et, sur la manche, l'insigne qui figurait sur le camion garé devant le motel : *Strike Force Special Ops*. Curieux de savoir quelle unité d'élite possédait un nom aussi tape-à-l'œil – ni l'un ni l'autre n'avaient l'allure de soldats d'élite, lui était trop vieux et elle, trop grosse –, je leur demandai s'ils appartenaient à l'armée ou à la garde nationale.

« *Law Enforcement*, dit l'homme.

– La police, alors ? »

Secouant la tête, il m'expliqua. Ce n'était pas la police mais une entreprise privée qui transportait les prisonniers d'une prison à une autre, c'est tout. Mais le spectacle de ce camion noir menaçant devant le motel de l'armée, l'insigne digne de la guerre ou d'un film d'action, « opérations spéciales des forces d'assaut », c'était quelque chose, cela faisait de l'effet.

Après les avoir salués, je quittai l'agréable fraîcheur du motel pour sortir dans la lumière du matin. À trois journées de marche vers le sud se trouvait un lieu mythique très recherché

– El Dorado. J'avais bien envie d'y aller. Ce n'était qu'une petite ville du Kansas mais son nom évoquait une aventure d'une grande témérité et d'une grande cupidité qui s'était terminée par un désastre tout aussi grand. Dans ce qui était le Kansas d'aujourd'hui, on avait cru trouver le légendaire pays de l'or, dont la découverte, la conquête et le pillage justifiaient tous les dangers, tous les sacrifices – c'était il y a près de cinq cents ans. Les premiers Blancs étaient arrivés dans la région que je traversais à présent, au plus profond de l'Amérique du Nord, à la recherche du troisième pays de l'or – le troisième après les contrées fabuleusement riches qu'étaient le Mexique et le Pérou, conquis par Cortés et Pizarro quelques années auparavant ! La perspective excitait la Nouvelle-Espagne, du vice-roi au dernier des mercenaires. Patauger une fois de plus dans l'or, une grande marche vers l'or, une fois encore, autant que les chevaux et les animaux de trait pouvaient en transporter – une troisième Conquista !

Ébloui par les seuls récits d'un moine franciscain, un Français de Nice qui s'était risqué dans le Nord inexploré, jusque dans les *pueblos* des Indiens Zuni de l'actuel Nouveau-Mexique, et qui, de retour dans la ville de Mexico, avait parlé des sept villes dorées du Nord, le vice-roi espagnol arma une expédition, la plus puissante que l'Espagne ait jamais envoyée dans le Nouveau Monde. Les célèbres conquistadors qui avaient conquis l'ensemble du Mexique et du Pérou avec quelques dizaines de cavaliers étaient de pauvres diables, à côté.

En février 1540, des milliers de soldats se mirent en route avec mille cinq cents chevaux et animaux de trait, sans compter les bœufs et les moutons pour nourrir les troupes.

194

Au même moment, deux navires prenaient la mer qui devaient tenter de remonter le Colorado depuis la *Baja California* pour rencontrer l'armée de terre quelque part dans l'Arizona ou le Colorado actuels. À leur tête se trouvait don Francisco Vásquez de Coronado, qui espérait une gloire immortelle et plus encore de l'or.

Les espérances impériales, religieuses et financières reposaient sur don Francisco et son cortège. Le roi d'Espagne spéculait sur de nouvelles colonies, dans ce Nord inexploré de l'Amérique, sur des navires aux cales rebondies comme ceux qui avaient transporté l'or des Aztèques et des Incas en Europe. Son vice-roi, à Mexico, ayant tout misé sur cet or, avait investi sa fortune personnelle dans cette expédition et, suivant son exemple, des officiers et des soldats avaient eux aussi mis en jeu ce qu'ils possédaient. La femme de Coronado, qui venait d'une famille aisée, avait également donné sa fortune pour le périple de son mari vers El Dorado. Nul ne savait ce qui les attendait là-bas. Tout ou rien. L'or ou la ruine. La gloire ou la mort.

Avant de partir pour El Dorado, je fis cadeau à la gérante de l'Army-Motel, une femme pâle et débordée, de ma parka militaire à la doublure épaisse. À mon arrivée, elle m'avait dit que son fils aurait bien aimé en avoir une semblable. J'avais abandonné depuis longtemps mes affaires d'hiver, offertes ou laissées dans des motels. Je lui donnais enfin la pièce maîtresse, trop lourde, trop noire, alors qu'il était encore tôt et que la journée était déjà baignée de chaleur. Je marchais en chemise, désormais. Dans un country store qui se trouvait sur ma route, j'en avais acheté deux dans le style cow-boy du pays, l'une d'un bleu lumineux et l'autre vert kaki, cintrées, avec des coutures arrondies dans le dos et des boutons à pression nacrés. Je les portais alternativement et notais depuis des regards perplexes, parfois approbateurs.

À ma grande déception la route d'El Dorado n'avait pas de bas-côtés. De nouveau un oiseau de proie décrivait des cercles dans le ciel, un vautour, cette fois, un urubu à tête rouge, dont le nom venait de l'horrible tête flasque que je ne distinguais guère car l'oiseau était beaucoup trop haut. Je le reconnaissais à ses ailes étendues, effilées comme des doigts. Il accomplissait à présent l'un de ses vols artistiques au-dessus de moi, se jouait de la pesanteur de cet être humain sans ailes, en bas, attendant que la charogne à deux pattes s'affaiblisse, gise à terre.

Dans une cuvette, le vent tiède m'enveloppa comme d'une peau. À peine en étais-je sorti qu'il m'envoya une poignée de poussière à la figure. Je clignai des yeux, les frottai, ils étaient pleins de larmes. Et puis, un mouvement éphémère, plus perçu que vu – un dindon sauvage, à 10 mètres de moi à peine. Je le regardais, immobile. L'oiseau craintif loin de s'enfuir s'arrêta lui aussi dans sa course vacillante et me contempla, visiblement tout étonné : regarde, un dindon sauvage. Regarde, un homme. Rencontre rare pour l'un comme pour l'autre. L'oiseau craintif avait vu d'autres dindons sauvages, et sûrement des blaireaux, des serpents, des coyotes, mais jamais un homme à pied. Et si d'aventure il en croisait, c'était son ultime vision car il s'agissait du chasseur qui le visait. Nous nous fixâmes durant quelques secondes, le temps que le dindon en ait assez. Rejetant la tête en arrière il reprit sa course singulière en remuant le cou et disparut dans les buissons tandis que je m'apprêtais à gravir la colline suivante.

Tête et regard baissés pour m'épargner autant le tourbillon de poussière que la vision de l'ascension qui m'attendait, je parvins au sommet une heure plus tard – le spectacle qui s'offrait à moi était grandiose et inattendu. Je vis l'étonnement et l'effroi des premiers Blancs. Je vis la Prairie. Telle qu'elle avait été.

Ces hommes dont j'essayais d'imaginer la souffrance et les rêves, les espoirs et la peur, étaient venus du même continent que moi, d'un monde béni plein de villages et de villes, du jardin de l'Europe divisé en vallées, en forêts, fleuves, lacs, montagnes – ils venaient de paysages qui étaient chacun différents, singuliers, décrits depuis les temps les plus reculés. Tandis qu'ici il n'y avait pas de paysage. La terre, la terre, la terre seulement, accablante et sans arbres, sans fin, rien n'était différent ni singulier, tout était pareil, pareil. Eux étaient des naufragés échoués dans un océan d'herbe, une inquiétante uniformité d'horizons et d'apparitions. Une chevauchée, des jours semblables aux autres, lutter contre l'uniformité de l'ondoiement infini de la Prairie. La faim, la soif, la perte rapide du sens de l'orientation, et pour finir l'angoisse pure – ainsi avais-je tenté d'imaginer ce qu'avaient vécu ces hommes, nourri de la lecture des récits anciens. Je n'y étais pas parvenu car ce n'étaient que des récits anciens.

Mais à présent j'étais là, cerné de toutes parts par une terre à l'herbe jaune paille, par des vagues de collines, aussi loin que portait le regard, et qui, lorsque le vent soufflait dans les pâturages à bisons, ressemblait réellement à la mer. C'était la prairie du Konza, un petit reste généreusement épargné par l'ennemi – le progrès – et pourtant assez grand pour redonner un souffle de vie aux vieux récits poussiéreux.

En octobre 1541, don Francisco Vásquez de Coronado se trouvait dans un *pueblo* indien en amont du Rio Grande, dans un endroit que les Espagnols appelaient Tiguex. Son expédition vers le pays de l'or, qui avait débuté avec tant de prestige plus de vingt mois auparavant, avait échoué. Certes, il avait vu El Dorado de ses yeux. Ce nouvel El Dorado que des informateurs natifs lui avaient fait miroiter pour se débarrasser de lui et de ses gueules espagnoles qui mangeaient les provisions des Indiens, pour envoyer l'armée s'enfoncer au plus profond dans l'inconnu en espérant qu'ils mourraient tous. Et Coronado avait conquis ce nouvel El Dorado, ce nouveau rêve doré, ce nouveau mensonge.

Le premier mensonge, c'était le moine de Nice qui l'avait fait. Les sept villes dorées n'existaient pas, au bord du Rio Grande il n'y avait que des *pueblos* poussiéreux. Coronado les prit, les soumit solennellement au roi d'Espagne et y passa l'hiver. Un jour El Turco apparut, un Indien étranger que les Espagnols surnommaient ainsi parce que les traits de son visage leur rappelaient ceux des Turcs. El Turco parla aux Espagnols d'un El Dorado ; plus loin, dans le Nord-Est, derrière la grande Prairie, sur le rivage lointain de l'océan d'herbe. Il parla de villes splendides, de riches princes indiens dans des maisons dorées, du carillon clair des cloches d'or dans le vent. Don Francisco le crut-il ? Qui sait s'il ne pressentit pas que la troisième Conquista demeurerait un rêve, mais il était là et commandait une armée en quête d'or qui n'en avait pas trouvé, ses gens grognaient, il était leur général et il ne pouvait pas rentrer, paraître devant le vice-roi les mains vides, devant sa femme qui avait placé tout son héritage dans cette expédition. Non, pas question de rentrer. Il devait offrir un nouvel objectif à son armée. Il les fit remonter en selle. Le 23 avril 1541, don Francisco Vásquez de Coronado conduisit ses troupes dans les Grandes Plaines.

« Après neuf jours de marche, écrivit-il plus tard à Sa Majesté très-catholique le roi d'Espagne, j'atteignis des plaines si immenses que je ne trouvais pas leur limite, de quelque côté que je pousse. » Il avait croisé des bisons en si grand nombre qu'on ne pouvait les compter. Pas un jour ne passait sans voir des troupeaux. « Après dix-sept jours de marche j'arrivai à un campement d'Indiens qu'on appelle Querechos et qui menaient ces bisons. Ils ne plantent rien, ils mangent la viande crue et boivent le sang des bisons qu'ils tuent, ils font sécher leur peau et les gens du pays s'en revêtent. »

Coronado décrit la dure vie nomade des Indiens de la Plaine, les déplacements avec les chiens de charge et les tentes en peau de bison, ainsi que sa progression dans des régions qui n'avaient encore vu aucun Blanc. « Je voyageai cinq autres jours car mes guides indigènes voulaient m'accompagner jusqu'à ce que j'atteigne ces plaines qui ne comptent plus de repères. » C'est là que l'image de l'océan lui apparaît. « Comme si la mer nous avait absorbés », infini, sans espoir, le pays d'herbe s'étendait en direction des quatre points cardinaux. « Il n'y avait pas une pierre, pas la moindre hauteur, pas un arbre, pas un buisson, rien à quoi se raccrocher. » Puis vient cette phrase dont la portée véritable semble échapper à celui qui l'écrivit : « Il y a là de très bons pâturages, de la bonne herbe. »

Et puis le désespoir. Ses provisions de maïs, le bétail qui les accompagnait, tout était épuisé depuis longtemps. Comme les Indiens de la Plaine, l'armée vivait désormais de ce qu'elle trouvait – la chair des bisons. Les hommes étaient tourmentés par la soif. Ils trouvaient rarement de l'eau et, quand c'était le cas, il s'agissait souvent d'une lavasse saumâtre difficilement buvable. En chassant le bison, ils perdaient des chevaux car on ne plaisantait pas avec ces colosses haletants dont la Prairie endurait les sabots. Des chevaux fuyards – tel était le cadeau que les Espagnols abandonnèrent aux Indiens, eux à qui la Prairie n'avait rien donné, qui formerait la souche des troupeaux de mustangs parcourant bientôt une Amérique qui ignorait les chevaux avant l'arrivée des Blancs. Sans le vouloir, les Espagnols transmirent l'art de l'équitation aux Indiens qui étaient allés à pied durant des millénaires.

« Lorsque nous nous perdions dans ces prairies, poursuivait Coronado dans son rapport au roi, certains de nos cavaliers, en chassant les bisons, rencontraient des Indiens qui chassaient eux aussi mais étaient les ennemis des Indiens dont j'avais visité le campement en dernier. » D'eux, il apprit enfin la vérité sur le pays de l'or Quivira, qu'il n'avait toujours pas atteint – la vérité sur les sept villes dorées au bord du Rio Grande, il la connaissait déjà ; et c'était la même : il n'y avait pas d'or à Quivira, aussi peu qu'au bord du Rio Grande. Coronado rassembla ses chefs dans la prairie. Il décida de renvoyer la majeure partie de l'armée au Rio Grande pour lui faire prendre là ses quartiers d'hiver. Lui-même continuerait en direction du nord-est avec trente cavaliers et six fantassins.

Le 29 juillet 1541, au plus fort de l'été, il découvrit la légendaire Quivira – un campement de cabanes en terre glaise au bord d'un grand fleuve, plus pauvre que les *pueblos* du Rio Grande, habitées par des Indiens de la Plaine qui cultivaient le maïs, chassaient le bison et faisaient du commerce. Il y resta quatre semaines puis retraversa lui aussi la Prairie jusqu'au Rio Grande et écrivit son rapport au roi pour se justifier et enterrer le rêve qu'il avait poursuivi. Il se défendait en arguant qu'il avait voulu voir de ses yeux ce qui était vrai, ce qui était mensonge, il n'avait pas voulu renoncer à conquérir des terres inconnues pour la Couronne espagnole. Devait-il partir et reconduire chez elle la plus grande armée d'expédition du Nouveau Monde transformée en masse de chercheurs d'or défaits, déçus ? Il n'en était pas question. Continuer jusqu'au bout. S'il n'y avait pas d'or, peut-être y avait-il autre chose à Quivira.

Beaucoup de ses soldats étaient ruinés, restant dans le Nord par honte, ils ne revinrent jamais au Mexique. Coronado dut se soumettre à une enquête, à un juge. On le traita avec indulgence, on abandonna les plaintes contre le chef de l'expédition, mais il demeurait un homme qui avait échoué. Douze ans après la grande aventure de sa vie, il mourut à Mexico.

Coronado était peut-être venu à la mauvaise saison. Au début de l'été, la Prairie était verte. À présent elle était jaunie, mais quand le soleil déclinait comme il venait de le faire, la Prairie était d'un brun doré ondoyant sous le vent. Coronado aurait-il réfléchi s'il avait vu la terre ainsi ? S'il était resté un peu plus longtemps, jusqu'à ce que l'été ait achevé son œuvre ardente, lui et ses Espagnols se seraient trouvés devant une mer d'or onduleuse s'étendant des bords du Missouri à l'est aux montagnes Rocheuses à l'ouest, du désert de glace au nord aux marges de la Nouvelle-Espagne au sud.

Dans son récit, Coronado faisait pourtant mention d'une terre fertile, mais les conditions pour prendre réellement possession du pays d'herbe qu'il soumettait à la Couronne espagnole n'étaient pas réunies : des voies de circulation sûres, une chaîne de forts et surtout des paysans qui auraient colonisé ces lointains sauvages. Ses Espagnols, suffisamment téméraires pour s'enfoncer dans le cœur profond de l'Amérique du Nord, étaient des soldats et des nobles, en aucun cas des paysans ni des colons. Ils étaient partis pour prendre l'or et non la terre.

Tel fut aussi le sort des premiers Européens du Nord. Beaucoup vinrent pour chercher de l'or, d'autres étaient membres de sectes. Imaginant les mines d'or de Californie ou le paradis des mormons au bord du Grand Lac Salé, ils osèrent traverser la Prairie – qui n'était elle-même qu'une terrible épreuve sur leur route. Ces pauvres hères venus d'Angleterre, d'Allemagne, de Scandinavie ou de Bohême ne comprirent que progressivement ce qu'ils avaient sous leurs pieds las : de la terre, une terre fertile à condition de la cultiver.

La Prairie avait vaincu les Espagnols. Seuls les Européens du Nord vainquirent la Prairie, c'est pourquoi je ne passai pas par la Nouvelle-Espagne mais la Nouvelle-Angleterre, la Nouvelle-Allemagne, la Nouvelle-Suède, la Nouvelle-Bohême. Mais il est une chose que les conquérants protestants et travailleurs ne purent ôter aux chercheurs d'or catholiques qui avaient superbement échoué – à eux revenait la gloire ; des générations avant que les pères pèlerins n'accostent sur la côte Est américaine, à une époque où l'austère Calvin réformait Genève, où Rome bâtissait la basilique Saint-Pierre, don Coronado et ses Espagnols découvraient le Grand Canyon et traversaient les Grandes Plaines.

Mon premier jour de marche en direction d'El Dorado m'amena à Council Grove. Plus j'allais vers le sud, plus je voyais clairement que la téméraire avancée espagnole n'était pas passée en Amérique sans laisser de traces. Des fauteuils à bascule blancs et des balancelles oscillaient sous le vent des vérandas blanches. Les maisons étaient ornées de colonnes blanches, de minces galons en bois, de tourelles et de coupoles – toutes choses dont les Yankees n'avaient cure et qu'il y avait ici en abondance. À Council Grove finissait l'Amérique trop austère, trop pure, qui considérait la beauté comme un défaut ; le royaume du beau et de l'inutile commençait.

Je pris mes quartiers dans une villa de ce genre, et, m'installant sous la véranda pour me balancer un peu, je ne restai pas seul longtemps, bientôt deux hommes vinrent se balancer aussi, un grand de belle allure et un petit, mince comme un fil, des hommes politiques, apparemment. De leur conversation s'échappaient des mots importants – *Democrats, Republicans, speaker of the House* – et de leur pantalon, des bottes de cowboy aux semelles confortables de caoutchouc. Ils n'arrêtaient pas de se faire photographier en compagnie d'une femme aux lèvres et aux ongles d'un rouge voyant, sans doute leur attachée de presse. Quand ils se levèrent, l'homme à belle allure me salua – un geste familier, tous les hommes politiques saluent à la ronde et supposent que tout le monde les connaît. Je lui rendis son bonjour : « Ne vous inquiétez pas, dis-je, je ne vous écoute pas, je viens de loin. » Il me demanda d'où je venais et, renseignement pris, sortit la phrase allemande qu'il réservait à de telles occasions. Un troisième arriva, l'adjoint sans doute, qui fit comprendre à ces messieurs qu'il fallait songer à reprendre la route – vers leur prochain rendez-vous. Ils s'en allèrent.

Je me balançais au soleil du soir et, quand la patronne sortit, j'évoquai les vérandas vides du Nord. « Oui, dit-elle, les gens du Nord ne restent pas sous leur véranda, les hivers sont trop longs et les étés, trop courts, ils n'ont pas l'habitude. » Elle-même était du Sud et avait déménagé à cause de son mari. « Je ne pourrais pas vivre plus au nord, ne serait-ce qu'à un mile. » Je racontai les avertissements qu'on m'avait donnés contre le Sud, le Texas surtout, que j'avais entendus dans le Nord. Elle rit. « Au Texas, ce sont des cow-boys. Ils portent de grands chapeaux et conduisent de gros camions. Vous ne pouvez pas marcher à pied là-bas, les ranchs sont gigantesques, les distances, beaucoup trop grandes. Mais ne vous en faites pas – les gens sont gentils. »

Je dus attendre pour reprendre ma marche car j'avais fait la connaissance de Ken et de Ron. Ken était un chasseur, la passion de Ron était l'observation des oiseaux. Je passai la journée dehors avec eux, dans l'herbe et dans la forêt. Si Ken chassait auparavant avec un fusil, maintenant il utilisait l'arc, mais un arc moderne, techniquement profilé – il n'avait rien d'un folkloriste. L'arc est un vrai défi, disait-il. « Tu ne peux pas te contenter de rester aux aguets dans les broussailles et de tirer des balles à travers les branchages. Tu dois attendre de porter le coup unique, idéalement en étant sur un arbre. »

Il ne fallut pas longtemps pour que la conversation en arrive aux couguars.

« Un matin, j'étais parti tôt à la chasse, j'ai vu une trace humide au sol, toute fraîche, au bord d'un ruisseau. Tout à coup mes cheveux se sont dressés sur ma tête, je sentais que quelque chose, derrière, m'observait. Un puma, tout près.

– Et alors ?

– Rien. Ils ont un rayon d'action de 400 ou 500 miles, ils sont toujours en vadrouille. Et ils te voient bien avant que tu n'aies conscience de leur présence. Eux te voient toujours, toi, tu ne les vois jamais. Et quand d'aventure tu en vois un, il est trop tard, il faut prier ou tirer, si tu peux encore. J'aimerais bien en apercevoir un, un jour. Mais le seul fait de savoir qu'il y en a, qu'ils sont là, me rend heureux. Il n'y a que les *rednecks* qui veulent tirer sur tout ce qui bouge devant leur flingue.

– Qu'est-ce que c'est, un *redneck* ?

– Quelqu'un qui chasse dans les espaces sauvages depuis son pick-up, qui repère les loups de son avion avant de les exterminer, qui s'acharne avec une meute de greyhounds sur les coyotes, jusqu'à ce qu'ils s'effondrent et se fassent massacrer par les chiens. »

Pendant cette conversation à voix basse, Ron n'avait cessé de repérer des oiseaux et de noter leur nom sur un cahier. Son murmure me parvenait, il semblait les connaître tous : « Tourterelle de Caroline. Mésange à tête noire. Regarde, une aigrette rousseâtre qui s'envole. Et là-bas, deux merles bleus de l'Est. Vous entendez le pic ? »

Nous quittâmes l'impressionnante forêt de hêtres et de peupliers pour parcourir le pays d'herbe. Ken avait fait une découverte. Des excréments d'animaux. Il en prit un morceau, le cassa, considéra les particules éparses. « Un coyote. Si on ne peut pas le voir en personne, voici sa trace toute fraîche. » Immobiles dans l'herbe haute, à l'écoute des bruits de la Prairie, nous en vînmes à parler de ses différents sons. Aujourd'hui, où l'herbe était d'un jaune sable, la Prairie rendait un son clair, sec, un peu âpre. « Un sifflement », suggéra

Ron. En été, quand la Prairie était verte, c'était un bruissement perpétuel.

Tous deux firent allusion à un tas de pierres énigmatique,
non loin de Council Grove, une stèle ou une pyramide de
pierres à chaux érodées posées par l'homme, bien plus
ancienne que la petite ville. L'histoire qu'on racontait à son
sujet me fit dresser l'oreille. Trois cents ans avant que le premier colon blanc n'apparaisse, un prêtre du lointain Mexique
était arrivé dans la région après avoir longuement marché du
Rio Grande à la Prairie, un franciscain. Né en Andalousie, il
était allé en Nouvelle-Espagne, s'était révélé un jeune homme
talentueux et était devenu le père supérieur d'un cloître dans
l'Ouest mexicain. Lorsque le vice-roi arma une grande expédition vers un nord à l'époque inconnu – il s'agissait d'or évi-
demment –, le prêtre s'y joignit avec trois frères de son ordre.
L'expédition revint deux ans après, sans succès, décimée, et
sans le jeune homme, qui était retourné dans la Prairie, de sa
propre initiative cette fois, avec de rares compagnons.

C'est la colonne de don Coronado en quête d'or que je
croisais de nouveau à Council Grove, et le prêtre dont il
s'agissait, Juan de Padilla, était celui de ce même cortège.
Padilla savait ce qu'il faisait quand il partit une seconde
fois pour Quivira sans la protection des armes, accompagné
seulement de deux frères, un chevalier de fortune portugais
et quelques aides indiens du Mexique. Il avait participé à la
longue marche à travers les steppes et les déserts ainsi qu'à
l'offensive de Coronado et du restant de sa petite troupe, au
pays supposé de l'or. Il avait vu la déception des hommes qui
n'avaient pas trouvé d'or, pas la moindre miette, leur colère
quand ils étranglèrent El Turco, qui les avait conduits avant de

reconnaître les avoir trompés pour les éloigner des *pueblos*, les attirer dans la mauvaise direction. Avec Coronado, le prêtre rejoignit l'armée principale jusqu'au Rio Grande. Là il prit la résolution de s'armer et de partir.

La marche de Juan de Padilla vers Quivira fut peut-être l'expédition de conquête la plus radicale, la plus pure que les Espagnols eussent jamais entreprise au Nouveau Monde. Qu'il s'agisse de Cortés au Mexique, de Pizarro au Pérou ou de Coronado dans les Grandes Plaines, tous obéissaient à leur soif d'or, les croix et les hosties de leur suite étaient maculées du sang des martyrs et des vaincus. Cette fois, il en allait autrement. Juan de Padilla et ses frères partaient sans espérer d'or ni de gloire.

Après une marche d'environ 1 000 miles, ils atteignirent sans pertes les campements de Quivira, au bord du fleuve, que Padilla avait découverts avec Coronado quelques années auparavant. Il trouva la croix qu'il avait érigée en bon état, bien entretenue, d'où il conclut que les Indiens lui vouaient une certaine vénération. Il vécut un temps en missionnaire chez les Quivira, qui le traitèrent apparemment avec bienveillance. Mais il ne s'arrêta pas là, il y avait d'autres tribus.

Les Quivira l'avertirent qu'ils avaient des ennemis, essayèrent de le détourner de son projet. Mais Padilla repartit avec quelques compagnons. Lorsqu'ils découvrirent une troupe de guerriers en pleine Prairie, il était trop tard pour leur échapper. Était-ce la haine du prêtre étranger, était-ce pour prendre aux Quivira, leurs ennemis, le saint homme qui vivait parmi eux depuis quelque temps et leur portait peut-être bonheur, ils tuèrent Padilla – on dit qu'il les attendait agenouillé, en prière. Ses meurtriers le jetèrent dans un fossé. On recouvrit son corps de pierres, dit la légende, les Indiens qui l'avaient exécuté, ou ses amis qui purent partir et revinrent l'enterrer. Sa trace menait au monument dont Ron avait parlé. Juan de Padilla était-il vraiment là ? Était-ce lui qui gisait à Council Grove, le premier martyr chrétien en Amérique du Nord, là, sous l'énigmatique pyramide de pierres à chaux dont nul ne savait qui les avait posées ni quelles étaient les autres pierres qui les recouvraient ? La légende en tout cas l'affirmait. Plus tard, je lus un récit contemporain sur la mission et la mort de Padilla. Qui ne confirmait ni n'infirmait cette interprétation. J'aurais voulu voir le vieux monument, mais Ron me dit qu'il n'existait plus. Quelques années auparavant, il avait été frappé par la foudre et détruit.

Le shérif et le prêtre

Je quittai Council Grove un dimanche matin par très beau temps. Un voile vaporeux masquait le soleil et rendait la marche agréablement légère, à part moi il n'y avait personne sur la route. Après nombre de collines, de montées et de descentes, je parvins au pays de la suie. Depuis plusieurs jours des nuages de fumée planaient dans l'air, je comprenais maintenant pourquoi. Aussi loin que portât le regard, tout était noir, l'herbe, brûlée, des chaînes de montagnes entièrement carbonisées. Seul un arbre verdoyant se dressait. Mais cette image d'apocalypse était trompeuse. Les fermiers faisaient brûler leur terre pour qu'elle se renouvelle. Dans quelques semaines, là où tout était noir, tout redeviendrait vert et florissant.

Lorsque la voiture du shérif me dépassa avec lenteur et se rangea sur la droite, se joua sous mes yeux une scène originelle des films américains : un homme pris, plaqué contre la voiture du shérif, jambes écartées, bras sur le toit, fouillé sous la menace d'une arme. Tout se déroula exactement comme ça. Pendant que le shérif me palpait, je pensais : c'est bizarre, ce matin, dans la villa blanche, j'étais un homme voyageant pour son plaisir et maintenant voilà. Il n'y avait que quelques

heures d'intervalle, quelques pas. Le shérif faisait son métier :
« *I don't wanna give ya a hard time* », dit-il enfin. Il ne faisait que son devoir, ajouta-t-il en s'excusant à demi avant de
m'avertir : « C'est dangereux de marcher seul sur la route.
Montez, mettez votre sac à dos à l'arrière. » Il restait vigilant,
il n'avait pas fouillé le sac. « Je vous conduis à la frontière du
comté, je ne peux pas aller plus loin. » Je fis comme il m'avait
dit. Il s'arrêta quelques miles plus tard et me déposa en me
souhaitant bonne chance. Un homme prudent mais serviable,
une poignée de main bienveillante.

Une voiture qui nous avait dépassés s'arrêta un peu plus
loin, sans doute dans le comté voisin. Je fis quelques pas et ne
fus pas peu surpris de voir un jeune prêtre au volant. Ouvrant
la portière du passager, il me fit signe de monter. Le shérif se
retourna, le prêtre démarra. Il était pressé, devait dire une
messe, il s'appelait père Edward. Lui aussi me fit un discours
sur les dangers que j'encourais. « C'est dangereux pour tout
le monde. Les auto-stoppeurs agressent les conducteurs qui
les prennent. Les conducteurs dévalisent les auto-stoppeurs.
Ici, ceux qui vont à pied sont des mendiants ou des fous. Faites
attention !

– Oui, répondis-je, les deux ou trois personnes que j'ai vues
ces derniers mois sur la route, jamais je ne les aurais prises en
stop si je les avais croisées au volant d'une voiture. »

C'était ainsi et ça ne m'intéressait pas beaucoup. Mais
lui, il m'intéressait. Un homme dans la trentaine, vif, avec un
visage lisse et de bonnes manières – un jeune citadin moderne
employé de bureau plutôt qu'un prêtre. Pourquoi m'en fai-
sais-je une telle idée ? Je connaissais ce genre de personnes.
Rapides en pensée et en action, pas un mot plus haut que

l'autre, jamais impolies, professionnelles en douceur, jusque dans la vie privée. Le tout mêlé d'une tristesse à peine perceptible, difficile à cerner, un petit gramme dissous dans un grand verre clair de présence d'esprit.

« Pourquoi êtes-vous devenu prêtre ?

– Je suis devenu prêtre sur le tard, je n'y avais jamais pensé.

– Alors pourquoi ?

– Certaines expériences – pratiques, spirituelles.

– Lesquelles ?

– J'ai eu l'expérience du soleil. Je regardais le soleil, il est devenu rouge, s'est transformé en cœur, il battait comme un cœur, pompait, puis il s'est partagé en deux cœurs reliés entre eux, et tout est devenu blanc. En état de choc, je me demandais ce qui se passait. C'était à Međugorje, en Yougoslavie. Je suis allé à l'église, devant le sanctuaire. Soudain mon cœur s'est mis à battre de plus en plus vite, j'ai cru qu'il allait exploser. Puis j'ai pleuré abondamment. J'éprouvais l'amour de Dieu, jamais je n'avais éprouvé un tel amour. Je n'avais jamais rien vécu de ce genre. Je m'étais confessé, avant, et le prêtre m'avait demandé : "Pourquoi es-tu là ?" J'ai dit : "Je ne sais pas." Il a dit : "Peut-être as-tu envie de devenir prêtre ?" Aujourd'hui je ne sais même plus si ça s'est vraiment produit de cette façon. Mais l'expérience, l'expérience de l'amour, c'était vraiment ça. »

Nous nous taisions. Il avait roulé plus longtemps qu'il n'aurait dû pour se rendre à sa messe, mais autrement notre conversation aurait été interrompue. Quand je descendis de voiture, il dit qu'il allait prier pour moi. Pouvais-je aussi prier pour lui ? J'acquiesçai.

Le quatrième jour fut l'inverse du troisième. Aucune porte ne s'ouvrit, personne ne s'arrêta, il n'y avait que de rares voitures sur la route. Parti tôt, je marchai jusqu'au soir, traversant de nouveau une terre brûlée, noire, puis une région boisée. C'étaient le feu et le vent qui avaient conservé la Prairie, m'avait-on dit à Cottonwood Falls. Ce que faisaient les fermiers d'aujourd'hui, les incendies dévastateurs de la Prairie l'avaient fait dans les temps anciens, déclenchés par des feux indiens ou par la foudre. Je sentais le feu, l'incendie, ma chemise, mon pantalon, mes cheveux, tout – l'air en était empli.

Tout à coup, je sentis un museau au creux de mon genou. Des chiens. Je les chassai. Le ciel était nuageux, en raison aussi des feux de la Prairie. J'en restais à l'étape projetée, un endroit nommé Bazaar, mais impossible de le trouver. Je ne trouvais pas parce qu'il n'y avait rien, aucun lieu où faire halte, aucun lotissement habité. Aussi soudainement que le museau du chien, le barrissement d'un train de marchandises retentit, cela faisait longtemps que je n'en avais pas entendu. Je voyais le train apparaître, approcher, disparaître, wagon après wagon, il n'en finissait pas, et sur chaque wagon le même mot : Herzog.

Matfield Green ! Le chemin était beaucoup plus long qu'indiqué sur ma carte, et le café dont on m'avait parlé n'existait plus. Plus loin. Plus loin. J'atteignis El Dorado les pieds blessés, enflés, je serrai les dents pour trouver un motel et, au vu de la chambre, chassai de mon esprit tout ce que la moquette épaisse avait pu voir au cours de sa longue vie, je pris une douche, j'éliminai l'odeur de fumée de mes cheveux avec du savon – il n'y avait rien d'autre. Ce soir-là, le téléviseur resta fermé. Trop fatigué, même pour les annonces de tornades, je m'endormis aussitôt.

TOUT S'ÉCROULE

Combien de lieux vides n'avais-je pas vus. Mais Wichita était le plus désert de tous – au point que même Wichita semblait éprouver ce vide. Sinon pourquoi aurait-on abondamment rempli le centre-ville de sculptures d'êtres humains dans des gestes de la vie quotidienne ? Une jeune fille fait passer son cheval sur le trottoir. Une femme montre un motif intéressant à son fils en train de prendre une photo. Des garçons se livrent à une course, l'un en rollers l'autre en carriole. Assis sur un tabouret, son étui de guitare et son chien près de lui, un musicien des rues joue pour des passants inexistants et leur demande l'aumône. La serveuse est mieux lotie, on lui a donné quelques clients métalliques avec qui bavarder au comptoir. Et ainsi de suite, toute une population de sculptures, immobiles et muettes, simule ce que Wichita pourrait être s'il y avait des gens dans les rues.

C'était quand il faisait encore jour, car le soir, je rencontrai des gens – d'un coup et de façon si inattendue qu'une certaine inquiétude s'empara de moi qui devait un peu ressembler à ce que Robinson Crusoé avait éprouvé à la vue des cannibales qui accostaient. Rapprochement sans pertinence, ainsi que la suite le prouva. À Wichita, le must était le Lord's Diner, en face de la cathédrale diocésaine de l'Immaculée-Conception, ils arrivaient par centaines, boiteux ou en pleine forme, beaux et laids, maigres et bouffis, ceux qui ne se font pas remarquer et s'adaptent à tous les bureaux, ceux qui puent et viennent de la rue, les visages aux traits réguliers et ceux qui ont déraillé, les brutes au langage grossier et les muets, les durs et les trop tendres, les présentables et les baveux, et même les gens raffinés, autant que faire se peut.

C'était le plus étonnant – une personne sur trois n'avait pas l'air d'avoir attendu toute une journée afin d'obtenir un repas chaud gratuit. Des vieux et des jeunes, des familles avec des enfants comme on en voyait dans n'importe quel supermarché Walmart. Des enfants qui n'avaient pas l'air de savoir où ils se rendaient et qui donnaient sans complexe la main à leurs parents. Apparurent une vieille dame avec un chapeau de paille qui avait dû être beau, autrefois, un monsieur avec sur ses jambes maigres des chaussettes montantes d'un blanc parfait, un jeune Noir en maillot de corps tout aussi blanc. Une vieille Oldsmobile arriva, en descendit un couple âgé, l'homme et la femme se tenaient par la main et entrèrent prendre le repas des pauvres comme d'autres vont à l'église le dimanche. La jeune Noire dans une robe bleu clair qui lui descendait jusqu'aux pieds, une bible à la main. La dame aux traits indiens, avec elle aussi un chapeau bordé d'un ruban bleu. Au bout du compte, ils devaient être cinq cents à avoir pris place autour des longues tables du hall de charité, se dispersant après un repas rapide. Il fallut une demi-heure à peine pour que la place devant la cathédrale redevienne aussi déserte qu'avant.

Je disparus moi aussi. La gare routière se trouvait au bord du chemin, un car en partait, j'achetai sans hésitation un billet pour Oklahoma City. Comme il me restait un peu de temps, j'entrai dans la salle d'attente. Sur les bancs métalliques, pas un voyageur qui ne fût tatoué, tous les yeux étaient braqués sur le téléviseur installé sous la toiture, il y avait un film sur le tatouage et le reporter était tatoué lui aussi. Il avait voyagé partout, dans les mers du Sud, au Japon, s'était fait faire un tatouage dans chaque pays, puis filmer. Le recueillement ne prit fin que lorsque notre car manœuvra pour se garer devant son arrêt.

Le car pour Oklahoma City pouvait susciter quelques inquiétudes, sa vieille tôle froissée était pleine d'éraflures, des pièces entières de carrosserie manquaient, certaines lampes étaient tombées ou avaient été défoncées, j'essayais de me représenter la merveilleuse constellation qu'il dessinerait dans la nuit. Il semblait cependant être en état de marche. Quittant rapidement Wichita, le bus gagna l'Interstate, à un moment le conducteur s'écria : « *We're leaving Kansas ! Oklahoma state line !* » Le jeune Noir qui était sur le siège devant moi murmura : « *I wanna see Texas state line.* »

Les jeunes avaient de la musique dans les oreilles, les plus vieux sommeillaient, il y avait quelques femmes d'âge moyen, à bord, j'avais tout loisir d'observer leur visage gris, elles portaient presque toutes leurs cheveux poisseux en queue-de-cheval. Je regardai dehors. Le paysage du Kansas était animé, presque modelé, familier en quelque sorte à l'œil européen – doucement vallonné et boisé, çà et là. Le nord de l'Oklahoma, l'État où nous pénétrions à présent, était plat comme le Dakota, les Grandes Plaines étaient de retour. Au moment où j'eus cette pensée, le car tourna sur la droite et finit sa course à un arrêt, le moteur expira, le conducteur sauta à l'extérieur.

Deux ou trois secondes de silence et c'était parti. Un morceau de rap qui ne connut aucune trêve les heures suivantes. Tout commença par un cri issu des premiers rangs qui brisa le silence : « *The fucking bus broke down !* » Le putain de car est cassé. Le jeune qui était devant moi et qui aurait voulu être au Texas entonna instantanément un chant plaintif dans le car en criant, en maudissant, en hurlant au téléphone : « *Shit, man, I'm in the middle of nowhere, man !* »

Un autre s'écria : « Où est le foutu conducteur ? »

Et un autre : « Parti. Il a la chiasse! »

Le foutu conducteur remonta dans le car. « Bon, dit-il, pause cigarette, tout le monde descend, un car de remplacement va arriver. »

Les passagers se bousculaient, jacassaient, juraient, râlaient. Il y avait quelques jeunes à bord, le genre mine dangereuse avec casquette, capuche, pantalons et larges gestes – à la seconde où le moteur du car avait rendu l'âme, ils s'étaient métamorphosés en un tas de gamins qui se lamentaient. C'était surtout la voix claire et forcée du Noir sur la banquette devant moi qui dominait, plaintive, hurlant, maudissant. Il s'était noué un foulard autour de la tête, portait la casquette noire standard par-dessus et une chemise de cow-boy de Dallas. Sa cascade verbale éclata avec la puissance naturelle d'un accès de convulsion. Il ne pouvait parler autrement que de façon saccadée, c'était sa manière de réagir à la panne. Il s'enfonçait de plus en plus profondément dans sa transe et criait ce qu'il avait à crier, tel un médium rendant compte de ce ridicule incident par une éruption langagière. « *Shit, man. The fucking bus broke down, man. Fourty miles to Oklahoma City, man. Shit, man. Fucking bus, man. Wanna see Texas, man. Dallas, Texas. Holy shit.* »

Les premières informations sur les causes de la panne circulèrent. Le refroidissement ne fonctionnait plus, le ventilateur était foutu. Tout le monde se rassembla devant le capot ouvert, on toucha le ventilateur, la courroie qui pendillait de façon lâche, chacun utilisait de grands mots, qu'il y comprenne quelque chose ou non, jusqu'à ce que quelqu'un dise : « Refroidissement foutu. Moteur en surchauffe, c'est clair. » Moteur en surchauffe, ça faisait professionnel, le mot passa de bouche en bouche, tout le monde se mit d'accord là-dessus.

Un passager plus âgé vint se joindre au groupe, il connaissait vraiment la chose. Il désigna une des petites roues, sur laquelle défilait la courroie, celle-ci était cassée. Il dit qu'il avait montré la pièce défectueuse au conducteur à Wichita mais celui-ci était passé outre, ce qui provoqua un regain d'agitation. Tout le monde sortit son téléphone portable pour photographier la courroie flasque et inutile ainsi que les lampes fichues et les éraflures de la tôle, tournant autour du pauvre car tel un essaim de médecins légistes. Quand on eut perdu l'envie de fournir des preuves, la perplexité du début se réinstalla.

Alors que le car terminait sa course dans le parking, un jeune Blanc avait échangé sa casquette contre un drôle de petit chapeau qu'il arborait visiblement dans certaines situations, il faisait à présent les cent pas comme un animal inquiet, paniqué, élargissant chaque fois son rayon d'action, jusqu'à ce que je le repère près d'une camionnette noire. Dont les vitres, autant que je puisse en juger de loin, étaient couvertes, à l'intérieur, de ce qui ressemblait à des mouchoirs. Le jeune avait visiblement fait une découverte. Il arriva en courant, ricanant, pouffant, avisa le premier venu pour lui raconter. Il alla de l'un à l'autre, mais vers les hommes seulement, pas vers les femmes. Comme j'étais à l'écart, il termina par moi. Il me montra la camionnette, exécuta un geste théâtral de sa main vide devant son pelvis, éclata de nouveau de rire et me regarda comme quelqu'un qui jette un cadeau inespéré à un compagnon d'infortune, une grosse pièce, et qui observe ce qu'il en fait, avide de lire l'avidité sur le visage de l'autre. « *Man, he's sitting in there – he's jerking off, man !* » Mec, il est assis là – il se branle, mec. Je voyais son visage excité, échauffé, et d'un coup je sus d'où venait ce jeune homme osseux au crâne rasé – il sortait de prison. C'était l'excitation, l'échauffement et l'espionite qui se développaient dans l'intimité forcée entre prisonniers et gardiens.

En ayant assez vu, je remontai dans le car pour attendre les prochains développements sur mon siège. Une grosse femme en bottes de cow-boy ronflait sans scrupules. Un homme répétait à l'envi son juron : « *Never put me on a damn bus again, never ever !* »

Le conducteur apparut et cria : « Le car de remplacement arrive dans une heure. Vous avez de la chance, il se trouve qu'il y a un car libre à Oklahoma City, sinon vous auriez passé la nuit ici ! » Maintenant qu'il était clair que la situation durerait encore mais aurait un terme, la petite communauté de fortune se réinstalla confortablement dans le car et le besoin de converser reprit son cours.

Une femme blanche, téléphone portable à l'oreille, à une autre, noire :

« C'est ta belle-mère, il faut que je te dise que c'est ton père qui viendra te chercher, elle est coincée. »

La Noire : Il faut que j'arrive vite à Oklahoma City, mon petit-fils a un cancer, il a cinq ans.

La Blanche : Mon Dieu, je suis désolée.

La Noire : Ma fille fait des enfants l'un derrière l'autre, elle est maigre comme un clou. Je lui dis toujours : arrête un peu, occupe-toi des huit que tu as déjà.

La Blanche : J'en connais une qui a eu une attaque cérébrale après un accouchement. Son mari a divorcé et elle ne pouvait plus rester avec ses enfants parce qu'elle était devenue handicapée mentale.

La Noire : Ce n'est pas juste. Elle les a mis au monde. Et plus bas : Ça s'est passé à la naissance mais elle n'y peut rien. Plus bas encore, comme pour elle-même : *That's life*.

La Blanche : Je boirais bien une bière.

La Noire : Une bière fraîche, oui. Peut-être qu'ils vont nous rembourser le ticket.

Un homme : J'aimerais bien être Jessie James.

La Blanche : Jessie James était un hors-la-loi.

L'homme : Oui, mais il avait un cheval.

La Blanche : On peut ouvrir la vitre ?

L'homme : J'irais à cheval dans un bar. Ou dans un peep-show.

Une autre Blanche intervint. Lorsqu'elle releva de nouveau ses cheveux en une queue-de-cheval, les attachant avec un élastique, le tatouage de sa nuque apparut et elle raconta sa peine de prison dans l'État du Kansas. L'homme qui aurait voulu être Jessie James vantait de son côté ses expériences de prison, dans son récit survinrent plusieurs nez cassés, apparemment c'était sa spécialité. Lorsqu'il posa son bras nu sur l'accoudoir du siège, mon regard tomba sur le tatouage à son poignet. Qui représentait des étincelles repoussées par une main, ce qui devait signifier qu'il avait le poing rapide comme une fusée, en cas de besoin.

Entre lui et la femme à queue-de-cheval s'éleva une dispute – quelle prison avait les meilleures cellules. La femme jurait que c'était celle de Wichita. Je l'avais vue, j'étais passé devant, un complexe plat, des pelouses soignées, un parking, une grille, sans être au courant on penserait plutôt à une activité industrielle ou administrative. L'homme contredit la partisane de Wichita avec véhémence – depuis longtemps *fuck* intervenait un mot sur deux.

Il faisait une chaleur moite, chacun enlevait tout ce qu'il pouvait. Presque tout le car était engagé dans cet échange d'expériences. Ils sortaient sûrement presque tous de prison ou y avaient été. J'étais le seul à me taire, attendant le moment où tous les regards seraient braqués sur ce témoin muet – curieux, moqueurs, menaçants : Et toi, qu'est-ce que tu en penses ?

Deux bonnes heures passèrent. Puis quand un car bifurqua vraiment vers le parking, celui qui venait nous chercher, quand il stoppa derrière nous et qu'il ouvrit ses portes, la chaleur, la soif et l'expertise des prisons s'évanouirent et la jubilation de la communauté éclata : « *Thank you, Jesus ! Thank you, Lord !* » Là-dessus nous nous dirigeâmes vers Oklahoma City.

Heureusement, la gare routière se trouvait au cœur de la ville. Je sortis du hall, et un ou deux pâtés de maisons plus loin tombai sur le meilleur hôtel de la ville. Tandis que la douche effaçait les dernières heures, j'avais une image devant les yeux, le car qui se vidait, caisse de tôle à l'odeur de sueur douceâtre, pleine de frères de prison, pleine de frimeurs, de fripouilles, d'aventuriers cernés par la convoitise et les soucis, comme le sont les fruits pourris par des nuées d'insectes. Les nuées ne se disperseraient pas, le petit-fils malade ne retrouverait pas la santé, la fille maigre aux huit enfants ne deviendrait pas intelligente, Jesse James ne serait jamais un homme et les cellules de Wichita ne se videraient jamais.

Hommes perdus, femmes abandonnées, logements inhabités, lieux du crime délaissés, chaleur quittée après quelques heures passées dans le balancement d'un utérus en tôle éraflée, cabossée – le car Greyhound se vidait et j'entendais encore les choses terribles ou les histoires paillardes racontées d'une voix aiguë pendant le trajet, récompensées par le rire ordinaire de ceux qui ne connaissaient tout ça que trop, puis le tout s'éteignit dans la nuit, s'éloigna, les pas, les voix se perdant dans les rues et les parcs d'Oklahoma City – une bière attendait peut-être quelque part, une étreinte furtive. J'étais dans cet hôtel et je m'étais lavé de tout, mais eux, où allaient-ils ? Nulle part. En route d'ici vers là-bas. Du bois flottant que personne n'avait demandé, dont personne n'avait besoin et qui dérivait sur le fleuve. *American driftwood.*

Le soir, je visitai le quartier des plaisirs. Dans un bar, un jeune jouant de la guitare chantait des chansons nostalgiques – et tout revenait, avec la crise la musique de la crise, après le long épisode de *glamour.* Dans un autre bar un Noir chantait du blues et j'avais le sentiment que le même chant plaintif se poursuivait, des origines du pays au Jugement dernier, comme si on avait baissé le volume à la descente du car pour l'augmenter de nouveau – la même station de radio que celle du jeune Noir assis devant moi qui jurait et pestait, quelques strophes nouvelles ajoutées au lamento éternel.

UN AMI POUR UNE HEURE

Oklahoma City était belle. Plus que cela, enchante-resse, aussi loin que portât le regard, un ensemble de parcs formaient un écrin pour la ville. Mais je ne restai pas, je poursuivis vers le sud. Traverser d'abord un quartier chic puis un endroit désolé et, comme je n'aime pas faire de détours, descendre droit dans le lit d'une ancienne voie ferrée fraîchement arrachée – des excavatrices creusaient la terre rouge – puis remonter, continuer à travers une zone de maisons en ruine mais lourdement grillagées et gardées par des chaînes et des chiens sans maître.

Après avoir traversé l'Oklahoma River, j'atteignis l'avant-poste du Sud hispanique sur l'autre rive. Un garage automobile d'aspect bien sage s'appelait Voodoo Auto Repair, les bars por-taient des noms de hits mariachis, El Ranchito, Mexico Lindo. Il y avait des maisons de crédit municipal à chaque coin de rue, je m'arrêtai devant l'une d'elles qui vantait avec aplomb les joujoux préférés des gangsters : *Guns, Diamonds, Guitars !* J'entrai, je déposai mon paquet sur le comptoir pour voir si le vieux colt valait quelque chose. De ses doigts agiles l'employé souleva le chiffon sale et jeta un bref regard dessus, fit retomber le chiffon et dit : « On n'est pas au cinéma ici, cow-boy. »

Peu de temps après je me fis agresser en raison de mon seul aspect : je suivais mon chemin, ostensiblement, à pied. Dans une zone de petites gens, de pavillons de banlieue sobres s'élevant sur des parcelles de gazon, une voiture me frôla de près, le conducteur s'écria avec colère par sa vitre ouverte : « *Get yourself a fucking car !* » C'était rare. Nul n'avait eu un tel comportement jusqu'alors et plus personne par la suite ne l'aurait.

Après avoir marché huit heures, je n'avais toujours pas quitté Oklahoma City, j'étais encore sur la bretelle de sortie, passant devant les derniers soubresauts de la ville : Freedom Motors, et des mobile homes s'étendant sur plus d'un mile, les plus petits à 29 999 dollars, les plus grands à 39 999, certains en si mauvais état que je me demandais qui pouvait les acheter ou les vendre. Quelques coups de hache suffiraient pour démolir ces caricatures de maisons.

J'appréciai que la tenancière d'un café coréen en bordure de la route ne me refuse pas le thé que je lui demandai, une femme d'une timidité aimable. Le thé ne figurait pas sur la carte mais elle m'en fit tout de même. Quand ma faim s'éveilla, j'eus à nouveau de la chance – une autre patronne, au bord de la grande route indifférente, une Américaine résolument maternelle, cette fois. Les deux hôtesses avaient en commun de se défier de moi. Une légère tension en déposant le thé et, plus tard, le *basket*, la corbeille contenant du *beef* et des *French fries*, l'absence des plaisanteries habituelles en servant le café, il n'y avait rien d'autre, mais c'était suffisant pour que l'étranger voué à lui-même et par conséquent vigilant le remarque. Une seule explication à cela : Oklahoma City. Dans les grandes villes la spontanéité envers un type comme moi disparaissait, la défiance s'installait – la règle venait à nouveau de se confirmer.

Le soir tombait lorsque la ville fut enfin derrière moi et que j'atteignis la campagne. À l'endroit où ma route coupait l'Interstate, je trouvai un motel pour la nuit. Des camions traversèrent mon sommeil, ne cessant de me retourner je me réveillai courbatu, le jour nouveau confirma une autre règle : les pauvres étaient secourables. Plus secourables que les riches. Pas étonnant car, ayant moins à perdre, ils avaient moins à attendre.

Au moment où je passais devant la maison de retraite, aussi proche de l'autoroute que l'était mon motel et qui semblait aussi désolée, une femme venait chercher sa mère, une vieille dame ridée à la voix éraillée. Et bien que son auto fût bourrée d'un bric-à-brac impossible et qu'elle eût déjà sa petite-fille comme passagère, la femme offrit de me déposer. La petite, une enfant mince aux yeux vifs et interrogateurs, entama aussitôt la conversation sur la banquette arrière.

« On vit dans une caravane, dit-elle.

– Mais très grande, rectifia la mère.

– Tu viens d'où ?

– De Berlin, en Allemagne. »

La grand-mère poussa un cri rauque, c'était sa façon de rire, elle trouvait amusant d'avoir tout à coup un Martien dans sa voiture.

Sa petite-fille poursuivait : « Comment on y va ? En fusée ? Comment tu t'appelles ? »

Je donnai mon prénom, qui sonnait pour elle comme un personnage d'une histoire d'Indiens – « un nom bizarre, non ? »

La petite fille ne répondit pas, elle se pencha en avant et me dévisagea avec curiosité, sa grand-mère ajouta une chose que je ne compris pas.

À Norman, il se mit à pleuvoir, du crachin. Pas un souffle de vent, remarquai-je à ce moment-là. La singularité de la journée me plaisait mais, après avoir marché un temps, je m'aperçus que l'humidité s'installait, différente d'une pluie doucement saupoudrée – une vapeur de sauna qui m'envelop-pait dans son nuage et entamait mes forces.

À Noble, la dame qui exposait des *rose rocks* dans sa maison en bordure de la route – roses des sables qu'elle ramassait elle-même pour les vendre – plongea la main dans la caisse pour m'en offrir une. Les roses des sables d'Oklahoma ont à peu près la taille de nos anémones, elles sont d'une couleur rouille qui rappelle le sang séché et la pierre est poreuse. Stein (pierre) – tel était aussi le nom d'origine de sa famille. Elle l'avait longtemps écrit Stine, mais Nancy se souvenait qu'elle venait d'une famille immigrée de Prusse, un de ses ancêtres avait servi le roi Fré-déric le Grand. Son mari Joe avait, quant à lui, un grand-père indien. Dont l'ancêtre était un chef de guerre cherokee, ce qui avait également – comme tout le reste – un rapport avec la rose des sables. Nancy m'expliqua : « Quand on trouva de l'or en Géorgie, le gouvernement repoussa les Cherokees qui y vivaient vers l'ouest, en Oklahoma. Ils furent quatre mille à mourir en chemin. Voyant cela, Dieu demanda à la terre de transformer le sang et les larmes qu'ils avaient bus en roses des sables. Ainsi ne trouve-t-on ces roses des sables nulle part ailleurs dans le monde, seulement en Oklahoma, là où s'achève le sentier des larmes. »

Slaughterville, ainsi s'appelait la localité suivante, sur ma carte. Joe proposa de m'y conduire. Le jour qui avait débuté dans un voile de pluie se poursuivait par des averses. Sur la 77, la voiture de Joe creusait des tranchées liquides. Je me taisais. Il lui parut évident de ne pas me déposer à Slaughterville mais de continuer jusqu'à Purcell. Je descendis de voiture, le remerciai, traversai l'endroit, fis quelques miles sous la pluie, vis le panneau publicitaire du Ruby's Inn au loin et, quand je me trouvai enfin devant, j'abandonnai la partie. Là, dans le motel de ce bout du monde où la Route 77 et l'Interstate effleurent brièvement le Texas, je restai des jours entiers.

Je pourrais parler de la chance d'avoir atterri là. Il pleuvait, rien n'indiquait que cela s'arrêterait un jour. Je passais des heures allongé sur le lit à écouter la pluie battre sur la tôle des voitures garées devant ma chambre, parfois elle diminuait d'intensité, tambourinait encore un peu sur les voitures, mais si je me redressais pour mieux entendre, que je fourrais mes affaires dans mon sac à dos et franchissais la porte pour reprendre ma marche, la pluie repartait de plus belle et je rentrais, me laissant retomber sur le lit.

Mon nouvel imperméable ne valait rien. C'est la raison pour laquelle je restais. Un simple geste du bras et la fermeture avait craqué de bas en haut. En principe, on pouvait faire confiance aux imperméables de cette marque mais, s'abstenant de toute réflexion, un nouveau venu avait dû acheter des fermetures éclair bon marché qui se cassaient en deux temps trois mouvements. Par forte pluie, l'imperméable était inutilisable mais je ne voulais pas non plus le jeter, la route qui m'attendait était encore longue.

Pour me distraire, je sortis un livre acheté à la librairie Dusty Bookshelf, la boutique de Manhattan, un livre sur la Grande Dépression des années 1930. Le 6 octobre 1932, la fermière Theresa von Baum a fait faillite. Gel, tempête, grêle au mauvais moment, avec son mari elle a pu résister en travaillant dur, malgré l'invasion de criquets, les errements du marché, l'effondrement des prix. Quand son mari meurt, elle continue avec ses fils. Mais un créancier à qui elle doit 400 dollars réclame son dû. La banque locale l'aide jusqu'à ce qu'elle-même fasse faillite. Le créancier paraît à la ferme. Il veut vendre aux enchères pour récupérer son argent. La vente est fixée au 6 octobre 1932. Deux mille cinq cents fermiers s'y rendent. Ils ont élu un comité, douze hommes. Le comité dit que la ferme doit être sauvée, qu'elle doit rester en possession de la fermière. Il propose 100 dollars au créancier. Celui-ci dit : « D'accord, je repousse la vente. Mais je reviendrai. » Le comité dit : « Non, tu ne feras pas de vente aux enchères. Nous allons procéder à notre façon. » Dix vaches, un tracteur, divers appareils, la maison, la grange, la lande, l'ensemble part pour une poignée de cents récoltés dans la foule – 102 en tout. Cent deux cents pour la ferme, y compris tout ce qui vit et se trouve dessus. On les donne à Theresa von Baum. Qui la rachète pour cette même somme. Fin de la vente. Le créancier regarde. Il considère la foule, deux mille cinq cents fermiers, remonte dans sa voiture et retourne à la ville.

Penny Auction, ainsi se nomme la méthode. Très répandue dans l'Oklahoma et d'autres États des Plaines pendant ces années de désespoir et d'échec. Une *Penny Auction*, c'était un genre de Boston Tea Party avec les moyens de la Prairie. Ça aussi, c'était l'Amérique, quand plus aucune aide n'était possible, on aidait quand même – se souvenant que ce n'était pas la loi qui avait fondé ce pays mais quelques hommes qui l'avaient pris en main.

D'où les célébrations de la loi victorieuse. Ce n'était pas l'église qui dominait dans les petites villes que je traversais mais le *courtyard*, le tribunal. Ces forteresses de la loi étaient souvent de puissants édifices néoromans rappelant le style néobaroque mais, avant tout, la façon dont s'était construite l'Amérique ; au commencement était le fusil, le revolver. Le droit ne vint qu'après.

Quand je ne tenais plus dans ma chambre, j'allais sur l'étroite terrasse abritée du motel. Celle-ci comportait trois ailes entourant l'énorme parking qui donnait sur la route, ma chambre était à l'extrémité de l'aile gauche. À l'extrémité de l'aile droite, au-delà du parking, se trouvait mon unique consolation, le Ruby's Diner. J'aimais bien le Diner, je buvais du café, j'écoutais, je regardais tomber la pluie, j'entendais les voix à l'intérieur bruire comme la pluie. Parfois, le shérif venait boire un café. Ainsi passèrent les jours.

Entre-temps, on avait appris que l'homme qui prenait son petit-déjeuner seul dans son box et qui buvait de temps en temps un café et allait dîner le soir chez le Mexicain était un Allemand. Il y avait des éleveurs de chevaux, dans la région, des commerçants venant régulièrement de l'étranger. En somme, on me prenait pour un éleveur et je laissais dire. C'était plus simple, pas besoin d'explications compliquées. Ça me donnait le temps de réfléchir au pick-up qui se trouvait dehors, sur le parking – et qui était à vendre. Il me plaisait. Ce n'était pas un camion frimeur, avec double rangée de pneus à l'arrière et double rangée de sièges à l'avant, non, c'était un Dodge Bighorn d'un blanc bleuté, exactement ce qu'il me fallait. Quelques milliers de dollars et il m'appartenait. Il m'attendait, je le sentais en passant devant lui, j'effleurais de la main son grand rétroviseur, sa tôle, et c'était bien ainsi.

Le soir, on diffusait un film d'horreur à la télévision, le personnage terrifiant était un randonneur. Allongé sur mon lit, je regardais en pensant au lendemain. Ce film allait porter un coup d'arrêt à l'envie des habitants de Purcell de s'arrêter devant ce randonneur trempé en manteau long à capuche et de lui ouvrir la porte de leur voiture, si une telle envie existait.

Le lendemain, la pluie se déversait aussi impitoyablement que les jours précédents. Le pick-up attendait, Purcell attendait, la légende du marchand de chevaux commençait à s'effriter, ma promenade sur la terrasse ressemblait de plus en plus à une promenade dans une cour de prison – il fallait se décider : acheter ou marcher. Je mis mon manteau et sortis. Dans les situations désespérées, j'avais appris qu'il fallait autant savoir attendre qu'y aller. J'attendais depuis des jours, maintenant j'étais prêt à y aller. Avec une rage qui n'avait fait que croître, je me jetai sous la pluie tout en sachant qu'il s'écoulerait bien des heures avant d'espérer arriver quelque part.

Il était midi quand un pick-up s'arrêta.

« I give you a ride to Wayne, man. »

Celui qui avait dit cela, un type longiligne, était replié derrière son volant. À côté de lui le siège était occupé, devant il n'y avait pas de place pour moi. Est-ce que ça me dérangeait de m'asseoir sur la plate-forme ? Non, bien sûr, ça ne faisait rien. Je sautai, il démarra. Je me tenais solidement car il conduisait vite.

Wayne était un décor de western sous la pluie constitué de planches grossièrement clouées, rien d'autre. Sur les murs des maisons étaient peints les services d'une ville frontière aux temps sans loi de la fondation. « Armes et autres instruments », proposait-on ici. Un coiffeur faisait office d'arracheur de dents. *Hangin' Judge* – difficile de savoir s'il s'agissait d'un bar ou d'un juge polyvalent. Il n'y avait aucun toit pour se protéger, même pas un petit. « Continue, m'avait dit le long type quand j'avais sauté de la benne, je raccompagne mon ami chez lui, descends la rue et je te rattrape dans une demi-heure. »

Il tint parole. La demi-heure n'était pas passée qu'il s'arrêtait près de moi dans une autre voiture, plus civile. « *Hi, I'm Jason.* » Je montai et débuta un trajet d'environ une heure que je garde encore en mémoire. Cela existe-t-il, une heure d'amitié, sur la route, entre un décor de western et un motel quelque part en Oklahoma ? Il semblerait que oui. Jason n'était encore jamais allé à l'est du Mississippi mais il avait traversé l'Amérique, « à pied ». Il sourit.

« Pluie en Californie. Jour après jour, personne ne me prenait. Mes affaires puaient, je puais, tu connais.

– Où était-ce le mieux ?

– La Californie, c'est de la merde, l'Arizona aussi, le Nouveau-Mexique aussi. Le Colorado, c'est très bien. Le Wyoming, c'est bien. Mais le mieux c'est ici, dans l'Oklahoma. J'ai atterri là et je suis resté. C'est comment, en Allemagne ? Le mur est tombé, hein ? J'en ai entendu parler. Des forêts, des voitures qui vont vite, de la bière – c'est à peu près ça ? »

Je lui donnai les informations que je pouvais, ajoutant que la Bavière était un peu comme le Texas.

« Ils n'aiment pas qu'on leur dise ce qu'ils doivent faire.

– Oui, dit-il, c'est comme ça au Texas. Dans l'Oklahoma aussi, c'est pour ça que j'y suis. Il y a des lois, c'est clair,

231

mais que j'aie des armes ou non dans ma voiture, c'est mon affaire. » Il se mit à rire en voyant mon expression : « Non, non, je n'ai pas d'arme ici – mais dans le pick-up, si. Les gens te prennent quand tu marches à pied ?

– Oui, et même souvent, sauf dernièrement. C'était comment, pour toi, à l'époque, quand tu marchais ?

– Dur. Quand tu as passé un bon moment seul sur la route, tu as une autre allure, ça empire chaque jour et personne ne s'arrête. Une fois quelqu'un s'est arrêté, pourtant, je n'y croyais pas, le genre hippie mais riche, une belle voiture, chère, allemande, je crois. Le type m'a gardé un bon bout de chemin, jusqu'à Tucson, et m'a même invité à manger. Puis il paie, pose l'argent sur la table, retourne aux toilettes, la serveuse ne vient pas, lui ne revient pas tout de suite, je suis assis à table, avec l'argent devant moi, d'abord je ne l'ai pas pris, je me suis dit : donne-leur une chance, c'était une sorte de jeu, je leur ai donné deux minutes puis j'ai pris le billet de 100 dollars et je suis sorti. Voilà le genre de type que j'étais. Quelquefois je pense qu'il l'a fait exprès. Il n'a pas dû s'étonner. Je crois qu'à l'époque, on voyait ce que j'étais. Ça fait un bail, je ne le ferais plus aujourd'hui. Pourtant – personne ne me prendrait si je restais comme toi au bord de la route – je suis à moitié indien, je n'ai pas le visage pâle. » Il ouvrit une canette de bière : « Tu en veux une ?

– Oui, merci. Une tribu de la Plaine ?

– Non, de Californie, tu ne connais pas. Mon autre grand-père était blanc. Un petit fermier de l'Oklahoma, il est parti en Californie dans les années 1930 pour être bûcheron, à l'époque de la grande sécheresse et de la Dépression – un Okie. Tu sais ce que c'est ?

– Oui, j'ai lu un livre là-dessus. Et toi, qu'est-ce que tu fais ?

– Je cherche du pétrole, je travaille pour une compagnie pétrolière, dans quelques miles tu verras une de nos installations, je te montrerai. Cette année ils ont divisé mon salaire par deux. »

Il ne disait pas de belles choses sur le président, qui faisait du tort à l'industrie pétrolière nationale, c'était de sa faute.

Il reprit son attitude étrange au volant et je compris que c'était une attitude de cavalier. Il montait sa voiture. Penché en avant, il faisait comme s'il cherchait son chemin à cheval. C'était un géant qui n'était pas fait pour les voitures. Et comme il était en short, je vis les petits tatouages qu'il avait sur les jambes, discrets, qui parcouraient sa peau sombre comme de petites veines bleues.

« *I was a hoodlum* », fit-il soudain. Je restai suspendu à ce mot singulier, un mot que personne n'utilisait plus, croyais-je. *Hoodlum*, truand – il me semblait contenir un jugement moral comme crapule ou détenu, des mots que l'on n'utilisait pas plus. On parlait des criminels avec une objectivité juridique ou dans ce jargon qu'affectionnaient les gangsters mais pas d'une façon morale, et que quelqu'un se décrive ainsi après coup, ça n'arrivait jamais. Un *hoodlum* ce n'était pas le pire, plutôt un voleur qu'un meurtrier ou un brigand, mais un voleur notoire.

« Oui, voilà ce que j'étais, poursuivit Jason, un drogué, un voleur. J'aurais tout fait pour avoir de la drogue. Tu sais, je suis content de rouler un peu aujourd'hui. Ma femme est malade et en n'étant pas à la maison je ne risque pas la contagion. Il faut que je travaille, que j'aille forer des puits de pétrole dans le Nebraska. Cinq mois avec dix hommes dans une seule maison. Quand je travaille, il y a quelqu'un d'autre qui dort dans mon lit, ça me fait chier mais je ne me plains pas, il faut bien gagner sa vie. »

Parfois surgissait la pointe d'une flèche d'une blancheur immaculée, posée sur les clochetons des petites églises de l'Oklahoma. En les voyant je pensais aux cagoules blanches pointues du Ku-Klux-Klan. Superposer les deux images ne se justifiait pas mais je ne pouvais m'en empêcher.

« On traverse la Bible Belt, non ?

– Oui, la Bible Belt. Tu connais la Bible ? » Il se reprit, secoua la tête et me tapa sur la cuisse en riant : « *Sorry*, je te parle comme si tu étais un demeuré. Une autre bière ?

– D'accord. Combien de temps tu vas continuer à forer des puits, tu as quel âge ?

– Trente-deux ans. Mais à partir de trente ans, il vaut mieux ne plus compter. Et toi, tu as une femme, des enfants ?

– Oui.

– Et ta femme te laisse partir ?

– Je travaille pour ma famille, comme toi, mais de temps en temps je leur demande de me laisser partir. Toi aussi tu pars pendant des mois dans le Nebraska.

– Oui, j'en ai besoin – tu vois ? Il y en a un peu, dans la Prairie, des mustangs sauvages. Il faut les acheter jeunes, ça coûte dans les 200 dollars, après, tu ne peux plus les dresser. »

Il aimait les chevaux, il aimait aller à la chasse, des cerfs, des faisans, des dindons.

J'admirais l'Oklahoma. Du voleur drogué, de l'escroc, il avait fait un chasseur et un père, un homme. Et après notre échange précipité, je ne fus pas étonné de l'entendre dire que, lorsqu'il était enfant, il passait des heures sur des atlas, sur des cartes. Je connaissais, je l'avais fait, moi aussi.

« Tu es un type des villes ou un type des champs ? demanda Jason.

– Je viens de la campagne et suis parti à la ville.

– Moi, c'est le contraire, de la ville à la campagne. » Et après un silence : « Ma femme et mes enfants m'ont sauvé. Avoir quelqu'un qui t'aime. Tu crois en Jésus-Christ ? »

Nous passions devant un parking de poids lourds, qu'il me désigna.

« Ils attendent leurs *fags*. Tu sais ce que c'est, les *fags* ?

– Non.

– C'est un parking de routiers homos. Ils commandent leurs *fags* par téléphone, leurs types, tu comprends ? »

Il rétrograda d'une vitesse, la voiture roulait plus lentement, un motel apparut.

« Je te dépose là, il faut que je fasse demi-tour, que je rentre à la maison.

– Merci, Jason.

– Ne me remercie pas. Tu es ma bonne action de l'année. »

LE COUP DE FEU

B ien avant d'aller en Amérique j'y étais déjà allé un jour
de l'année 1963 où j'avais de la fièvre. Pour épargner
l'enfant fébrile et parce qu'on trouvait qu'il se laissait trop
impressionner par ce genre d'histoires, on lui avait caché
l'information, mais le garçon entendait chuchoter dans la
maison, pressentant qu'il se passait quelque chose. Il attendit
pendant une heure entière que tout le monde soit couché et
se glissa dans l'escalier pour écouter la radio. C'était la toute
première information – voici ce qui était arrivé : Kennedy
était mort, abattu à Dallas dans une limousine décapotable.

À présent je me trouvais là, à la fenêtre du cinquième étage
du Texas School Book Depository de Dallas, fenêtre derrière
laquelle Lee Harvey Oswald – dit-on – avait attendu, visé et
tiré lorsque la limousine Continental s'était engagée dans
Elm Street, avec un agent du Secret Service au volant et le
couple Kennedy sur la banquette arrière. La petite exposition
sur l'attentat montrait des films, des photos et des journaux
d'époque, on avait amassé des caisses devant la fenêtre afin
que les visiteurs puissent se représenter le dépôt où étaient
entreposés des manuels scolaires, au début des années 1960
– ce dont l'imagination s'emparait avec gratitude. Je voyais

Oswald se frayer un chemin jusqu'à la fenêtre, se retrancher derrière les caisses, charger son arme. Un guide entouré de visiteurs faisait référence aux principales théories du complot, il y en avait une dizaine, tout y était, la mafia du Sud, celle du Nord, les services secrets, mais la seule chose dont on était sûr près de cinquante ans après l'assassinat du président, c'était ceci : ce jour-là, Kennedy fut assassiné à Dallas. Le reste n'était pas clair.

Cette nuit-là, le garçon resta l'oreille collée au poste. On diffusait des musiques lentes et, de temps en temps, une chanson différente. Lorsqu'il entendit les premières paroles chantées par cette voix qu'il était prêt à suivre partout, son cœur se libéra, lourd et léger à la fois mais plus léger que lourd. Le garçon absorbait chaque note, chaque parole, redoutant le moment où la chanson finirait. Kennedy était mort. Kennedy dont il ne savait pour ainsi dire rien, seulement qu'il était un héros au sourire d'une blancheur éclatante, un roi différent des autres. Tout comme la chanson diffusée à minuit était différente des autres. Kennedy était mort mais la chanson vivait. Il ne comprenait pas grand-chose, des bribes de mots, mais la voix lui faisait sentir ce qu'il ne comprenait pas. « *Two drifters, off to see the world.* » *Two drifters* sur la banquette arrière de la limousine dans Elm Street, tout en bas. L'un était parti, l'autre allait suivre, ils se rencontreraient un jour au bord de la Moon River, dans une clairière sous la lune, à la courbe du fleuve. « *Waiting 'round the bend, my huckleberry friend.* »

La chanson du fleuve de la lune avait pris le garçon par la main pour le consoler, pour consoler le monde entier, il avait l'impression que le monde entier entendait cette chanson dans la nuit. Les chansons habituelles racontaient des choses qui s'étaient produites, celle-ci murmurait ce qui allait se passer quand des étoiles favorables se lèveraient et que nous tiendrions notre promesse. Voilà à quoi je pensais à la fenêtre d'Oswald, en regardant vers Elm Street. Voilà, une chanson. L'Amérique était une chanson, à la courbe du fleuve la strophe suivante attendait. Il y a des pays chantés et d'autres non chantés, des pays racontés et d'autres non racontés, l'Amérique est d'une troisième espèce – un pays qui se chante et se raconte lui-même. Si le récit américain cassait, l'Amérique casserait. Certains pays exportaient du pétrole, l'Amérique exportait son chant, « le rêve américain ». Pouvait-on encore s'y fier ou les sources se tarissaient-elles ? Le coiffeur de Manhattan avait ajouté quelques strophes plutôt amères.

Quelques jours auparavant, j'étais au bord de la Red River, la frontière avec le Texas. Le fleuve était indompté, rouge de la terre qu'il traversait, un pont menait de la haute rive du Nord à celle du Sud. Les premiers noms texans figurant sur ma carte n'étaient guère que des panneaux, le pays n'était qu'un vaste pâturage impressionnant où paissaient des bœufs, des chevaux et des mulets noirs, bruns, blancs. Tout était plus riche et plus grand, les maisons, les ranchs, les lointains. Dans un saloon de St. Jo j'entendis quelqu'un, un cow-boy d'un certain âge, dire : « Nous avons été des cow-boys toute notre vie, c'était comme ça et c'est comme ça qu'on a grandi. Et quand ils disent de nous : à peine payés déjà en faillite – et alors ? On ne le fait pas pour de l'argent, sûrement pas, on le fait... » – ma traduction s'arrête là car l'homme poursuivit : « ... *for the glory.* » Comment traduire cela dans une langue qui n'a aucun mot qui corresponde au sentiment ainsi exprimé ?

Comme l'esprit du garçon était asséché, comme il avait soif. La chanson du fleuve de lune le submergeait, submergeait des zones de la conscience qu'il connaissait à peine. Il fermait les yeux, les mots affluaient. Appaloosa. Appalaches. Code apache. D'autres mots approchaient, grésillaient, chuchotaient – *a hiss*, ainsi Ron appelait-il le bruissement de l'herbe de la Prairie au vent de l'été ; Mississippi. *Missis. Miss you.* Et voilà que la musique jouait, Kennedy, le sourire blanc du vainqueur, le héros blanc de la réussite. Quand il paraissait il repoussait l'obscurité et donnait pleine vue sur la lumière du jour. L'Amérique, pays de lumière, habité d'âmes claires et éclairées, prête à cueillir le jour – combien coûte le monde ?

Pourquoi l'Amérique ? L'autre point cardinal ne comptait plus – dans cette direction les hommes avaient disparu. L'Est pesait sur le cœur, lourd de pressentiments, de perte. Verrouillé, barricadé, il n'envoyait rien – que de faibles signaux d'obscurité et de déclin. Il y avait des reliques, un tiroir, un carton, une vitrine dans chaque famille, des photos floues aux bords élimés. Des morceaux d'héritage dont nul ne voulait. Un vase aux tours peintes avec le nom d'une ville de l'Est profond. Si on le faisait tomber, au bout du compte, tous mourraient, le vase et cette vieille chose sinistre, et la porte se refermerait. Pourquoi l'Amérique ? Eux avaient des chansons.

Une remarque de mon père me venait à l'esprit. « Je serais bien allé à pied, à l'époque, en Amérique. » À l'époque, c'était après la guerre. Un jeune homme de dix-huit, vingt ans et le désir de sortir, sortir de la nasse pour aller là où tout est jeune et facile, là où habitent les vainqueurs. Voilà ce qu'était l'Amérique à l'époque. La victoire avait effacé les ombres, la

Grande Dépression, la Grande Sécheresse de la Prairie et le désespoir des petits fermiers, la pauvreté et la migration des Okies méprisés vers la Californie. Après la guerre seulement l'Amérique revêtit l'aura d'une jeunesse éternelle, l'aspect et la langue du vainqueur-né.

Il fallait qu'il y eût un Kennedy. L'Amérique était prête pour un héros qui était avant tout merveilleusement jeune, comme sa victoire. Et le monde, de son côté, attendait, ne demandant qu'à être envoûté. Et il l'avait envoûté. *Stupor mundi*. Discours présidentiels portant haut et missions sur la Lune, fusées Saturn, grosses voitures, porte-avions, pluies de confettis – mélange inimitable de jeunesse et d'élection, de chewing-gum et de grands mots. L'Amérique disait nous pouvons tout, et le monde le croyait. Le monde voulait le croire. Sans cette nostalgie on ne pouvait comprendre la révolte future contre l'Amérique.

Des décennies plus tard, dans un New York hivernal, j'attendais un avion en retard à l'aéroport John F. Kennedy. Nous attendions depuis des heures, la nuit était tombée entre-temps. Il avait commencé à neiger vers midi, les avions en partance devaient être dégivrés mais cela ne suffisait pas à expliquer cette longue attente, c'était comme s'il s'agissait, plutôt que d'une chute de neige habituelle, d'une catastrophe naturelle. À la fenêtre de la salle d'embarquement je regardais les pistes, espérant que chaque appareil qui roulait serait le nôtre, chaque fois déçu.

Près de moi apparut un homme en redingote, avec une canne à pommeau et une bague, un artiste allemand, impossible de se méprendre, qui attendait aussi – il s'avéra qu'en dépit de son caractère princier, il disposait d'un sens pratique aigu qui lui permettait d'avoir un regard d'ingénieur sur la situation. Il considérait avec calme ce qui se passait ou ne se passait pas sur les pistes et commentait avec une ironie mordante les annonces vaniteuses qui s'échappaient de temps à autre des haut-parleurs et nous étaient destinées, à nous les passagers. D'un ton ferme et inimitablement affable on nous assurait, une fois de plus, de tout faire pour résoudre ce léger problème dans la demi-heure et de nous ramener en toute sécurité chez nous, « *home for Christmas* ». Tout à coup je compris que, devant la vitre, deux personnes issues d'une nation d'ingénieurs géniaux regardaient une nation de vendeurs géniaux qui parvenait à maintenir pendant des heures les gens dans de bonnes dispositions sans que rien, apparemment, ne fonctionne, sinon les haut-parleurs. Nous regardions en secouant la tête – étonnés. Nous construisions parmi les meilleures machines au monde. Mais eux, ils vendaient les rêves qui avaient le plus de succès au monde. Avec eux ils étaient allés loin. Mais pourraient-ils aller plus loin ?

Waxahachie

Aller à Waxahachie signifiait pénétrer dans toute la splendeur de la floraison de mai du Sud. Si j'étais devenu aveugle, aveugle aux marronniers rouge flamboyant, aux magnolias et aux arbres de Judée dans les rues ombragées, si je n'avais pas eu un regard pour les exaltations de lys et les explosions de rhododendrons dans les jardinets, pour les maisons de maître silencieuses derrière, pour les frises de leurs frontons soutenues par des colonnes et pour le joyeux *He is risen!* inscrit sur l'une d'entre elles – Waxahachie, la seule douceur chantante de ce nom l'eût trahi : tu y es ! Derrière toi il y a l'Ouest, le Nord. Ici, c'est le Sud, le pays du parfum de rose et de Waxahachie.

Comme si la langue américaine – avec sa provision de monosyllabes et son talent naturel pour les hits courts et évocateurs, les titres de journaux et les slogans publicitaires – devait aussi se répandre en vocables dispendieux, un tel nom prenait son envol de temps à autre, souvent d'origine indienne, un mot magique. Avant que l'Amérique n'ait été apprivoisée et métamorphosée en un pays utilitaire, il y avait eu un perroquet, l'unique espèce nord-américaine. Comme cette perruche colorée de Louisiane, Waxahachie voltigeait au-dessus

243

de la volée monosyllabique, au mieux bisyllabique, des villes moineaux. Joplin. Ferris. Frost. Fort Worth, Dallas, Hurst.

Au centre de Waxahachie se trouvait le tribunal en granit rouge du Texas et devant, appuyé sur son fusil, un jeune soldat confédéré en pierre grise. « En l'honneur des morts et des vivants du comté d'Ellis », était-il gravé sur le socle. « Ils étaient en gris. Les bannières peuvent sombrer, l'héroïsme vit éternellement. » Nous étions ici dans le comté d'Ellis, le gris avait été la couleur de l'uniforme de l'armée des États du Sud et le monument avait été édifié par « les filles de la confédération ». Je réagissais comme devant tous les piédestaux de l'héroïsme – lorsqu'on commémore une défaite, tout baigne dans une autre lumière, comme si une goutte d'amertume rendait le pathos supportable, mieux encore, séduisant, émouvant, sincère.

Je descendais la rue des maisons de maître, on m'avait dit qu'il y avait des chambres à louer dans l'une d'elles. Je sonnai plusieurs fois en vain mais la maîtresse de maison finit par apparaître. Elle regardait un film et ne m'avait pas entendu. Bien que plus très jeune, elle portait une robe cintrée et des boucles blondes généreuses. Elle me pria d'entrer et me présenta, à défaut des habitants vivants de la maison – « il n'y a que mes petits-enfants qui sont venus me voir, mais là, ils viennent de sortir » –, quelques meubles significatifs. La grande table de lecture, dans le hall, avec une bibliothèque sous le plateau – « édouardienne, venant de Londres ». Dans la chambre elle me fit faire connaissance avec le lit large et accueillant – « fin XIXe siècle » – et avec l'honorable *deck chair* – « provenant du *Queen Elizabeth*, d'origine ». Une plaque en laiton, « *First Class only* », le confirmait.

La chambre était tout entière vouée au souvenir de croisières sur le *Queen* en question. Des photographies montraient une famille avide de voyages se reposant sur des chaises longues, les hommes portant des chaussures basses, chaussettes montantes et knickerbockers, les dames en robes simples élégantes et chapeaux cloches des années 1920. Les enfants roulaient en tricycle sur le pont, le long des canots de sauvetage. Avant de se retirer, la dame fit allusion à un couple allemand qui avait logé un jour dans cette pièce et eut un mot aimable pour les Allemands :

« *Such a charming people.*

– Un compliment rare, *Madam*.

– Si, si – un peuple charmant ! »

Arrivée à la porte, ses pensées retournèrent à son hôte actuel. « À présent c'est votre chambre, monsieur l'écrivain voyageur. » Et elle me laissa avec un regard moqueur.

Comme souvent dans ce genre de maisons, il y avait dans celle-ci un mélange charmant de raffinement et de pur kitsch auquel un cœur avait tenu autrefois, plein de parfums et de voix singulières. Et comme souvent, le tout était enveloppé d'une obscurité plus clémente qu'élégante. Allongé sur le lit, je posais mon regard sur des souvenirs. Des moules grosses et des petites, des carafes que les siècles avaient rendues opaques sur le rebord de la fenêtre, de minuscules tasses à café. Des jumelles de l'armée japonaise rayées, le laiton apparaissant à nu. Un sous-bock noir de l'hôtel George-V à Paris. Un lièvre à paillettes roses. Sur l'armoire une collection de vases chinois sans grande valeur. Puis ma conscience s'évanouit, la dernière chose que j'entendis était une voix de femme, pas la sienne, une autre, et n'y avait-il pas un enfant qui criait ?

De temps en temps je me réveillais. N'y avait-il pas un enfant qui pleurait et appelait dans l'obscurité, derrière la porte vitrée sur laquelle j'avais tiré le rideau ? On suppliait en murmurant un petit nom à voix basse que je ne comprenais pas. La voix de femme se rapprochait, essayait d'apaiser l'enfant et ne cessait de répéter cette seule phrase comme un chant consolateur : « *What happened to your daddy ?* » Je me levai pour regarder, ouvrant le rideau j'eus l'impression qu'un enfant courait, un petit garçon, et qu'on refermait une porte. Je tirai de nouveau le rideau. Pénétrer les secrets de cette maison, je n'en avais guère l'intention, et je me demandais même si je n'avais pas entendu la voix dans un demi-sommeil. Lorsque je descendis plus tard l'escalier sombre jusqu'à la véranda, j'entendis une musique de film doucereuse provenant de sa chambre – la voix venait du film.

La véranda était mon lieu préféré, les plantes dans leur floraison luxuriante, un fauteuil en osier sur le carrelage rouge sang. Contemplé depuis ce lieu, le monde n'était plus le même. Les petites choses devenaient plus petites encore, les grandes lignes plus claires. Des nuages planaient dans un ciel bleu. Des lys fleurissaient, se fanaient. Des fougères proliféraient depuis les temps archaïques, des plantes rampantes enveloppaient la véranda d'une lumière douce, crépusculaire, le soleil brûlant du Texas s'efforçait de pénétrer dans la fraîcheur ombragée, protégée par des colonnes de Waxahachie.

Je quittai la véranda en fin d'après-midi pour me promener dans les rues adjacentes et les ruelles de Waxahachie. Les maisons de maître étaient protégées par des haies de bambou. Était-ce une illusion ou en allait-il pour elles comme pour la maison où j'allais dormir ce soir, n'étaient-elles pas toutes un peu abandonnées dans la splendeur fraîche et vespérale de leurs jardins ? « *Nurtured in the culture of the Old South* », cela me revenait. Je l'avais lu sur le socle du dernier président de la République du Texas avant la victoire yankee dans la guerre de Sécession, à lui aussi Waxahachie avait érigé un monument, devant le tribunal. Ayant grandi dans la culture du Vieux Sud, nourri de cette culture – qu'est-ce que ça voulait dire ?

Peut-être ce corbillard rayé de noir et tendu de velours mauve, avec un squelette sur le siège du cocher – je l'aperçus en tournant dans une rue –, qui constituait la décoration d'un restaurant. À aucun restaurateur du Nord, même un peu atteint, il ne viendrait l'idée de faire de la publicité pour son restaurant avec un *Gevatter Tod*, l'homme à la faux héros du conte de Grimm ; et encore moins de façon aussi théâtrale. Dans le Nord la mort était cachée et tue, méchant mouton noir des familles heureuses. Il m'avait fallu un certain temps avant de reconnaître les cimetières devant lesquels je passais, ils avaient l'air de parcs anodins et s'appelaient tous *Memorial*. Mais sur ce siège était assis le vieil ennemi aux os blanchis auquel nul vivant n'avait encore échappé, qui invitait tout le monde à profiter une fois encore du restaurant, signifiant qu'il était prêt à attendre.

À mon retour je retrouvai la maîtresse de maison sous la véranda. Tout en fumant, elle parlait de sa maison des îles Caïmans et de sa grande famille, qui n'était plus là. Luttait-elle contre la solitude et l'âge ? Certes, mais elle tenait bon. Je ne savais toujours pas si elle vivait seule dans cette grande maison, si elle n'avait fait qu'imaginer la visite de ses petits-enfants, si j'avais entendu des voix fantomatiques ou si j'avais réellement entendu appeler un enfant. Elle fumait et se taisait. Essaie, me dis-je.

« Le garçon va mieux ? » demandai-je, tourné non vers elle mais vers le jardin.

S'éveillant de sa courte transe, elle écrasa sa cigarette. Une expression moqueuse reparut sur son visage. « S'il va mieux ? Écoutez, j'ai eu cinq enfants, je les ai élevés, j'ai treize petits-enfants. *It's not my first rodeo !* » Sur ce, elle disparut.

Le soir venait, dans les maisons de maître de West Main Street les lumières s'allumaient. Mais les demeures étaient loin d'être illuminées comme pour une réception, souvent une lumière unique brillait entre les arbres et les colonnes hautes, comme pour éclairer quelqu'un qui allait rentrer. Comme si on attendait quelqu'un qui allait arriver, qui sait, peut-être dans cent ans.

LA FUITE HORS DE DALLAS

De Waxahachie je suis allé à Italy, de là à Milford, puis de Milford, je suis descendu vers Hillsboro. Qu'ai-je vu ? Le Texas, un pays vallonné, vert, en fleur. Un hangar en tôle ondulée au bord de la route, au loin une usine, plus près la Frontier Cowboy Church. Je suis tombé sur un second shérif qui portait, en plus de son pistolet, une quantité d'accessoires de shérif à la ceinture, mais celui-ci n'était pas un monstre non plus et il m'accompagna sur quelques miles après l'inévitable procédure du plaquage contre la voiture.

À Italy on me montra une photo de Bill Clinton avec une stagiaire aux cheveux noirs originaire du coin, la photo était accrochée au mur d'un café. À Milford on me vendit une bouteille d'eau. Quelques miles plus loin, un trottinement de pattes multiples – des bœufs courant à ma rencontre. Je les comptai – seize. Ils s'immobilisèrent à quelques mètres de moi, comme sur ordre, formant un front, m'observant, immobiles. Puis, sur un nouveau signal qu'ils furent seuls à entendre ou à voir, ils détalèrent vers leur prairie. De nouveau une halte soudaine. Demi-tour ! Soixante-quatre sabots se ruèrent vers moi, une attaque de cavalerie sans cavaliers.

249

Tout près du but, nouvel ordre, invisible, inaudible : Repos !
Une voiture s'arrêta, je montai.

Au volant se trouvait une Noire sobrement vêtue, mince,
d'une quarantaine d'années et qui semblait nerveuse. Il y
avait quelque chose de bizarre en elle mais quoi ? Je l'appris
bientôt car elle était incapable de le garder pour elle.

« Je ne vous ai pas déjà vu sur la route, il y a quelques
heures ? commença-t-elle. Vous êtes le même ?

– Toujours le même. À part moi personne ne marche sur
la route.

– D'où venez-vous ? »
Je le lui dis.
« Vous avez de bonnes églises là-bas ?

– De bonnes églises – je crois, oui.

– La fin des temps est proche.

– Vous croyez ?

– Oui, nous sommes à la fin des temps.

– Pourquoi ?

– Éruptions volcaniques, catastrophes naturelles – vous
savez ce qu'est le *rapture* ? Non ? Alors il faut venir dans notre
église. »

Je promis et elle me décrivit approximativement l'emplacement de l'église, loin de toute habitation. « C'est difficile à
trouver, je viendrai vous chercher demain soir. »

Je n'avais pas envie de l'attendre toute une journée,
je voulais avancer. « En fin d'après-midi je serai à Carl's
Corner, ça doit être à mi-chemin du lieu où se trouve votre
église. »

Avant qu'elle ne me dépose dans un motel sur l'autoroute,
elle fouilla dans son sac, trouva un relevé de compte sur lequel

elle inscrivit son numéro de téléphone, qu'elle me donna. Sister Alice, avait-elle écrit.

Au motel je demandai à disposer quelques minutes de l'ordinateur et cherchai la signification de *rapture*. Voici ce que je trouvai : enthousiasme ; ravissement ; émerveillement ; transport ; extase. Et *rapture of the deep*, le mal des profondeurs. La nuit était moite et sonore. L'autoroute semblait traverser ma chambre, la conduite d'eau bruissait toutes les quelques minutes dans le mur, la climatisation était bruyante. Ce n'est qu'après l'avoir débranchée et avoir ouvert la fenêtre que je trouvai un peu de sommeil.

Le lendemain après-midi apparut dans le doux vallonnement du Texas un décor de western, saloon ou salle de danse, une solide baraque en bois – Carl's Corner. Tout y était texan, les hommes, les chapeaux, les boissons, les drapeaux à l'étoile solitaire, les femmes aussi. L'une d'elles était assise, seule, à une table en bois, en short, un ordinateur portable devant elle et, près d'elle, un verre d'alcool qu'on venait remplir de temps en temps. Sur la petite scène un chanteur de country répétait. Je commandai un café à la serveuse, tatouée de partout.

« D'accord, *honey*, je t'en fais un tout frais.

– Merci. Carl est là ?

– Je ne l'ai pas vu aujourd'hui.

– Willie ?

– Il est venu il n'y a pas longtemps. C'était une belle soirée. »

Les boiseries étaient placardées de photos de Willie. Willie et ses amis. Willie au bar. Willie seul sur scène avec sa guitare et sa tresse qui descendait dans son dos. Le coin où il se produisait à l'occasion, on l'appelait Willie's Corner. Tard le soir, il était apparu à l'improviste dans un motel, à la télévision. Un homme en chemise et pantalon à bretelles lui posait toutes sortes de questions.

« Que pensez-vous de Sarah Palin ?

– Je l'aime bien, personnellement. Politiquement, je ne sais pas.

– Vous êtes conservateur ?

– Dans certains domaines, oui, je suis conservateur », répondait Willie Nelson à Larry King tout en caressant sa tresse.

Ici aussi il était tel qu'en lui-même, totalement texan, impossible de l'être davantage – supertexan. Les hommes qui sirotaient une bière avec leur femme à une table en bois avaient l'âge de Willie. Tout, chapeaux, drapeaux, les accords que le chanteur de country plaquait de temps en temps sur sa guitare, les chansons sur les *loose women*, les femmes faciles, les *drinks*, les *outlaws*, les *lonely nights*, tout ça dans une salle typique faite de planches nues – un Texas rêvé devenu réalité. Un visage dans l'entrebâillement de la porte me tira de ma rêverie. Sister Alice. Il était temps d'aller à l'église. Je demandai l'addition, la femme tatouée sourit. « Le café est gratuit chez nous, *honey*. Reviens nous voir. »

Après un court trajet, Alice quitta la route pour une piste cahoteuse et nous stoppâmes devant une église blanche en pleine brousse. Une petite communauté se rassemblait à l'intérieur, à peine une trentaine de personnes, toutes noires. Il y avait une batterie, une guitare électrique, un ampli, et puis des maracas et un tambourin. Une femme se mit à chanter. « *Jesus, I come to ye !* », les autres se joignirent à elle, frappant des mains en rythme. Sister Alice me fit signe de les imiter.

L'apôtre apparut enfin, un homme mince d'un certain âge, sacré peut-être, mais vêtu élégamment d'une redingote noire. Il portait une calotte à la Suharto sur le crâne, et sur la poitrine, une grande croix d'un vert étincelant. Indifférent, sans un regard pour sa communauté, il était assis sur une chaise, une guitare à la main. Certains se levaient un à un pour témoigner de leur foi. « J'étais une fille des rues. Dieu est venu un jour et je me suis habillée décemment, comme une *lady*, oui, comme une *lady*. Tout à coup j'ai eu des vêtements alors qu'avant, jamais. *Letting it all hang out*, je me laissais aller, vous voyez ce que je veux dire, j'étais comme ça, avant. » Elle termina par un remerciement profond et sincère. « *Yeah ! Thank you, Jesus !* »

Près de moi Sister Alice se leva pour me présenter. L'apôtre n'eut de regard ni pour elle ni pour moi. Absorbé tel un musicien, il était là, accompagnant chaque nouveau témoignage de petites improvisations à la guitare, quant à moi j'essayais de comprendre où j'étais. Sur un bateau de sauvetage. De tous les côtés il ne s'agissait que de sauver. Pas une personne que sa foi n'avait sauvée, au sens fort. Sauvée de la rue, de la drogue, des bandes, d'une vie de misère, d'une balle dans la tête.

Grâce à Alice je savais que l'homme qui se faisait appeler l'apôtre par les siens avait été prédicateur de rue à Dallas. Non loin de l'endroit où on avait tiré sur Kennedy, il avait aimé prêcher de longues années contre les péchés et en particulier contre les pires d'entre eux : l'inconstance du cœur, l'ignorance. À présent c'était lui qui parlait, suppliant, puis de nouveau détendu et spirituel comme un amuseur. Il mimait une scène de l'époque de ses prédications de rue, à Dallas, choisissait une femme de la communauté pour lui faire jouer cette femme qui, dans sa vie antérieure de pêcheur, avait tenté de le troubler dans sa vocation et de le détourner du droit chemin – oui, lui aussi avait eu une vie antérieure. Il prêchait comme il avait prêché autrefois, se réfugiait dans la prédication, écartait la femme, prêchait à sa droite, à sa gauche. Mais elle s'approchait, s'adressait à lui, sans cesse : « Tu ne me connais plus ? Je te connais bien, moi – hé, viens là ! » La femme de la communauté s'améliorait de plus en plus, entrait avec conviction dans le rôle de la tentatrice. Il interrompit alors le jeu et arriva en quelques phrases à la révélation de Jean, à l'Apocalypse, au grand finale.

Sur le chemin du retour Alice me raconta pourquoi ils avaient tous fui le sud de Dallas pour venir ici, dans les vertes collines. Toutes les nuits des coups de feu dans le quartier, la guerre des bandes, et eux en plein milieu. « Ils cambriolaient la maison et laissaient des traces pour le simple plaisir de montrer qu'ils pouvaient nous retrouver et nous tuer à tout instant. » Et Johnny, qui était avec nous, raconta l'époque où il dépannait les voitures accidentées à Dallas. « Des morts tous les quelques jours, sur les *highways* une épave après l'autre. Il y en avait plein qui conduisaient comme des malades, de nouvelles épaves sans arrêt, je les remorquais, je faisais des affaires, on pouvait se faire beaucoup d'argent, je te le dis. Mais ça n'allait plus. Si tu ne veux pas être mêlé à la guerre des gangs, il faut partir, quitter Dallas. Tu es seul. Tu ne pourras rien changer, rien du tout. Tu ne peux que partir, et c'est ce qu'on a fait. » Il se tut. Puis il demanda : « Tu connais la Bible ? Tu sais ce que c'est, Sodome et Gomorrhe ? Oui ? Alors tu sais ce qu'était Dallas à l'époque ! » Il mit sa main en forme de pistolet, la fit tressauter et imita le bruit des tirs : « Bang ! Bang ! »

L'OURAGAN

Waco – il suffisait de dire le nom de cette ville pour évoquer des images de folie, de désastre et de mort. Images télévisées de siège, d'assaut, fin sanglante de la secte des davidiens. Waco était pétrifiée de chaleur, jaune et rouge de poussière, la couleur des façades du Sud profond, les premiers palmiers. La chaleur se rassemblait tous les matins sur les places et parachevait tous les après-midi sa domination sans bornes. Je marchais en zigzag, allant d'auvent en auvent, d'ombre en ombre, ce n'était qu'une question de temps, je pénétrerais bientôt dans l'hôtel de luxe climatisé auquel je correspondais si peu mais dont je me rapprochais petit à petit.

Waco semblait plus déserte encore que les autres villes, ses bars et ses cafés étaient encore plus sombres que d'habitude. On ne voyait littéralement personne dans les rues, à part quelques étudiantes insouciantes et maigres dans le quartier de l'université, comme s'il y avait quelque chose dans l'air, qu'il valait mieux rester à l'abri. On entretenait un musée des Texas Rangers nostalgique du passé, mais même en dehors de cela, en arrivant à Waco, je n'avais pas eu le sentiment d'une ville bourdonnante aux aguets, malgré son vernis moderne elle n'était pas très différente d'il y a cent vingt ans.

Poursuivant mes réflexions, je pénétrai dans l'hôtel – seul client poussiéreux parmi les convives habillés pour une cérémonie, car un grand mariage devait avoir lieu ce soir-là, mais on s'efforça de ne pas me faire sentir l'étrangeté de mon allure, ce dont je fus reconnaissant.

Pendant ce temps, la télévision annonçait une tempête de grêle. Plusieurs tornades étaient en route vers Waco, leur avancée étant indiquée minute par minute. Un *storm chaser*, un chasseur de tempêtes, faisait un reportage du front en live, un de ces fous de tornades qui entrent dans l'œil du cyclone pour être au plus près. Au bout d'un temps je ressortis. Le ciel était d'un bleu éblouissant, la chaleur à son comble. Seul un ridicule petit nuage avançait, comme si un enfant avait fait une tache noire sur un fond de peinture bleue. Mais la tache ne cessait de grandir, elle couvrit bientôt un cinquième, un quart, puis un tiers du ciel. Personne ne semblait s'en soucier, ni les gens qui commençaient maintenant à se montrer, s'apprêtant à sortir le soir, ni le soleil, ni le ciel, qui restait de ce même bleu éblouissant tandis que le soleil continuait de brûler au-dessus de Waco sans que les gens lèvent les yeux. Ils avaient raison de rester sereins, le nuage disparut aussi vite qu'il était apparu – ce n'était qu'un signe avant-coureur.

C'était un vendredi soir, tout le monde se faisait beau, les uns allaient au mariage, les autres au club, du côté sud de la place, où se produisait un chanteur de country populaire dont je n'avais jamais entendu parler. Messieurs en smoking et dames en robe de soirée gravissaient les grandes marches pour se rendre au foyer de l'hôtel comme les stars d'un show télévisé, suivis de leurs filles en robe rouge ou vert criard. Sur la place les convives du mariage se mêlaient aux spectateurs du concert. Des jeunes hommes coiffés de chapeaux et portant des bottes de cow-boys garaient leur lourd pick-up, leur Mustang ou leur Hummer pour se presser dans la salle de musique. Les jeunes femmes s'étaient mises sur leur trente et un. L'une avait un chapeau de cow-boy noir orné de plumes et d'un voile noir, une autre, épaules nues, s'était fait tatouer à gauche une splendide croix et à droite l'inscription Christian Montana, et moi, je me tenais tout près, luttant contre le mépris qu'on m'avait inculqué envers les gens de cette espèce comme contre un corps étranger. Bien sûr les autos tape-à-l'œil, le culte des cow-boys, l'année 2010. Il me fallut quelques minutes pour admettre que tout ça me plaisait. C'était là, c'était vivant, ça allait bien ensemble. Seul un fieffé imbécile aurait pu ignorer la joie des jeunes hommes et des jeunes femmes au cours de cette soirée, l'éclat de leur visage, une joie mêlée d'une fierté tranquille à être ainsi, dont ils s'assuraient mutuellement du simple fait d'être là. Quel mal y avait-il à ça ? Aucun.

Les premières gouttes tombèrent un peu avant minuit. Il y avait des éclairs de chaleur. À l'hôtel aucun des convives du mariage ne prenait la chose au sérieux. Puis la tempête éclata avec pluie, tonnerre, éclairs – un orage après l'autre. De bizarres silhouettes lumineuses flottaient au-dessus d'un ciel de nuit sombre, la pluie battait, se déversait dans un incroyable fracas, défiant toutes les lois de la pesanteur. La réception du mariage, encore présentable et sûre de son affaire quelques minutes auparavant – un officier de marine tout en blanc, des dames jeunes ou vieilles, robustes ou fragiles, en tenue de gala, des messieurs en frac, des serveurs cherchant à sauver ce qu'on ne pouvait plus sauver, une table mise, un bouquet de fleurs, un plateau de champagne –, tout cela fut balayé par la tempête. Un monsieur accourut, que je reconnus, c'était lui que j'avais croisé, en grande tenue, dans l'ascenseur, alors que j'étais plein de sueur et de poussière. Voilà que trempé, à présent, ébouriffé, il criait : « *It's a hurricane !* » Cette vieille dame tout en rose, avec une canne, toute sèche, membre sans doute éminent de l'une de ces familles, centre d'intérêt il y a peu de quelques dames plus jeunes rassemblées autour d'elle avec respect, la tempête s'empara d'elle pour la plaquer au sol, tel un vieux paquet sans défense : les messieurs couraient pieds nus pour l'aider, en chemise, ayant jeté leurs souliers vernis et perdu leur frac. Les grosses voitures arrivaient l'une derrière l'autre, avec un peu de chance on retrouvait la sienne, on sautait à l'intérieur ou on était poussé dedans, les éclairs illuminaient tour à tour l'obscurité, le chaos. Les cadeaux de mariage étaient projetés dans les airs. Une penderie à roulettes roula sur la chaussée avant de s'écrouler, les tourbillons, comme possédés, piétinaient les vêtements de soirée, les châles qui n'étaient plus que des chiffons mouillés.

Mais l'ouragan ne resta pas longtemps vainqueur. En quelques secondes il avait déchiré vêtements, cadeaux, décorations et projets, en moins de cinq minutes balayé la grande et splendide réception. Mais les rescapés, moins de dix minutes après, se rassemblaient au bar – et comme il n'est pas rare après les catastrophes, une atmosphère de bonne humeur, de détente presque, régnait. Nous sommes trempés jusqu'aux os, pieds nus, le mariage est fichu mais nous sommes vivants. Je pensais à la scène hippie de Kleist après le tremblement de terre au Chili, ici c'était un peu pareil. Tout le monde s'était regroupé autour du bar ou assis dans le *lobby*. On levait son verre en secouant la tête, étonné, riant – sauvé.

WACO

Un vent chaud soufflait, agitait les prairies en fleur, étendait cette agitation à la verdure soutenue des arbres,
faisait frissonner la peau bleu foncé des marais. Et comme
s'il manquait quelque chose au tableau, l'église blanche
se trouvait au milieu des herbages. Sur le chemin joliment
tracé, parsemé de jeunes arbustes – soixante-dix, peut-être
quatre-vingts plantés chacun pour un mort –, j'avais rencontré cette femme. Quel âge avait-elle ? Difficile à dire, ni
jeune ni vieille. Un assombrissement précoce flottait autour
d'elle, elle avait quelque chose d'une jeune veuve. Elle parlait
peu, et ce peu, avec l'impassibilité de quelqu'un qui a connu
la fin. « Il n'y a que la laiterie qui est d'origine », dit-elle en
montrant une grange dans l'herbe, derrière. La laiterie avait
appartenu au Mount Carmel, le quartier général de la secte
de David, mais plus rien ne ressemblait aux images de mauvaise qualité du journal télévisé d'avril 1993, lorsque tant
de gens avaient succombé, autant que d'arbres au bord du
chemin. Sur une pierre érigée par les survivants était inscrit
un bref résumé de la catastrophe : « Le 28 février 1993, une
Église et ses membres, connus comme étant la branche des
davidiens, furent assiégés par des agents de l'ATF et du FBI.

Pendant 51 jours les davidiens et leur chef David Koresh résistèrent fièrement. Le 19 avril 1993, les davidiens et leur église furent réduits en cendres. 82 personnes moururent au cours du siège, dont 18 enfants âgés de moins de dix ans. »

« Je pense que David Koresh était un envoyé de Dieu, dit-elle. Un instrument de Dieu pour montrer de quoi les hommes sont capables, jusqu'où ils peuvent aller.

– Jusqu'où peuvent-ils aller ?

– Ils se prennent pour des idoles, se mettent à la place de Dieu. David Koresh disait qu'il était venu ouvrir le livre des Sept Sceaux. Nous continuons.

– Vous continuez ?

– Les offices religieux. Vient qui veut. Vous voulez rencontrer sir Charles ? Il sait tout, c'est lui le chef, à présent. »

Elle se dirigea vers la petite maison en bois qui se trouvait un peu à l'écart, me dit d'attendre sur les marches au-dehors et disparut à l'intérieur. Quelques minutes après sortit un unijambiste qui m'embarrassa en me demandant ce que je désirais. Il ne parut pas se formaliser de ma réponse hésitante et, dans les heures qui suivirent, que je passai sur les marches en bois, j'en compris la raison. Ce lieu n'était pas aussi isolé que je le croyais. D'autres venaient visiter les prairies en fleur du déclin des davidiens, et l'innocence des visiteurs concernant les secrets de Dieu et du monde n'avait rien pour irriter un homme comme Charles. Une pensée qui tournait autour de ces secrets et de l'élection de rares individus sachant interpréter les Écritures et la face cachée des choses supposait la cécité de la masse.

Il avait rencontré Koresh en 1984, commença-t-il, et lui avait dit devant la communauté rassemblée : « Un homme viendra qui se mettra à la place du Saint-Esprit et dira qu'il est devenu chair – cet homme, c'est toi ! » Puis Koresh avait embrassé Charles et s'était tourné vers la communauté : « Ce qu'enseigne ce frère, avait-il dit, c'est la vérité. » Il me regarda d'un air pénétrant. « Et cela m'a bouleversé : c'est arrivé neuf ans après, précisément, comme il est dit dans Ézechiel 9 ! Neuf est le chiffre de la vengeance du Seigneur. »

Le livre d'Ézechiel, chapitre 9. Ce que le prophète devait annoncer aux Juifs était une vision désolée, meurtrière – la vengeance du Seigneur contre son peuple, la punition des monstruosités et de l'idolâtrie, la purification de Jérusalem par le sang de ceux qui seraient frappés. « Vieux et jeunes, disait le Seigneur à travers Ézechiel, vous devrez frapper et tuer des jeunes filles, des enfants, des femmes. » Et Charles m'introduisit plus avant – il avait dû lui aussi énoncer sa prophétie davidienne – dans les détails de l'Apocalypse. Ézechiel n'avait-il pas parlé de cinq hommes armés qui viendraient à Jérusalem par la porte nord accomplir la vengeance du Seigneur ? « Cela s'est passé ainsi, le 19 avril 1993 cinq hommes de la Delta Force sont venus. Vous savez ce qu'est la Delta Force ? L'armée du président, lui seul peut lui donner des ordres. » Un chef de la Delta Force l'avait révélé, après, et Charles répétait ses paroles : « Nous avions Koresh devant nous, nous avons demandé par radio : mort ou vif ? La réponse fut : mort. »

Charles me regarda, une lueur dans les yeux, celle donnée par un savoir supérieur. « Et à qui ont-ils demandé par radio ? Ce ne pouvait être que Clinton. Koresh était armurier, Clinton vendait des armes, lui aussi, et de la drogue, Koresh était sur son chemin, il fallait l'éliminer. Personne ne s'est suicidé. Les gens du Mount Carmel n'étaient pas de ce genre. Ils se sont dit : ceux qui nous assiègent sont des ennemis. Ils les ont torturés pendant cinquante et un jours avec de la musique rock extrêmement forte, avec des cris dans la nuit – les assiégés se sont dit : restons à l'intérieur et attendons. Non, personne ne s'est tué, c'est de la propagande.

– Où étiez-vous à l'époque ? Ici, au Mount Carmel ?

– Non. Mais je voulais leur venir en aide. J'ai appelé sept fois le FBI pour proposer mon aide, jouer les intermédiaires, sept fois ils ont refusé. »

Les dissimulations ne s'arrêtaient pas là. Charles me dévoila tout, me laissant entrevoir l'histoire secrète du monde. Koresh avait deux hackers qui auraient découvert le dépôt d'armes secret du gouvernement, oui, le gouvernement s'était emparé d'un nombre d'armes important, pendant la première guerre d'Irak, qui se trouvaient stockées à Oklahoma City. Il en vint à parler des vaccinations de masse et du projet de réduire l'humanité à 500 millions d'habitants. « La grippe porcine ? Des bêtises. Ils veulent nous inoculer un virus. » Puis il éclata de rire comme si un incident comique lui venait à l'esprit. « Le juge au cours du procès pénal ! Lui qui était si fier de sa belle *courthouse* tout en bois. Vous savez ce qui est arrivé ? » Repartant du même rire, il frappa les marches de l'escalier en bois. « Brûlé ! Exactement comme nos maisons ont brûlé. »

Mais il réservait apparemment sa haine la plus tenace au pape et à l'Église catholique, car c'était Satan sur la terre, il me demanda plusieurs fois avec méfiance si j'étais catholique, si j'étais un espion. Selon sa lecture de l'Écriture et surtout des prophètes et de la révélation de Jean, elle parlait des siens sans détour et donnait tout leur sens aux événements du Mount Carmel et à l'apparition de David Koresh comme à la mort de tant de frères et sœurs et de leurs enfants. Il lisait l'Écriture comme un scénario d'épopée : Les davidiens – chute et résurrection. Car ce n'était pas le dernier soir. « Je ne crois pas que Koresh soit damné. Je crois qu'il apportera un témoignage important, qu'il dira : "Je ne suis pas Dieu, je suis un homme comme les autres." Voilà ce qu'il dira. Dieu le prendra avec lui. Voyez ce qui s'est passé avec les femmes – les gens le prenaient pour le Messie, un Messie pécheur, et il a laissé faire. Ils lui ont proposé leurs femmes et leurs filles et il les a prises. Il a dit qu'il ouvrirait le livre des Sept Sceaux mais il n'y a qu'elle qui puisse le faire.

– Elle ?

– Le Saint-Esprit, qui est féminin. »

Koresh, poursuivit-il, avait été l'instrument de Dieu. « Dieu nous a punis. Il punit d'abord les siens, est-il dit dans l'Écriture. Et s'il nous punit aussi fort, comment punira-t-il ceux qui ne croient pas en lui ! »

Je partis abasourdi par la leçon qui avait duré des heures, sur l'escalier en bois, abasourdi de savoir qu'un chemin menait de Wittemberg, la ville de Luther au Mount Carmel. Abasourdi par l'idée que l'Écriture et l'Écriture seule devait valoir, désormais, dans ce délire d'interprétation, cette obsession qui voyait dans la Bible une épreuve monochrome à l'encre sympathique qu'il suffisait de tenir au-dessus du feu pour lire à livre ouvert le plan divin à l'égard de la secte.

L'Amérique, il est vrai, était le pays sinon des hommes libres du moins de ceux qui voulaient être libres et quittaient des pays où la liberté était absente, et jusqu'à aujourd'hui.

Mais allaient aussi en Amérique ceux que les vieux pays, plus placides dans les choses de la vie, plus fermes dans les choses de la foi, ne risquaient pas de regretter – les fous de toutes les sectes. À eux aussi l'Amérique offrait une place dans ses prairies, ses déserts, dans ses villes, d'eux aussi elle s'était pleinement nourrie.

Ma stupéfaction ne retombait pas, ni sur la double EE Ranch Road que je rejoignis bientôt, ni sur le Lake Felton Parkway, ni dans le café au milieu de nulle part, un saloon en planches comme le Carl's Corner que fréquentait Willie Nelson, mais plus petit, plus pauvre. Je commandai du café et un hamburger en me demandant pourquoi je n'avais pas interrogé Charles sur la façon dont il avait perdu sa jambe. La réponse était que je ne lui avais posé aucune question. Il avait parlé très longtemps de bien des choses et m'avait enveloppé d'un cocon de paroles. Ce n'est qu'après avoir quitté la table du saloon pour sortir dans la chaleur de cette journée bleue, en apercevant un petit nuage dans un coin éloigné du ciel, que ma stupéfaction retomba. Depuis que l'ouragan était passé sur le mariage de Waco, j'avais les petits nuages à l'œil.

L'ESPRIT DU ROCK AND ROLL

Je repris mon fil rouge, la Route 77, traversai la rivière Brazos vers le sud, me dirigeai vers Austin, vis des contrées où les ouragans de la nuit du mariage avaient frappé encore plus fort qu'à Waco. Des arbres entiers avaient été arrachés, ainsi que des toits l'avaient été des maisons. Parfois quelqu'un s'arrêtait pour moi, d'autres fois je restais seul longtemps. Une famille de Gujarat gérait le motel de Cameron. Lorsque la chaleur et l'activité du jour s'apaisèrent, je vis des Indiens s'installer sur la pelouse devant leur habitation, préparer à l'air libre leur repas du soir, le prendre sur des nattes et des couvertures comme je l'avais vu faire des années auparavant dans le Gujarat.

Un dimanche je me rendis à Rockdale. Dans une église qui donnait directement sur la route, l'office religieux venait de se terminer et je vis de nouveau des gens réunis pour manger, ils sortaient de leur pick-up des paniers pleins de nourriture pour aller les porter dans leur église. À quelques miles au sud je troublai le repas de deux vautours qui s'affairaient sur un tatou écrasé. Lorsque j'en avais assez de la chaleur et du rugissement croissant et décroissant des voitures, je bifurquais sur un chemin qui menait à un fleuve ou dans la forêt. Ou bien un nom irrésistible me détournait de la route. Pleasant Creek. Allen Creek, j'avais lu Alien Creek. Le Texas était incandescent, en fleur. Dans quelques semaines, toute cette splendeur serait desséchée, mais je m'allongeais encore dans les couleurs du Sud, dans des prairies de fleurs jaunes et rouges, en moi je prononçais les noms jaunes et rouges du Texas : Indian Paintbrush. Indian Blanket. Texas Dandelion. Evening Rain Lily. Mexican Hat.

De nouveau je marchais sur la route, seul, dans le bruissement du vent, comme hébété, vers le sud, sans nom, sans pensée, plus d'une fois un terrible effroi me saisit en sortant brusquement de cet état. Où étais-je ? Tanglewood n'était constituée que de quelques maisons, quelques hommes qui bêchaient une parcelle de terre sans un regard pour l'étranger qui passait.

À Lexington j'eus la nostalgie du pays, chez Johnny On the Square. En entrant je vis ce que je n'avais pas vu en toute conscience depuis longtemps ni goûté depuis plus longtemps encore, j'en avais l'eau à la bouche. En ayant commandé une pleine assiette, je mordis dans les premières boules molles. Des beignets, ailleurs qu'à Berlin on les appelle *Berliner*, à Berlin *Pfannkuchen*, comme les crêpes. On appelait *Kräppel* ceux que faisait ma grand-mère, qui m'en donnait une assiette pleine comme celle que j'avais devant moi. Chez Johnny je passai une heure de bonheur.

Dans nombre de cafés j'avais souvent vu ce slogan : « *We support our troops !* » Ici, c'était Johnny, le soldat, qui était accroché au mur – une photo le montrait de retour d'opération avec un camarade irakien, en dessous il était écrit : « Une journée longue et chaude. On a essuyé le feu mais on s'en est sortis. »

À Austin il faisait si chaud que je commençais à sentir la chaleur – non pas une odeur libérée par le réchauffement mais la chaleur même, qui remontait dans mes narines, un souffle extrêmement chaud, extrêmement sec. De la Sixième Rue je n'attendais rien mais mon scepticisme fut déçu. À Waco, un convive du mariage m'avait vanté cette rue, la nuit de la tempête, un concessionnaire automobile qui se rappelait sa jeunesse au bar de l'hôtel. « À Austin, vous voulez quelque chose de bien ? Il faut aller dans la Sixème Rue – la nuit sera longue. »

Qu'est-ce que ça peut bien être, pensais-je, encore une ville, encore un quartier qui se prostitue avec des stands de kermesse, tout donnait cette impression lorsque je sillonnai les rues en fin d'après-midi. La bière coulait à flots, une musique à bière braillait, s'échappant des rangées de baraques qui se succédaient pour que, des années plus tard, des hommes puissent raconter des anecdotes sur leurs cuites grandioses dans la Sixième Rue autrefois. Mais quand je remontai la rue en fin de soirée, sur le chemin du retour je m'immobilisai devant une porte. À l'intérieur, sur une petite scène, un groupe jouait du blues, le chanteur était d'âge mûr, d'aspect anodin, vêtements et allure de petit-bourgeois, mais mon Dieu, quelle voix ! Et les guitaristes ! Des types de la campagne, genre *ranch hands*, on aurait dit que leurs mains grossières étaient plutôt faites pour réparer un tracteur que pour pincer les cordes d'une guitare. Derrière la batterie était assis un type ayant l'air d'un courtier en assurances à la retraite. Je n'avais jamais rien vu ni entendu de tel. Je suivis avec stupeur le spectacle délirant des hommes aux cheveux gris. Quand ils eurent terminé, c'était comme si on les avait débranchés ; débarrassés de leurs instruments et de leur musique, ils se métamorphosaient en individus un peu âgés désireux de boire une bière après le travail.

À peine la troupe s'était-elle retirée que les musiciens suivants entraient en scène. Je comprenais le principe. Tous ceux qui étaient assis sur le banc, devant la scène, tels des poulets de batterie, étaient des musiciens. Ils entraient, s'installaient, attendaient patiemment leur demi-heure de gloire et, quand c'était leur tour, ils y allaient à fond. Puis ils faisaient circuler le chapeau. Les clients donnaient selon leur bon plaisir. Et les fabuleux musiciens retournaient dans la nuit d'où ils étaient venus.

Le suivant – crâne rasé, épais, son tee-shirt noir n'arrivait pas à recouvrir un ventre qui pointait en avant. Mais ce n'était pas grave, absolument pas. Il s'empara de son harmonica comme si sa vie était en jeu. La parole ultime et unique, décisive, devant le juge. Rien que la vérité, la vie nue. Le jeune groupe après lui – une musique texane rapide, dure, un Johnny Winter gonflé à bloc et plus encore – n'était pas moins emballé par le gros, ils lui demandèrent de venir sur scène et le chanteur lui laissa le micro pour quelques morceaux. Pas de jalousie, pas une once. Honneur à qui le méritait. Respect. Pure musique.

Il n'en restait plus qu'un sur le banc, le dernier entre tous, l'ultime. Une guitare nue à la main, il venait de la rue, ce n'était plus un être humain, plus un être vivant mais un cauchemar vêtu de noir, la créature d'un rêve désolé. De minces mèches de cheveux d'un noir d'encre, teintées, pendillaient, de temps en temps sa main osseuse se levait pour les repousser. Des lunettes de soleil à petits verres, tels des yeux d'insecte, un visage de cire pâle comme la mort. Que voulait-il faire, jouer ?

Il n'avait pas l'air d'en avoir la force, comme si son cerveau ne diffusait plus qu'une mire. Mais voilà qu'il se levait, branchait sa guitare, s'installait au micro, maigre et voûté, rejetant une nouvelle fois ses mèches il se mit à jouer et à chanter comme un diable. Fort, dur, rapide. Incroyablement rapide. Quand il eut terminé, c'était comme si la nuit avait explosé et sombrait, retombait sur notre hébétude en poussière. L'épave du rock and roll fit passer son chapeau, fourra l'argent dans la poche de son pantalon et sortit les jambes flageolantes. Après avoir fini ma bière, je sortis également. La nuit était tiède.

Le lendemain je parcourus plus de miles que je n'en avais jamais fait, parti le matin je marchai jusqu'à la nuit. Il y avait des milliers de papillons sur la route. Parce qu'ils étaient légers, ils ne se faisaient pas écraser lorsqu'ils heurtaient les voitures, ils gisaient, sains et saufs, telle une étoffe à motif de papillons. *Adult videos*, marchés automobiles, restaurants barbecues. Bœufs Angus noirs dans les pâturages, et poteries mexicaines aux couleurs criardes au bord de la route. Del Valle et Wyldwood, le soleil au-dessus de moi, astre indifférent. Alors qu'il surmontait les forêts de l'Ouest, j'atteignis Blue Heron et l'hébergement espéré pour la nuit, mais la *lady* refusa. Son fils m'avait vu venir, avait appelé sa mère, elle apparut sur le palier, en haut d'un grand escalier, descendit les marches, me considéra. S'arrêtant à quelques marches de moi, elle me fixa du regard et dit : « *Sorry, I have no room available* » avant de faire demi-tour pour remonter l'escalier.

Je poursuivis et, pour la première fois, rencontrai quelqu'un d'autre à pied. Il arrivait en sens inverse, lentement, vacillant, et une fois qu'une maison sur une remorque surbaissée fut passée et que la vue fut redevenue libre, je le vis enfin de plus près. Un homme de la rue, pris de boisson. Il me prévint qu'il y avait une foule de « *fucking cops* » sur les routes, il fallait faire attention. Un léger différend s'ensuivit, il voulait m'obliger à marcher de l'autre côté, là c'était autorisé alors que de ce côté-ci ça ne l'était pas, c'était inutile et idiot, il cessa et me demanda : « Tu veux une bière ? », ce qui signifiait « tu as une bière ? » Il regardait mon sac à dos avec convoitise. « Non », fis-je en me détournant.

Lorsque le soleil disparut derrière les forêts, je trouvai un muret auquel appuyer mon sac et sur lequel m'asseoir pour me reposer un moment. J'étais passé auparavant devant un dépôt de sièges et la douleur d'un homme affamé devant un bout de pain inaccessible n'aurait pas été plus grande que la mienne devant ces sièges sur la pelouse, derrière le grillage, sur lesquels je me serais volontiers laissé tomber.

« Ne va pas à Matamoros ! » dit le patron du motel où j'avais atterri dans le noir, après avoir écouté mes intentions. « Il y a des morts tous les jours. Là-bas tu prends un taxi et d'un coup le chauffeur se retourne et t'assassine. Voilà à quoi il faut s'attendre. Avant nos jeunes allaient au Mexique à chaque début des vacances, maintenant il y a des panneaux à la frontière qui déconseillent d'y aller. Il n'y a pas que Ciudad Juárez qui soit dangereuse. Matamoros, c'est encore pire. N'y va pas ! »

Le jour suivant fut pénible car j'avais la longue marche de la veille dans les jambes. J'atteignis Smithville non sans de laborieux efforts. Je restai une heure ou deux au Rob's Restaurant pour ne pas ressortir dans la chaleur, puis Rob eut pitié : « Pourquoi ne pas faire une petite excursion ? » me dit-il. Il sortit du garage sa vieille décapotable de sport et nous nous mîmes en route. La conversation fut facile, Rob avait été à Berlin ce même hiver rude où j'avais emménagé.

« Le Texas te plaît ? demanda-t-il.

– On m'a beaucoup dit de me méfier.

– Ah ah. Tu avais des préjugés ?

– Oui, c'est-à-dire… le Texas est le pays de Bush. Je me disais : je ne suis pas un fan de Bush mais ça ira.

– J'ai eu de gros problèmes en Californie. Là-bas, tout le monde déteste Bush. Quand j'ai dit que je venais du Texas, ça a démarré tout de suite. J'ai dit : doucement, les gars, écoutez, je n'ai jamais voté pour Bush, ce qui ne m'empêche pas d'être conservateur dans certains domaines.

– Que veux-tu dire ?

– Les gens pensent que l'argent peut tout résoudre. C'est ce qu'on croit quand on n'en a pas. Moi, je ne pense pas. Il y a des choses plus importantes. Mes enfants par exemple. C'est une bénédiction. »

Puis nous laissâmes la conversation retomber, le soleil briller et nous roulâmes vers le sud, vers La Grange.

Il n'y a plus rien

À La Grange, bizarrement, je suis resté sans savoir pourquoi. Je suis resté un jour, puis un autre jour, et ce n'était pas parce que La Grange était une jolie petite ville texane. C'était... quoi ? Le temps allait changer, des nuages noirs menaçants étaient apparus, mais ce n'était pas pour ça que j'allai prolonger mon séjour auprès du gérant, encore un homme du Gujarat. The Oaks, tel était le nom du motel – à juste titre car les chênes de La Grange n'étaient pas de quelconques arbres plantés par les hommes, ils étaient les véritables habitants de la ville.

Des siècles avant que La Grange n'existe, ils étaient déjà là. Ils étaient si souverains, leurs couronnes si lourdes et leurs troncs si puissants qu'une famille américaine moderne n'aurait pas suffi à entourer de ses bras ces chênes antiques de Virginie ou des marais. Loin de constituer une avenue sagement boisée faite pour les hommes, ils se dressaient là où ils voulaient, jusque dans les rues de la petite ville. Ce n'étaient pas eux qui s'adaptaient à la ville mais la ville qui s'adaptait aux chênes – avec ses maisons, ses jardins et ses rues. Tous contournaient les arbres anciens. Que leur importait les chemins des hommes, ils avaient pour eux l'antériorité.

Un homme se tenait devant le salon de coiffure, qui n'avait d'yeux que pour les automobiles légendaires. « Studebaker 1952-1953 », marmonnait-il tandis qu'un spécimen d'un vert criard passait, puis un peu plus tard : « Chevy 1950. » De mon côté je murmurais des choses sans importance en regardant passer les rêves de l'Amérique des années fastes. Pourquoi restais-je ? Mes errements à travers la ville, mes arrêts sur la place du marché, l'inexplicable magnétisme de La Grange, les chênes, la tempête qui se préparait, tout cela me tourmentait – ou peut-être une chose que j'ignorais.

D'une façon inattendue, l'homme qui regardait les voitures s'adressa à moi. « Vous me faites plaisir, dit-il, parce que vous me parlez. » Nous n'avions pas échangé un seul mot. Il attendait sa femme, elle allait bientôt rentrer de ses courses. « Accompagnez-nous. On fera un tour en voiture, on vous montrera le Texas. » Stupéfait de tant d'amabilité, j'acceptai. Ainsi se passa la journée. Ils étaient tous les deux charmants. Ils m'emmenèrent un peu partout, me montrèrent diverses choses, et en guise d'au revoir il me fit cadeau d'une pointe de flèche indienne en pierre noire finement travaillée.

J'avais déjà vu ces *arrowheads*, beaucoup d'Américains en déterraient et en remplissaient des cartons, dans leur garage, le sol de la Plaine avait dû être amendé par ces pointes de flèches. Mais celle-ci était spéciale. Non seulement elle tuait le bison ou l'ennemi à coup sûr, mais en plus elle était belle. Difficile de lui donner un âge. Peut-être remontait-elle à l'époque des pionniers, peut-être à l'âge de pierre.

Un matin de grisaille, je m'arrachai de La Grange. L'air était si humide que je n'eus bientôt plus rien de sec sur moi ; et cela continuait, chaque jour il faisait plus chaud, plus moite.

La brume était si épaisse sur les forêts et les pâturages que les vautours ne décrivaient leurs cercles qu'à quelques mètres au-dessus de moi, une hauteur de vol nettement inférieure à leur habitude, pour avoir une vue dégagée sur les routes, sur la charogne fraîche. La dernière localité était à des heures en arrière, la suivante à des heures devant moi, la tempête allait bientôt se déchaîner, il n'y avait pas d'abri et ce n'était pas le pire. Je ne possédais plus rien, seulement ce que je portais, mon passeport dans la poche de ma chemise et, dans mon pantalon, quelques centaines de dollars en liquide récemment retirés. Tôt le matin, j'étais allé revoir les chênes avant de quitter La Grange. J'avais posé mon sac à dos contre l'un d'eux, tu le traîneras assez aujourd'hui, m'étais-je dit. J'allais d'arbre en arbre, il y en avait toujours un pour m'attirer, plus étonnant, plus majestueux, je m'enfonçais de plus en plus au milieu des chênes, oubliant l'heure. Quand je m'aperçus que j'avais également oublié mon sac, je fis demi-tour mais sans le retrouver.

Plus je cherchais désespérément, plus l'écheveau de La Grange s'emmêlait. Plus je me concentrais avec obstination sur le chemin que j'avais pu emprunter, sur les caractéristiques du chêne contre lequel j'avais déposé mon sac, sur des signes que j'aurais pu remarquer, plus chaque silhouette d'arbre m'égarait, chaque rue dans laquelle je m'engageais. Tant de chênes, tant de signes. Mon sac à dos contenait presque toutes mes affaires. Je ne voulais pas renoncer – mais en vain. À force de chercher, de tourner, j'avais perdu le sens de l'orientation. Quelqu'un peut-être avait pris ce sac sans propriétaire avec les meilleures intentions du monde. Peut-être que le sac se trouvait toujours contre le chêne sous la protection duquel je l'avais laissé et que j'étais passé trois fois devant.

Le jour sombre s'assombrit encore, la tempête éclata. En quelques secondes je fus trempé. Depuis La Grange, depuis que je marchais sans sac à dos, personne ne s'était arrêté pour me prendre. Ce n'était guère étonnant, je ressemblais à présent à ce que toutes les mises en garde dépeignaient – un vagabond, un *freak*, un voyageur sans bagage quelque part sur une route d'Amérique.

Puis il se produisit une chose étonnante. Un pick-up s'arrêta, je courus vers lui. Le conducteur regrettait, devant c'était plein mais pouvais-je me contenter de la plate-forme ? Bien sûr que je m'en contentais. Je bondis. Me pressai entre la cabine du conducteur et la grue avec laquelle je partageais l'espace, mais ni l'une ni l'autre ne me protégeait car la pluie ne venait pas de côté, elle tombait à la verticale. Trempé jusqu'aux os, je m'accroupis et me réchauffai en me disant que l'orage serait bientôt passé.

En atteignant la localité suivante, mon sauveur s'arrêta à une station-service et m'aida à descendre. Je lui racontai ce qui m'était arrivé. En une phrase, sans un mot superflu, que fit ce simple artisan ? Il me demanda : « *You need money ?* » Je le remerciai en secouant la tête, non, ce n'était pas d'argent que j'avais besoin, les billets trempés dans la poche de mon pantalon, je pourrais bientôt les faire sécher. Il me souhaita bonne chance et repartit. J'entrai dans la station à essence pour demander au caissier s'il y avait un motel pas cher, il fallait que je prenne soin de mes dollars mouillés. Il me dévisagea de bas en haut, et bien qu'une queue se fût formée derrière moi et que certains sans doute fussent pressés, il fit attendre tout le monde et téléphona jusqu'à ce qu'il ait une adresse qu'il m'écrivit.

Je le remerciai et poursuivis en direction de la ville. Une autre voiture s'arrêta. « *Need a ride ?* » « Merci, pas la peine, je vais à ce motel. » J'agitai mon morceau de papier. Mais le conducteur ne céda pas, il y avait trois motels ici, ça lui était égal de me conduire et de me les montrer tous les trois. Pour finir il m'emmena jusqu'à la ville suivante. En chemin il m'apprit sa profession. *Undertaker.* Entrepreneur des pompes funèbres.

L'artisan qui me sauva de la tempête. L'homme de la station-service qui me vint en aide sans se soucier de ses clients. Et le croque-mort, maintenant. Ils ne parlaient pas beaucoup, ils offraient ce qu'ils pouvaient à ce type trempé rencontré sur la route, portaient la main à leur chapeau et disparaissaient. Pour cela, quoi qu'il arrive, jamais je n'oublierai le Texas.

LE PARADIS

À Corpus Christi je vis pour la première fois de ma vie un pélican sauvage qui planait au-dessus du golfe du Mexique – voiles blanches, palmiers, longue côte se perdant dans la brume. Tout larguer, courir dans les vagues, voilà ce à quoi j'avais aspiré pendant ces mois de route. Je baissai le regard. Je n'avais pas grand-chose à larguer. Mon argent avait séché depuis longtemps ; en me limitant, j'en aurais suffisamment jusqu'au Rio Grande. Le pélican suivait sa voie. Volait en direction du sud.

La veille, dans l'est du Texas, j'avais vu le paradis, la vieille Route 77 y menait tout droit. Les premiers hommes, dit-on, vivaient dans des paysages de savane chaude. Comme ici. De douces collines, des chênaies à l'infini, un pays béni des dieux. Dans la journée, un voile laiteux de lumière verdâtre flottait et quand le soir tombait, que les contours se faisaient plus nets et les couleurs plus vives, la composition de ce paysage vivant se détachait, l'imposture du jour se dissolvait en nuances innombrables de rouge, de vert et d'or.

Je traversais la Création à un stade précoce, la terre et le ciel n'étaient pas encore tout à fait séparés, il y avait des passages de l'un à l'autre. Durant quelques heures je pus m'imaginer être le seul homme au paradis. L'Amérique était de nouveau vide, ce n'était pas comme dans la Prairie, non, ici c'était un vide riche d'attentes, de couleurs, d'animaux et d'ombres – le vide d'avant la venue de l'homme. Quelques sentiers et collines portaient déjà des noms. Hamanns Road. Henning Hill. Duderstadt Road. Je marchais, marchais, profitais, mais en rencontrant d'autres hommes, j'étais tout de même heureux de ne pas être seul au paradis.

À l'ombre de lourds arbres étaient assis trois êtres de notre espèce. Ils avaient l'air d'hommes âgés et de bonne humeur qui, sachant que la fin est toujours proche, passaient agréablement le temps qui restait – assis dans le jardin du paradis sous de grands arbres, buvant ensemble une bière fraîche. Ils me firent signe de venir leur tenir compagnie. Leur chef, un géant, se leva et me tendit sa patte.

« *Hi, I'm Moe.* »

Moe's Ranch – ainsi s'appelait cet endroit, c'était ce que j'avais lu sur la pancarte artisanale, au bord de la route.

« Le plus petit ranch du monde, déclara Moe avec fierté, un arpent et demi. » Puis il me présenta les deux autres : « Mon frère. Un ami. On est là, on boit de la bière et on regarde le temps passer. En pensant à Willie.

– Willie ?

– Willie Nelson, tu ne connais pas ? Je l'ai vu pour la première fois la veille de mon départ au Vietnam. C'était à San Antonio, un jeune *redneck* trapu, à l'époque. Mais ça n'a pas d'importance, poursuivit-il. Willie est resté pareil, comme sa musique. Si je devais expliquer le Texas, la première chose qui me viendrait à l'esprit, c'est Willie Nelson. Dis-moi, à Berlin, le mur est tombé ?

– Il y a vingt ans, oui.

– Maintenant, on peut aller partout ?

– Oui, partout.

– D'où vient la chemise que tu portes ? dit-il après m'avoir considéré. De Berlin ?

– Je l'ai achetée là-haut, à La Grange.

– C'est bien ce que je pensais, dit-il en hochant la tête, soulagé. Une chemise de cow-boy aussi belle, ça n'existe qu'au Texas. Ça m'aurait étonné que tu en aies trouvé ailleurs. »

Le paradis prenait fin à Goliad. Dans la chaleur bruissante de la ville sommeillaient les souvenirs du général Santa Anna et de la guerre mexicaine, sur les tombes des patriotes texans des papillons noirs tourbillonnaient comme des nuages de cendres. Dans le fort espagnol, une vieille femme vendait des pointes de flèches indiennes et des cartouches de la guerre avec Santa Anna au kilo, par caisses entières. Le sol en était plein, disait-elle, chaque année la pluie en découvrait d'autres.

Refugio était fantomatique. Maisons de maître abandonnées, boutiques fermées, leurs minces colonnes couvertes de végétation, Federation Street, une haie de maisons avec des planches clouées, des vitrines recouvertes d'une épaisse couche de poussière. Les écureuils avaient toute la place du marché pour eux. Soudain comme des coups de trombone. Court, court, court, puis long et pénétrant, tout proche. Un train brun rouillé qui traversait Purisma Street à quelques mètres de moi et qui semblait interminable. Une cloche tinta tout ce temps, il y avait bien un feu rouge mais personne pour entendre le signal. Quand on traversait Refugio en voiture, on ne s'arrêtait pas, on n'avait aucune raison de le faire, même pas pour boire un café.

Le paysage devenait entièrement plat, on sentait la proximité de la mer – l'Amérique se terminait en moraine frontale, sur sa frontière sud, sur le Rio Grande. À Robstown je vis un cheval paître sur une décharge. Driscoll n'était qu'un amas de maisons en tôle décaties, tout était rouillé, poussiéreux, nu. Les rares choses qui existaient portaient un nom générique, comme si leur accorder un nom en propre demandait trop d'effort. Le bar de Bishop s'appelait Bar, le *diner* s'appelait Diner, et le ciel bleu pâle aurait eu besoin d'un bon coup de peinture.

J'avais visité le plus petit ranch du monde, il était maintenant temps de voir le plus grand. Un arpent et demi, disait Moe en parlant du sien ; le King Ranch en mesurait environ un million. D'après ce que j'avais entendu, c'était bien plus qu'un ranch – un mode de vie, un État dans l'État. Le nom remontait à l'époque du fondateur, le capitaine de vaisseau aux boucles folles et à la barbe longue Richard King. Laissé à des étrangers par des parents désargentés, il fit son apprentissage sur les fleuves et sur les côtes de Floride et d'Alabama, puis au Texas, jusqu'à ce que son heure vienne : pendant la guerre de Sécession, King organisa le ravitaillement des États du Sud et amassa ainsi une fortune. Il en avait besoin car il avait une idée grandiose.

Elle lui était venue lors d'une chevauchée de 100 miles à travers l'extrême sud du Texas – à travers l'étendue qui se tenait devant moi et qu'à l'époque de King, on avait dénommé le désert des chevaux sauvages et que les Mexicains appelaient *el desierto de los muertos*, le désert des morts. King y avait trouvé de l'eau et beaucoup de gibier, il s'était mis en tête de posséder cette terre aride et inhabitée et d'en faire un ranch – le plus grand de tous. Un désert qui nourrit autant de gibier pourra nourrir mes futurs troupeaux de bœufs, se dit-il.

Il avait beaucoup d'autres idées. L'une d'elles était de traverser la frontière avec le Mexique pour embaucher des *vaqueros* sur son ranch. Il n'y avait que le Mexique, à l'époque, pour connaître les gigantesques *haciendas* qu'il imaginait, seuls les cow-boys mexicains en avaient l'expérience. Là non plus King n'y alla pas par quatre chemins, il engagea tout un village mexicain, convainquit les Mexicains de le suivre avec leur famille au Texas et les installa sur sa terre, dans son désert.

Ils lui restèrent fidèles de génération en génération. On les appelait *Kineños*, et eux-mêmes se nommaient ainsi – les gens de King. Ainsi le King Ranch élevait-il non seulement ses propres races de bœufs, de chevaux et de chevaux de course, mais aussi ses propres cow-boys. Les Kineños passaient leur vie à cheval, pour le ranch, et quand ils étaient vieux, le ranch leur donnait ce dont ils avaient besoin. Avoir toute une troupe de cow-boys personnellement et étroitement liée au ranch et à son rancher charismatique, autant dire une troupe héréditaire, n'avait pas peu contribué à l'ascension de la dynastie King-et-Kleberg. Il y a quelques années encore, les cow-boys succédaient aux cow-boys, le père au grand-père, le fils au père, le petit-fils au fils – sur sept générations.

J'arrivai à Kingsville à midi, au plus fort de la chaleur, le thermomètre indiquait plus de 100 degrés Fahrenheit. Le capitaine était partout. Le ranch s'appelait toujours King Ranch mais c'était loin d'être tout. La ville aussi portait son nom, Kingsville, et sa rue principale, King Avenue. Et quand ce n'était pas le nom de King, c'était celui du successeur du fondateur, originaire d'Allemagne – Kleberg. Kleberg Avenue, tel était le nom du deuxième axe en importance de Kingsville, et le territoire administratif où se trouvait le ranch, Kleberg County. Et cætera. D'autres numéros de rues honoraient d'autres membres de la dynastie, même le coiffeur au carrefour avait appelé sa petite boutique King et la maquilleuse avait choisi pour la sienne King Nails.

La chaleur avait vidé East Kleberg Avenue, tout le monde se réfugiait à l'intérieur. Quelle serait la suite, je l'ignorais. Quatre-vingts miles de semi-désert m'attendaient, une piste automobile tirée au cordeau de Kingsville à Brownsville – la voie des chevaux sauvages à travers le désert, qui demeurait le désert des morts. J'avais aussi entendu parler des clandestins du Sud qui, pour éviter les contrôles de police sur la route, se frayaient un chemin dans le *bush* sec et poussiéreux. Il n'était pas rare d'en retrouver morts de soif, brisés d'épuisement. Je décidai de faire comme j'avais fait jusqu'à présent, me laisser porter, je n'avais pas d'autre choix, et j'entrai dans l'unique café ouvert.

Quand le café eut fermé pour la *siesta*, j'allai dans la seule boutique encore ouverte, la Saddle Shop du ranch. Là je remarquai un petit homme âgé qu'on saluait et traitait avec respect. Il portait de grosses lunettes, un chapeau, une chemise de cow-boy fermée jusqu'au col et, au lieu d'une cravate, un lacet noué orné de pointes argentées comme souvent chez les Texans d'un certain âge. Je demandai au vendeur qui était cet homme : « C'est Beto », répondit-il. Possédant apparemment une ouïe remarquable, il se retourna en entendant son nom. S'ensuivit une brève conversation à l'issue de laquelle il m'invita au King Ranch le lendemain matin.

Le jour nouveau était aussi torride que le précédent et ceux qui allaient suivre. Beto m'accueillit à l'entrée du ranch. Si je m'étais attendu à trouver de l'animation, des cow-boys, des troupeaux, à voir au moins quelque chose qui ressemble à ce que j'imaginais être un ranch, j'aurais été déçu. Beto me montra un endroit où l'on canalisait le bétail entre d'étroites barrières pour le marquer au fer rouge, je vis des bœufs se presser à l'ombre de mesquites, et l'ancienne maison de maître de la dynastie, avec ses dix-sept chambres à coucher et ses vingt-deux cheminées, où plus personne n'habitait. On ne l'utilise que pour les fêtes de famille, m'expliqua Beto. Des cow-boys légendaires de King Ranch, je n'en vis qu'un seul – lui. Beto. Notre trajet dura quelques heures et je pris peu à peu conscience de la vraie taille du ranch. Beaucoup trop grand pour l'embrasser, même grossièrement, en un seul jour ou pour avoir un aperçu de ce qui s'y passait.

Beto me racontait un monde disparu mais encore à notre portée car la fin n'était pas si lointaine. « On se levait à cinq heures du matin, même nous les petits enfants. Nettoyer les écuries, nourrir le bétail, petit-déjeuner, puis l'école, et recommencer pareil. Les cow-boys, là-bas, dans leur gîte, avaient leur propre cuisinier. Un homme leur apportait les chevaux sellés tôt le matin car les cows-boys ne les sellaient pas eux-mêmes. Le travail durait toute la journée, du lever du soleil jusqu'au soir. Mener les troupeaux de veaux. Débourrer les chevaux. Réparer les clôtures. Conduire des milliers de têtes de bétail à la gare. Marquer au fer rouge. Ils réussissaient à marquer huit cents veaux par jour, ils changeaient deux ou trois fois de cheval par jour. Chaque cow-boy avait sa façon de travailler, il n'y avait personne pour leur apprendre.

Ils suivaient leurs pères qui avaient été, eux aussi, des cow-boys, et faisaient comme eux. À quel moment effectuer quelle tâche, avec quels gestes, comment conduire les troupeaux, comment interpréter le vent et prévoir le temps, chacun faisait les choses à sa façon. »

Beto avait un rôle particulier, il était le *showman* du King Ranch. Ils ne livraient pas seulement aux abattoirs des milliers de bœufs mais aussi du bétail d'élevage et du sperme à d'autres ranchs. Le *showman* avait la tâche délicate de présenter les spécimens prestigieux du King Ranch, lors des ventes aux enchères, des animaux géants et lourds – et devait veiller à ce qu'il ne se passe rien, à ce qu'aucun taureau ne s'échappe ou ne se déchaîne.

« Il y a eu des incidents ? »

Il secoua la tête.

« Et pourquoi les taureaux étaient-ils aussi dociles chez vous ? »

Le vieil homme sourit. « *Tender loving care*. Ne jamais employer la force sinon ça se passe mal, le taureau est cent fois plus fort. Et je n'ai pas fait que les amener au ranch. » Il me tendit des photos. Beto et le taureau Macho en avion, Beto et lui à Hawaï. Et puis une autre photo, plus ancienne. Son père avec un énorme taureau dans un grand ascenseur, à Chicago. Les Kineños, bien sûr, leur succession. Le père de Beto avait été *showman*, lui aussi, et son fils avait pris la relève. « Je travaille pour le King Ranch depuis 1940, dit-il avec une fierté tranquille. Soixante-dix ans. Vous n'en trouverez pas un qui soit resté plus longtemps. » Il se signa. « Dieu en a décidé ainsi. »

Beto savait son temps révolu, le temps des Kineños – et l'époque des ranchers magnifiques, magnifiques en eux-mêmes, honorés par les gens à leur service toute une vie durant. Des ranchers qui chevauchaient avec eux et leur donnaient un coup de main en cas de besoin, qui pouvaient apprivoiser un cheval sauvage aussi bien que leurs cow-boys, qui se mesuraient avec un taureau redevenu sauvage et l'attrapaient au lasso – eux-mêmes pouvaient et osaient faire ce qu'ils attendaient naturellement de leurs gens, jour après jour. Un rancher le faisait en tout cas de temps en temps, il chevauchait, suait et travaillait avec ses cow-boys pour que ceux-ci sachent que le vieux était encore capable. Il est le maître, le *señor*, mais il est aussi l'un d'entre nous. Il a les mêmes bottes, le même chapeau et supporte la même chaleur, la même dureté et, quand il est chez nous, il boit son café versé de la même cafetière qui bout au-dessus du feu.

Le dernier Kleberg que Beto honorait de tout son cœur, Mister Bob, ainsi qu'il l'appelait avec une familiarité empreinte de respect, avait été détrôné quelques années auparavant. Le King Ranch n'était plus un mythe mais une firme mondiale dirigée par des managers appointés dans la lointaine Houston. Désormais il était comme tout le monde. Beto retira l'anneau qu'il avait au doigt, un lourd anneau d'or. Il l'avait reçu en cadeau pour son jubilée de la part de Mister Bob, comme chaque cow-boy, chaque Kineño du King Ranch. Mister Bob avait fait construire une maison pour le père de Beto et après, quand Beto s'était marié, une autre pour lui, à côté.

« Dans l'ancien temps, dit Beto, tu ne voyais que des gens heureux. Ils travaillaient toute la journée et le soir ils racontaient ce qui leur était arrivé. Un lancer de lasso qui avait échoué. Un taureau sauvage. J'étais souvent là. Ils revenaient sous la chaleur pleins de poussière, se douchaient, mangeaient, puis ils jouaient aux cartes, parfois l'un d'eux chantait, un autre prenait sa guitare. Ils se couchaient tôt et se levaient tôt. Aujourd'hui j'entends souvent parler de gens malheureux. Je dis à mes petits-enfants : fais ton boulot, ça rend heureux. C'est vrai, je ne voyais jamais de gens malheureux, autrefois. » Quelque chose lui vint à l'esprit qui le fit rire. « Il y a dix ans quelqu'un est venu au ranch, un photographe qui voulait photographier des vrais *vaqueros*. Je lui ai dit : tu viens dix ans trop tard, jeune homme. Aujourd'hui ils portent des chaussures de sport et des casquettes de base-ball, avant on n'avait pas tout ça. Un vrai cow-boy porte des bottes, des éperons, un foulard et un chapeau. Tous venaient d'ici et restaient ici, ils se moquaient de la ville. Maintenant leurs petits-enfants veulent étudier et s'en vont à la ville, et de la ville arrivent de jeunes types, certains restent. Beaucoup de cow-boys sont des jeunes de la ville, aujourd'hui. » Il émergea de ses souvenirs et fit un geste de la main, comme pour chasser une mouche. « Allez. Ils peuvent être aussi bons qu'il y a cent ans. Ne te laisse pas raconter d'histoires par un vieil homme. »

Sur le chemin du retour nous parlâmes des morsures des serpents à sonnette. Avant, dit-il, on s'aspirait mutuellement le poison et on le recrachait. « Tu savais si tu avais un véritable ami. » Bizarrement, poursuivit-il, les bœufs, quand ils étaient mordus, prenaient le chemin le plus proche ou allaient à l'abreuvoir, « ils vont chercher du secours ». Puis nous vîmes un *roadrunner*, non loin de nous, et peu de temps après, un autre de ces géocoucous, ces oiseaux farouches qui courent tout le temps, et au bout d'un moment trois autres. « Cinq, s'écria-t-il, c'est rare, ça te portera bonheur ! »

LE DÉSERT

De part et d'autre de la route on voyait l'origine du *bush*, le désert. La verdure était dissimulée sous une couche de poussière. De temps à autre surgissait une pointe fraîche de jaune – des fleurs de cactus. L'Amérique rétrécissait, tendait vers la frontière, des pick-ups aux plaques d'immatriculation mexicaines filaient vers le sud, de plus en plus nombreux, chargés de tout ce qu'on pouvait acheter d'occasion ou bon marché en Amérique. Des choses qu'on chargeait sur les voitures, et les voitures elles-mêmes. Je voyais de plus en plus de dépanneuses – un véhicule mexicain traînait un camion américain accroché comme un butin. Je n'aurais pas cru que ce serait l'un d'eux qui s'arrêterait, mais tel fut pourtant le cas.

Le conducteur était un Mexicain qui ressemblait à un héros de film et non à un chasseur de voitures d'occasion, un héros lumineux aux dents blanches et aux cheveux d'un noir soyeux. Son pick-up était du même noir soyeux, sur la portière il était écrit d'une écriture dorée pleine de fioritures : « *Trust no one.* » Le plateau de chargement était encombré et il ne voulait pas que je m'assoie à côté de lui, c'était le sens de la devise inscrite sur la portière, semblait-il – ne jamais faire

289

confiance. Il désigna le camion qu'il remorquait. « Sautez dedans, il y a de la place. » Je ne me le fis pas dire deux fois, sachant que seul le désert m'attendait et que sa proposition était une chance incroyable.

Il démarra en trombe. Je me trouvai une place près d'un énorme réfrigérateur d'occasion. Le héros de film fonça à travers l'immense territoire du King Ranch, il traversa la Riviera en trois secondes, la Sarita en moins de deux, pour filer ensuite dans la chaleur et la poussière. Des clôtures de ranchs parsemaient la piste, des mesquites avec des bœufs en dessous – le ciel était comme un papier buvard bleu pâle griffé de traits noirs, les câbles électriques qui allaient de poteau en poteau.

Je grillais sur la plate-forme en plein soleil. Ma bouteille d'eau était vide depuis longtemps et j'avais grand-soif. Ouvrant la porte du réfrigérateur XXL cabossé, je trouvai une bouteille de bière oubliée. D'un coup du plat de la main le bouchon s'envola. Le goût était affreux, une soupe de céréales tiède, mais je pouvais au moins humecter ma bouche desséchée, je buvais à contrecœur mais avec avidité, par petites gorgées, pensant à ce qu'un ami de Beto rencontré au ranch nous avait raconté sur le désert. La terre n'était plus désertique, le rêve du capitaine King avait été exaucé, et pourtant, l'ancien nom ne volait pas son arrière-goût de terreur et de vérité : *el desierto de los muertos*. Le cow-boy avait raconté qu'il avait trouvé un jour un jeune type sous un bosquet de mesquites. Quelqu'un qui n'était pas du ranch, un étranger, âgé de dix-sept ans peut-être, ou plus jeune, des cheveux noir corbeau, un visage sombre. Il avait sauté de cheval l'arme à la main, avait appelé le jeune, et comme celui-ci ne réagissait pas, il l'avait touché de la pointe de sa botte. Il ne bougeait pas plus. Le cow-boy posa deux doigts sur l'artère coronaire – rien. Le jeune était mort, vraisemblablement de soif, comme d'autres avant lui. Ayant depuis des semaines ou des mois quitté un village du Guatemala, un endroit pauvre du Salvador, il avait réussi à passer clandestinement la frontière magique qui sépare la misère de l'espoir, avait suivi le conseil – se tenir éloigné de la route et de ses contrôles sévères, la route que je suivais à présent en direction du sud –, il avait traversé le *bush* à pied en direction du nord sous un soleil éclatant, avait peu à peu compris qu'il avait sous-estimé le vieux désert, avait avancé encore avec effort et, n'en pouvant plus, s'était effondré sous un mesquite. Le cow-boy avait trouvé une bouteille en plastique vide, non loin, qui avait fondu sous l'effet de la chaleur.

L'air vibrait. La terre, le ciel, tout se fondait en une bouillie incolore et torride qui me collait aux paupières et à la peau. La délivrance se faisait attendre. Enfin les palmiers apparurent, nombreux, la piste se métamorphosa en une route surélevée, une *highway* au sens littéral. Était-ce déjà Raymondville ? Le semi-désert serait alors derrière nous. Oui, c'était Raymondville, car apparaissait une sorte de forêt mixte qui indiquait un paysage urbain – des palmiers mêlés à des mâts publicitaires tout aussi minces, ce devait être Harlingen. Des troncs nus de palmiers s'élevaient jusqu'au ciel, de part et d'autre de la *highway*. Ce qui était feuillage pour les uns était message pour les autres.

Toujours plus de dépanneuses sur la route, qui filaient, glissaient vers la frontière, le Mexique. N'était-ce pas déjà Brownsville en vue ? Étais-je parvenu au but ? Le héros de film tourna à droite, le réfrigérateur et moi vacillâmes à l'arrière, il entrait dans la ville et je vis un panneau : *750 feet to Mexico*. Il stoppa, je descendis d'un bond. Son sourire cinématographique apparut à la vitre opposée. Je frappai sur les lettres dorées de la portière côté conducteur – *Trust no one*.

« C'est vous qui avez écrit ça ?

– Non, j'ai acheté le camion comme ça – mais c'est vrai. Le gringo à qui appartenait la voiture était un type intelligent. Ne fais confiance à personne, ajouta-t-il avec un rare sourire, à personne, *amigo*.

– Pourquoi vous m'avez pris, alors ? »

Il eut un rire bruyant et tapa sur la tôle de la portière. « *You are No One ! Adios, amigo !* »

Sur ces mots, il partit.

La bière chaude dans le sang, un goût nauséabond sur la langue, dans les rues la chaleur torride et bruyante de midi, les odeurs huileuses qui s'échappaient des bars, la foule qui se bousculait devant des bazars et des tables d'articles en solde, pas un « *Excuse me, sir !* », coups d'épaule, claquements de doigts, allez, du vent – telle était Brownsville. Ceux qui étaient sur les routes proches du pont frontalier n'y étaient pas pour leur plaisir, on avait quelque chose à transporter, on avait acheté ou vendu. Les boutiques s'appelaient Aztec Finance, La Casa del Nylon, Casa Hindú, Junaito el Conquistador. Et toujours la patronne de toutes, La Santissima Muerte – la très sainte mort, vénérable et elle aussi clandestine.

Avec les petits commerçants, les trafiquants de drogue, avec tous ceux qui traversaient le fleuve pour louer leurs services en Amérique dans un ranch, dans un bar, une villa, la mort mexicaine émigrait elle aussi en traversant le Rio Grande. Elle était présente dans les moindres faits et gestes.

Je m'immobilisai devant une boutique bourrée de squelettes séducteurs faisant signe, entre autres parce qu'elle m'offrait de l'ombre. Dans la vitrine, il y avait une prière à la mort :

> Toi qui attends le moment d'étendre tes ailes sur moi, tant que mon heure n'a pas sonné, protège-moi du mal et surtout des dangers cachés. De ton puissant manteau protège ce qui vient de naître, protège-moi des mauvaises pensées pour que j'obtienne la faveur de prier sur ton autel. Guide de vie, lumière miséricordieuse qui nous dirige, conduis-moi à travers la vie.

Le propriétaire du magasin sortit et voulut m'injurier tandis que je recopiais, mais sa fille l'apaisa. « Laisse-le, papa, il ne fait que recopier. C'est un auteur, papa. » « Un auteur. » Son visage s'assombrit. « C'est ce genre de personne qui prend tout sans payer. » Il ferma sa boutique à double tour. Puis ils grimpèrent tous deux dans un coûteux 4 × 4 qui s'engagea dans la rue en cahotant.

Adiós !

Pour me débarrasser de cet arrière-goût de levure, il fallait boire. Le barman me considéra. « Tu n'es pas d'ici. Tu as un hôtel ? » J'acquiesçai. « Tu as besoin d'une voiture ? Non ? Quelqu'un qui te montre la ville ou… quelqu'une ? Non plus ? Qu'est-ce que tu fais ici ? » Il ne lâchait pas. « Tu vas de l'autre côté, à Matamoros ? » J'acquiesçai de nouveau. « OK, je te donne un conseil gratuit. Si tu veux passer de l'autre côté, n'y va pas aujourd'hui. Attends demain. Pars de bonne heure. Et reviens vers midi. Les assassins dorment, le matin. Quand ils se réveillent, mieux vaut être parti. Je suis de Matamoros et je fais pareil. C'est triste. J'aimerais bien pouvoir être là-bas en famille, tu comprends, pas juste pour quelques heures. Tu n'as pas besoin d'un hôtel ? »

Il était deux heures de l'après-midi lorsque je franchis la frontière. Je m'attendais à un endroit fortement sécurisé, à des contrôles sévères, à des problèmes en tous genres. Je pensais à la frontière nord, à la façon dont on m'avait traité, et ne prévoyais rien de bon. À ma grande surprise, tout se passa autrement. Le garde-frontière américain qui se trouvait là ne semblait pas disposé à exiger quoi que ce soit. Je lui demandai si je pouvais traverser à pied le pont vers le Mexique. Il désigna le passage, un tourniquet comme à la piscine, et dit : « *Sixty five cents.* » Je n'avais pas compris. Il répéta lentement, comme si j'étais un attardé mental. Je fouillai dans la poche de mon pantalon à la recherche des pièces adéquates, les jetai dans la fente, poussai et traversai le Rio Grande en direction du Mexique pour 65 cents.

Je ne vis pas grand-chose du fleuve, il était invisible, je m'en doutais, en outre le pont frontalier était grillagé et couvert, comme certains ponts médiévaux en bois, je n'avais donc qu'un aperçu furtif de temps en temps. De l'autre côté flottait un énorme drapeau mexicain. Je dus passer un cordon de chauffeurs de taxi et de marchands ambulants, une charge puissante et brève, puis je disparus dans les rues de Matamoros.

J'arrivai d'abord dans un quartier paisible de cliniques et de cabinets de toutes sortes, ici on remettait en état les dents américaines, les membres, les cœurs, les ventres, les visages, tout ce qu'on pouvait soigner ou embellir à bas prix. Continuant sans but, j'atteignis le centre, je mangeai des *huevos rancheros* dans le patio ombragé de l'Hotel Colonial, poursuivis mon chemin, ayant visiblement décrit un cercle car je me retrouvai de nouveau devant le drapeau mexicain. Je m'assis sur un muret, sous un arbre, et fis ce que faisaient Moe et ses amis, de l'autre côté, au paradis – regarder passer le jour.

De petits hommes – peu à peu je prenais conscience du spectacle qui s'offrait à moi. Je voyais de nouveau des gens petits, je n'en avais plus rencontré depuis que j'étais en Amérique, en Amérique il n'y avait que des grands. Les petits, les difformes, les mutilés, les déformés, les boiteux, ils avaient tous reparu. Beaucoup d'entre eux se rassemblaient sur la place près de la frontière pour vendre des broutilles aux gringos qui passaient de l'autre côté ou pour mendier.

Un homme traînait une caisse d'objets saints et de crucifix. Une jeune femme nettoyait les vitres des voitures avec une négligence aguichante et un chiffon sale. Lui donnait-on de l'argent pour le nettoyage ou pour sa robe courte ? Le vieux en fauteuil roulant près de moi fumait, tirant sur son mégot jusqu'au bout, puis il ôta sa chaussette d'un pied strié de rayures lilas épaisses qui semblaient être peintes mais je pouvais me tromper. Les uns préparaient leur entrée comme des acteurs, les autres étaient passivement assis sur le muret, regardaient en fumant, attendant quelque chose, comme moi. Mais qu'attendais-je, je l'ignorais ; n'étais-je pas parvenu au but ? J'avais vu l'Amérique, l'empire de ce temps, comme quelqu'un qui aurait reçu l'onction, l'idiot avait traversé l'Amérique, intouchable, personne n'avait levé la main sur lui, sur la route on l'avait recueilli, sorti de la chaleur et de la pluie, on lui avait donné à boire quand il avait soif et on avait partagé de bon cœur ses souvenirs – le chant américain et ses couplets toujours renouvelés. À présent j'étais assis sur le muret mexicain des oisifs, ceux qui attendent, sans bagage, l'un d'entre eux. Un homme se dirigea vers moi, un coffret à la main. Vif comme l'éclair il plongea la main à l'intérieur, en sortit quelque chose qu'il me fourra entre les doigts – un être vivant, un petit oiseau, un colibri. L'oiseleur leva la main, son visage indien sombre ne trahissait aucune émotion. Je lui donnai un billet. Le cœur battait dans mon poing à se rompre, la question résonnait dans ma tête : pourquoi ? Pour quoi ?

Un prêtre qui s'attardait sur la place vint s'asseoir près de moi. Il ne ressemblait à aucun de ceux qui se trouvaient là.

Il n'avait rien à faire et ne regardait rien. Il était assis, dans sa soutane dépenaillée, son regard sombre perdu dans le vague. Après un moment il prit une gorgée d'une petite flasque à la dérobée. Quand il vit que je l'observais, il me proposa une rasade de mezcal et s'en offrit une deuxième. Je lui demandai s'il y avait vraiment beaucoup de meurtres.

« Oui, dit-il.

– La nuit ?

– Tout le temps.

– Il ne faut pas sortir la nuit ?

– Il ne faut jamais sortir.

– Pourtant ils sortent.

– Ils me connaissent. Certains viennent se confesser à moi. Il ne faut pas trop y penser sinon il y a de quoi devenir fou. » Il me proposa une autre gorgée. « Prier. Vous connaissez mieux ? Prier et de temps en temps… » Il évalua la bouteille, qui était vide, et la jeta au loin. « Venez, dit-il, on y va.

– Où va-t-on ?

– Se confesser. Vous avez l'air d'en avoir besoin. »

Remerciements

Je remercie tous ceux qui m'ont aidé sur la route, y compris ceux qui n'apparaissent pas dans ce livre. Je remercie le professeur Markus Kreis de m'avoir conseillé d'aller à Black Elk. Et la Villa Massimo, à Rome, pour le temps de silence dont j'ai eu besoin à la fin.

TABLE DES MATIÈRES

III
SPLENDEUR ET FOLIE

Table des matières

conception
réalisation   pca
mise en page
44405 Rezé cedex

Certifié PEFC

Ce produit est issu
de forêts gérées
durablement et de
sources contrôlées.

PEFC™
10-31-2568   pefc-france.org

Achevé d'imprimer en avril 2014 par EMD S.A.S. (France)
N° éditeur : 2013/1366 - Dépôt légal : avril 2014
N° d'imprimeur : 29245